金融风险蓝皮书
BLUE BOOK OF FINANCIAL RISK

中国金融风险报告

（2017）

ANNUAL REPORT ON CHINA'S FINANCIAL RISK

（2017）

王曼怡　周　晔　陈奉先◎主　编

首都经济贸易大学出版社
Capital University of Economics and Business Press
·北　京·

图书在版编目（CIP）数据

中国金融风险报告. 2017 / 王曼怡，周晔，陈奉先主编. --北京：首都经济贸易大学出版社，2017. 10

ISBN 978-7-5638-2720-6

Ⅰ. ①中…　Ⅱ. ①王…　②周…　③陈…　Ⅲ. ①金融风险防范—研究报告—中国—2017　Ⅳ. ①F832. 1

中国版本图书馆CIP数据核字（2017）第256181号

中国金融风险报告（2017）
王曼怡　周　晔　陈奉先　主编
Zhongguo Jinrong Fengxian Baogao（2017）

责任编辑　洪　敏
封面设计　砚祥志远 · 激光照排 TEL：010-65976003
出版发行　首都经济贸易大学出版社
地　　址　北京市朝阳区红庙（邮编 100026）
电　　话　（010）65976483　65065761　65071505（传真）
网　　址　http://www.sjmcb.com
E-mail　publish@cueb.edu.cn
经　　销　全国新华书店
照　　排　北京砚祥志远激光照排技术有限公司
印　　刷　北京京华虎彩印刷有限公司
开　　本　710毫米 × 1000毫米　1/16
字　　数　360千字
印　　张　20. 5
版　　次　2017年10月第1版　2017年10月第1次印刷
书　　号　ISBN 978-7-5638-2720-6 / F · 1517
定　　价　78. 00元

金融风险蓝皮书编委会

主编简介

王曼怡　女，1956年生，经济学博士，首都经济贸易大学二级教授、博士生导师；德国萨尔大学访问学者，教育部人文社会科学基金项目评审专家、人民论坛杂志社专家咨询委员会委员。

现任首都经济贸易大学金融风险研究院院长、特大城市经济社会发展研究院学术委员会秘书长，兼任中国金融学会理事、北京国际金融学会副会长、北京金融学会常务理事、北京金融促进教育基金会理事长。主要研究领域：国际金融理论与政策、金融风险管理、区域金融。先后在《财贸经济》《经济学动态》《光明日报（理论版）》《国际贸易》《经济纵横》《经济与管理研究》等经济类权威核心期刊发表学术论文60余篇；出版经济学专著8部，译著1部，其中专著《北京金融产业集聚效应研究》获2012年北京市哲学社会科学优秀成果二等奖；主持并参与国家级、省部级及政府委托研究项目20余项，其中"数字化金融实验室建设与运用"项目获2005年高等教育国家级教学成果二等奖、北京市教育教学成果一等奖。2010年评为北京市教学名师。

周晔　男，1972年生，经济学博士，美国明尼苏达大学、密歇根州立大学访问学者，现任首都经济贸易大学金融学院副教授。研究领域：金融风险管理、金融市场及金融机构。先后在《中国人口科学》《经济学动态》《经济理论与经济管理》《世界经济文汇》等经济类核心期刊上公开发表论文40余篇，出版经济学专著2部，合著3部，译著1部，主持国家社会科学基金项目1项，北京市社科规划项目1项，北京市教委社科规划项目1项，作为主要参与人参与省部级项目4项，获省部级项目一等奖1项。

陈奉先　男，1982年生，2012年毕业于西南财经大学金融学院，经济学博士。现任首都经济贸易大学金融学院副教授，北京国际金融学会理事。研究领域：国际储备、汇率风险、国际资本流动。先后在《数量经济技术经济研究》《国际金融研究》《世界经济研究》《经济理论与经济管理》等经济类核心期刊上公开发表论文20余篇，出版金融学专著1部，教材3部，主持国家社会科学基金项目、北京社科基金项目、北京市教委社科项目各1项，参与横向课题4项。2017年入选校"后备学科带头人"、北京市教委"青年拔尖人才"项目。

序　言

继2016年金融风险研究院成功举办金融风险高层论坛并发布《中国金融风险报告（2016）》后，研究院的研究人员在王曼怡院长的带领下，继续对中国当前的宏观微观金融风险问题展开卓有成效的研究与探索，并依据惯例，再次将研究人员的代表性研究报告和权威论文结集成册以飨读者，并以此向持续关注、支持金融风险研究院发展的各级领导、学者和师生致谢！

2017年金融风险报告由6篇子报告和7篇高水平论文构成。报告和论文坚持以风险研究为核心，多视角、全方位地考察中国宏观、微观层面所面临的问题，研判未来金融市场的风险走势并提出治理策略。

纵观2016年国内金融业的发展历程，在全球货币、汇率、贸易乃至整体宏观经济的不确定性加剧的同时，中国金融业还承受着“三去一降一补”的国内经济转型阵痛，承担着支持实体经济转型升级的重任，金融安全问题至关重要。2017年，中共中央政治局会议明确指出，要确保供给侧结构性改革得到深化，确保不发生系统性金融风险。随着中央精神的贯彻执行，在“去杠杆、严监管、防风险”的政策基调下，在难言乐观的经济环境中，在变化莫测的科技浪潮前，中国银行业能否不惧风雨、逆浪前行？王婉婷博士指出，2016—2017年，尽管商业银行的盈利增幅略有回升、不良贷款率的上升势头放缓趋稳，然而不良贷款的增长仍难言“见顶”。未来3~5年银行业不良资产额将缓慢上升，不良贷款率进一步攀升的隐忧犹存。从不良资产处置环境看，不良资产证券化、市场化债转股以及地方资产管理公司扩围等不良资产处置渠道不断拓宽，将进一步促进商业银行加快处置不良资产，不良贷款的处置成果正在逐步体现，预计2017年全年商业银行不良贷款率可能小幅增长至1.8%左右的水平。

全球金融危机已经过去10年。在这10年里，持续不断的金融创新、“后危机时代”脆弱的银行资产负债表、经营模式的转变以及对银行监管的加强，使得全球金融市场结构发生了重大转变，融资从银行贷款大量转向债券发行，非银行机构（保险公司、基金公司和资产管理公司）的作用日益凸显。尤其自2017年下半年以来，伴随着美联储渐进式被动缩表的启动，全球货币政策的分化日益严重。非银行金融机构融资规模的显著上升是否会削弱货币政策的传导力度？李雪博士的研究报告主要关注全球货币政策的新趋势及非银行金融机构相对传统银行金融部门风险承担的变化情况。通过动态面板回归考察中国货币政策对机构投资者风险承担的影响。研究发现，宽松货币政策对基金风险承担具有促进作用，并且基金规模、基金业绩以及基金经理的特征都会显著影响风险决策。李雪博士进一步提出，考虑到货币政策传导过程中非银行金融机构的风险放大作用，为了降低基金等机构投资者的风险水平，中央银行要适时释放更加明确的政策信号，加强与市场主体之间的沟通，引导形成一致的市场预期。比如，中央银行可以利用非银行金融机构施加货币政策传导意图，加强货币政策传导功效。总之，政策透明度的增强，有助于市场主体在高度不确定的市场环境下做出正确的投资决策，避免承担过高的风险。

伴随着经济结构的调整，中国经济正经历着“三期叠加”的修正过程。在资本市场服务实体经济的背景下，金融改革的艰巨性、复杂性、关联性开始在资本市场中逐步显现。资产价格在各类市场中的表现阴晴不定，各类资产配置风险管控难度加大。对此，赵大萍博士分别采用均值—方差模型和布莱克—李特曼（Black-Litterman）模型，对比测算大类资产的配置风险。报告首先建议投资者未来可以适当增持权益类资产，关注蓝筹股、国企混改等主题投资；其次，鉴于未来一段时间货币政策或维持中性偏紧、利率震荡调整空间较大等因素，建议投资者充分考察债券市场，适当投资固定收益类资产；最后，考虑到大宗商品价格进一步上涨乏力，面临回调风险，建议审慎配置商品类资产，按需配置货币类资产，防范流动性风险。杨阳博士的报告则是另辟新径，在回顾2016年下半年以来中国股票市场变化的基础上，充分分析了当前中国证券市场的各类风险，进而展望股票市场及股权类衍生品市场未来各类潜在风险，尤其是对货币政策转向风险、境内外资金的双向流动风险、市场风格转变风险和监管政策调整风险进行了合理预判。

21世纪以来，中国保险资金规模迅猛增长，资产配置结构逐步优化，资产收益率稳步提升，已成为支持国民经济建设的重要力量。随着保险资金运用的不断开放，保险资金运用的好坏越发受制于市场经济的兴衰。为促进中国保险资金运用持续健康发展，李亚男和马丽娜博士梳理了2004—2016年保险资金运用规模的变迁，剖析了2004—2016年保险资金运用结构的演变过程；并通过比较2016年颁布的保险资金新政与以往相关政策的差异，探讨了保险资金运用存在的机遇、问题和挑战，进而提出新形势下应对保险资金运用风险的相关策略。

在中国积极探索以“一带一路”为代表的国际合作和全球治理新模式，稳步推进人民币国际化、资本市场开放和金融机构“走出去”等战略的同时，中国面临的外部金融安全问题日益凸显。为预判2017年以来中国的外部风险形势，余颖丰副教授的报告首先从中期视角回顾了全球外汇市场的发展现状，对目前全球外汇市场的基本“形态”进行了分析和解读；进而重点研究和分析了2016年6月至2017年6月全球外汇市场的主要动向；最后，对未来外汇市场的走势和发展进行了大胆的研判，指出中国将成为最重要的向区域乃至世界输送“政治安全与金融稳定”的“公共物品出口国”，人民币以及以人民币计价的金融产品将会成为全球重要的避险货币或避险投资品。

上述成果的取得，一方面得益于学校领导、金融学院以及相关职能部门的支持和帮助；另一方面与金融风险研究院研究人员以及王曼怡院长的辛勤付出密不可分！回首昨日，金融风险研究院在不断创新探索中厚积薄发，已然硕果累累；展望前程，期待金融风险研究院收获更多“顶天立地”的研究成果，为学校金融学科的发展，为学界金融风险研究做出更大的贡献！

曾康霖

2017年9月20日

Preface

Last year, AFRR successfully held the High-level Forum on Financial Risks and published the *Annual Report on China's Financial Risk* (*2016*). This year, under the leadership of Director Wang Manyi, researchers at AFRR continued their productive study and exploration on China's current macro- and micro-financial risk issues. In accordance with the past practice, we once again collected the researchers' research reports and papers and assembled them into a book, to express our gratitude to the leaders at all levels, scholars, teachers and students who have paid continuous heed and support to AFRR.

The *Annual Report on China's Financial Risk* consists of 6 research reports and 6 high-level papers. All the reports and papers stick on the core subject of risk research, conduct multi-perspective, all-round study on macro- and micro-problems facing with China, forecast future trends on financial markets and put forward governance strategies. Looking backward at the development course of domestic financial industry over the past year, besides under the backdrop of escalating uncertainty over global currencies, exchange rates, trades, and overall macroeconomics, China's financial industry also suffered from the throes of economic restructuring caused by the five priority tasks (cut overcapacity, cut excess inventory, carry out deleveraging, cut costs, and strengthen areas of weakness), and bore the important task of supporting the transformation and upgrading of the real economy. The issue of financial security is essential. In 2017, the Politburo meeting of CCP Central Committee made it clear that the structural reforms of the supply side should be deepened to ensure that systemic financial risks do not occur. With the implementation of the central spirit, in the policy tone of “deleveraging, strict supervision, risk prevention”, under the unoptimistic economic environment, in the face with unpredictable wave of science and technology, can China's banking industry fearlessly move forward? Dr. Wang Wanting pointed out that between 2016 and 2017, despite commercial banks' earnings growth slightly recovered, and the NPL (Non-perfroming Loan, NPL) growth rate slowed down, it's still hard to foresee the peak of NPL. In the following 3 to 5 years, banking industry's nonperforming assets will rise slowly, NPL rate still has room to increase. From disposal perspective, the securitization of nonperforming assets, market-oriented debt-to-equity swap, and expansion of local AMCs have all widened the channel of disposal, and it will further speed up commercial banks' nonperforming assets disposal. The positive consequence of NPL disposal is gradually emerging, and it is expected that the 2017 annual commercial bank NPL rate will slightly increase to the level of about 1.8%.

It has been 10 years since global financial crisis burst. In the past decade, continuous financial innovation, the fragile balance sheet of banks in the “Post-crisis Era”, the changing business model and strengthening banking supervision all have led to the major transformation in global financial market structure, bond issuing has overtaken bank loans as major financing measures, the role of non-bank institutions (insurance companies, fund companies and AMCs) has become increasingly prominent. Especially since the second half of 2017, along with Federal Reserve's startup of gradual B/S reduction, differentiation of global monetary policy becomes increasingly serious. Will the significant increase in the size of financing of non-bankinstitutions weaken the transmission of monetary policy? Dr. Li Xue's research report focusees on the new trends in the global monetary policy and risk burden changes in non-bank financial institutions relative to those in the traditional banks by using dynamic panel regression to examine the impact of China's monetary policy on institutional investor's risk taking. According to the study, loose monetary policy has a positive effect on fund company's risk taking, in addition, fund size, performance and fund manager's characteristics will significantly affect risk decision making. Dr. Li Xue further pointed out that due to the risk amplification effect of non-bank financial institutions in the process of monetary policy transmission, to reduce the risk level of institutional investors such as fund companies, central bank should release clearer policy signals whenever suitable to strengthen the communications with market participants, and therefore lead the market towards a consistent expectation. For example, the central bank can use non-bank financial institutions to apply monetary policy transmission intentions, to strengthen actual monetary policy transmission. In a word, the enhancement of policy transparency will be helpful to market participants in making right investment decisions under highly uncertain circumstances, and avoid taking excess risk.

Along with the adjustment of economic structure, China's economy is experiencing an adjustment process of "Three Overlay". In the context of "capital market serving for real economy", the arduousness, complexity and relevance of financial reform has gradually begun to emerge in the capital markets. Asset prices vary dramatically in different markets, the risk management of different asset class allocation becomes more difficult. Dr. Zhao Daping applied both Mean-Variance model and Black-Litterman model to compare the risk of primary asset class allocation. She suggests investors to increase equity asset investment, and pay heed to blue chips and SOEs with mixed-ownership reform underway. Meanwhile, given monetary policy may maintain a neutral tight and interest rate adjustment may fluctuate acutely in the near future, she suggests investors take bond markets into account, and make proper allocation in fixed income assets. In addition, considering the uptick trend of commodity prices is sluggish, she suggests a prudent allocation in commodity assets, and raise stakes in monetary assets to prevent liquidity risk. Dr. Yang Yang's report explored this issue from a different perspective. On the basis of reviewing the changes in China's stock markets since the second half of 2016, she analyzed various risks facing with China's current security markets, and predicted potential risks of stock markets and equity derivatives markets, in particular, she made reasonable predictions on the turnaround risk of monetary policy, the two-way flow risk of domestic and foreign funds, and the risk of market style changing and regulatory adjustment.

Since the beginning of the 21th century, the scale of China's insurance funds has been increasing rapidly, the asset allocation structure has gradually optimized, and the rate of return on assets has steadily improved. It has become an important force in supporting the national economic construction. Along with the expanding uses of insurance funds, the uses of insurance funds has become more and more subject to the rise and fall of overall economy. In order to promote continuous deployment and healthy development of insurance funds in our country, Dr. Li Yanan and Dr. Ma Lina combed the changes in the size of insurance funds during the period 2004 to 2016, and analyzed the evolution of insurance funds. Through comparing the 2016 insurance funds regulation with the previous codes and policies, they discussed the opportunities, problems and challenges of the uses of insurance funds, and proposed policy recommendations against risks of using insurances funds under new situation.

China's external financial security issues has become increasingly prominent when China is actively exploring the new international cooperation and global governance model represented by "The Belt and Road", steadily promoting the internationalization of RMB, the opening of capital market, and the "going out" strategies of financial institutions. To predict China's external risk situation since 2017, Associate Prof. Yu Yingfeng's report first reviewed the current situation of global foreign exchange markets from mid-term perspective, analyzed and interpreted the basic "form" of global foreign exchange markets, then underlined the major movements of global foreign exchange markets for the past 12 months (from Jun 2016 to Jun 2017), and finally forecasted the future trends and development of the exchange markets, pointing out that China will become the most important "public goods exporting country" transporting "political security and financial stability" to local areas and even the whole world, and RMB and RMB-denominated financial products will become the world's major haven currency or investments.

The outcomes of above mentioned reports and papers benefit from the support and help of the leaders, School of Finance and other departments of Capital University of Economics and Business (CUEB), and especially from the hard work of all members and researchers, as well as the Director, Prof. Wang Manyi of AFRR. In retrospect, AFRR has made fruitful results through constant exploration. Looking forward, we expect the academy will generate more research products with both theoretical and practical significance. We hope AFRR will make greater contributions to the development of CUEB's financial subjects, as well as the field of financial risk research.

Kanglin Zeng

Sep 20, 2017

目　录

研究报告

003　2017年商业银行资产质量风险研究报告　王婉婷

004　一、宏观经济、政策监管、科技竞争的多重压力

006　二、风险指标恶化势头有所缓解

014　三、未来风险恶化趋势仍在蔓延

027　四、商业银行资产质量风险的展望及预判

031　货币政策分化背景下非银行金融机构的风险研究　李雪

031　一、引言

033　二、全球货币政策的变化：分化与复杂

038　三、世界主要经济体的经济表现

039　四、中国非银行金融机构的风险放大作用

042　五、非银行金融机构的风险度量

051　六、主要结论与研究展望

054　中国大类资产配置风险研究报告　赵大萍

055　一、中国大类资产配置概况

065　二、中国主要大类资产现状分析

072　三、未来大类资产配置风险关注点

075 四、大类资产配置风险测算
079 五、对未来中国大类资产配置的建议

082 中国股票市场及股权类衍生品市场风险研究报告 杨阳
082 一、中国股票市场的现状
087 二、2016—2017年中国股票市场及股权类衍生品市场主要风险状况分析
122 三、股票市场及股权类衍生品市场风险展望

127 中国保险资金运用研究报告 李亚男 马丽娜
128 一、保险资金运用政策的比较
131 二、保险基金运用总规模的变迁
135 三、保险资金运用结构的演变
137 四、保险资金运用存在的问题
140 五、保险资金运用风险的应对策略

145 全球外汇市场风险报告 余颖丰
145 一、全球外汇市场发展概论
159 二、2016年6月至2017年6月全球外汇市场分析
165 三、全球外汇市场未来展望

权威论文

171 管理者水平能降低企业银行贷款成本吗？——来自中国中小企业的实证分析 高杰英 吴雨 尹志超
172 一、问题提出

174 二、人力资本对企业贷款成本的影响机制与研究假设
176 三、实证分析
186 四、稳健性检验
188 五、结论与政策建议

193 金融发达地区是否存在金融排斥？
——来自北京市老年人口的证据 朱超 宁恩祺
194 一、引言
195 二、北京市老年人口与金融服务现状
197 三、研究设计
205 四、实证结果分析
210 五、结论与政策含义

214 制造业上游垄断与企业出口国内附加值
——来自中国的经验证据 李胜旗 毛其淋
215 一、问题提出
217 二、机制分析与研究假说
221 三、计量模型、指标测度与数据
225 四、基本实证结果与分析
235 五、上游垄断对企业出口国内附加值率的影响渠道
241 六、结论与政策含义

246 金融普惠和京津冀家庭收入差距
——来自中国家庭金融调查与研究数据的证据
尹志超 杨阳 张号栋
248 一、文献综述
249 二、数据与变量
252 三、实证分析

258 四、稳健性检验
259 五、结论

262 金砖经济体最优外汇储备数量与影响因素
——基于三部门一般均衡模型的实证考察 陈奉先 薛伟
262 一、引言
264 二、最优外汇储备的理论分析框架
269 三、金砖国家最优外汇储备的实证考察
279 四、结论

282 资本缓冲与银行风险变动：周期性及多元化的视角
周晔 高斯
282 一、文献综述
285 二、模型设定与数据的描述性统计
289 三、实证分析及稳健性检验
293 四、研究结论及启示

296 中国保险周期与经济周期测度及协动性研究
王雅婷 张玉春
296 一、引言
298 二、中国保险周期与经济周期测定
301 三、保险周期与经济周期的协动性
304 四、小结

研究 报告

2017年商业银行资产质量风险研究报告

王婉婷

摘要： 在“去杠杆、严监管、防风险”的政策基调下，商业银行的盈利增幅略有回升、不良贷款率的上升势头放缓趋稳、不良贷款的处置成果略有体现。然而，不良贷款的增长仍难言“见顶”，未来3～5年银行业不良资产额将缓慢上升，不良贷款率进一步攀升的隐忧犹存。预计2017年全年商业银行不良贷款率可能小幅增长至1.8%左右，考虑到下半年经济增速可能出现放缓，也不排除不良率达到1.9%的可能。

关键词： 商业银行；不良贷款；资产质量；风险处置

2016年，中央经济工作会议明确要把防控金融风险放到更加重要的位置，“去杠杆、严监管、防风险”成为2017年金融业发展前行的总基调。在国内外发展环境和条件更加复杂多变、经济增长中的不确定性因素显著增多的情形下，各家银行更加迫切着眼于自身发展的“危”与“机”。当前，银行业增长乏力已经是一个不争的事实，虽然我们略带喜悦地看到自2016年年底以来商业银行盈利增幅略有回升、不良贷

作者简介：王婉婷，首都经济贸易大学金融学院讲师。

款率上升势头有所放缓，然而未来盈利的困境和风险恶化的因素仍在延续。与此同时，互联网+、大数据、电子货币、移动支付、人工智能等科技感十足的字眼都已烂熟于心，怎样将科技与金融融会贯通形成业务生态闭环将是商业银行考虑的重心。商业银行如何操控和化解与日俱增的经营风险，把握好不确定性中的结构性机遇令人十分期待。

一、宏观经济、政策监管、科技竞争的多重压力

（一）经济环境仍难言乐观

2017年，面对进一步增多的国际经济政治不确定性因素，世界经济艰难前行，以3%左右的增长率缓慢复苏。中国以6.7%的经济增速继续平稳前行，但依旧面临结构性矛盾凸显的经济变革，经济结构有待优化，部分地区资产泡沫问题凸显，民间投资活力尚显不足，内生增长动力仍待增强。商业银行经营环境仍难言乐观，面临诸多不确定性：一是外部环境更趋复杂；二是基础设施投资能否保持高增长存在不确定性；三是房地产调控“新政”之后房地产投资回升势头能否持续存在较大不确定性；四是受“去产能”、实体经济效益不佳等影响，制造业和民间投资能否顺利回升存在不确定性；五是金融风险上升，汇率贬值和资本外流压力风险犹存。

同时，中国银行业或许将面临不再宽松的货币环境，信贷扩张增速趋势性下行，利率总体水平有上行趋势。若货币政策转向，银行业信贷资产质量将受到不利影响，关注类贷款向不良贷款转变的比率在经历短暂平静期后可能再次抬头，商业银行资产质量进一步恶化仍难言扭转。

（二）监管环境正渐趋严格

2016年以来，国务院及多部委的政策法规，奠定了当前中国金融业“归本质、促实体、严监管、防风险”的政策基调，对银行业风险管理和规范经营等提出了更为严格的要求。

央行通过建立宏观审慎评估体系（Macro Prudential Assessment，MPA）对金融机构进行框架性的监管评价。宏观审慎评估体系在季末考核时考核商业银行的全部资产，也称为对广义信贷类资产的考核，广义信贷包罗了信贷、委托贷款以及对非银金融机构的拆借，从原先的名义信贷规模管控到现在全资产口径管控。监管新规将使商业银行计提更多的资本，贷款规模扩张面临更多约束，对银行手续费收入、理财相关业务等非利息收入产生冲击。

此外，2016 年以来，银监会针对金融市场可能存在的潜在风险，陆续发布了《关于进一步加强信用风险管理的通知》《银行业金融机构全面风险管理指引的通知》《关于银行业风险防控工作的指导意见》，对银行业风险管理和规范经营等提出了更为严格的要求，支持经济结构调整和可持续发展。此外，多部委联合出台多项法规强化对互联网金融业务的监管，其中国务院印发的《关于互联网金融风险专项整治工作实施方案的通知》（国办发〔2016〕21 号）、银监会印发的《关于 P2P 网络借贷风险专项整治工作实施方案的通知》（银监发〔2016〕11 号）等对互联网金融业态进行严格监管，这些规范和约束为金融普惠性的稳定发展提供了基础性保证。

（三）科技环境需积极应对

大数据、人工智能、云计算、区块链等科技创新向金融肌体强势渗透，正催发传统金融的商业模式与业务流程快速再造，产品与服务迅疾迭代，金融与科技的融合和竞争喷薄而出。然而，在撕破产业边界而引致金融重构与裂变的同时，“创造性破坏”所酿造的竞争与风险也在快速地积累与蔓延。自 2016 年至今，曾经声称要颠覆传统银行模式的互联网金融巨头百度、阿里巴巴、腾讯、京东纷纷开始向轻资产转型，输出金融科技，谋求与传统持牌机构合作。其结果是双方一拍即合，仅 2016 年 6 月，工农中三大行先后牵手互联网金融巨头百度、腾讯、京东，而此前，建行与阿里巴巴在 2016 年 3 月就已结盟。对于互联网巨头而言，输出金融科技，提供流量入口以及大数据风控，正在探索新的可持续盈利模式；而对于传统银行而言，早期为了应对互联网金融冲击而布局的电商平台战略并不成功，纷纷觊觎互联网金融公司的渠道和流量。

传统银行与百度、阿里巴巴、腾讯和京东互联网金融公司合作的顾虑主要在于信息安全。2016 年以来，金融科技无论在技术种类创新，还是在制度规范化方面均取得进展。2016 年 8 月，银监会等四部委联合发布了《网络借贷信息中介机构业务活动管理暂行办法》，促进网络借贷行业的健康发展。此后，2016 年 10 月，国务院办公厅公布了《互联网金融风险专项整治工作实施方案》，严肃负面清单制管理，分别对 P2P、股权众筹、第三方支付等互联网金融主要业态和资管类产品互联网渠道销售等列明了政策红线，并由各部委出台配套子方案配合实施，以确保专项整治工作的有序推进。

二、 风险指标恶化势头有所缓解

《2017 年第二季度银行家问卷调查报告》显示，银行业景气指数为 65%，比 2016 年同期提高 3.7 个百分点，银行家对银行业经营形势向好的判断源自于不良贷款指标恶化情况有所化解。2016 年第四季度，商业银行不良贷款率环比下降 0.02 个百分点至 1.74%，结束了“19 个季度连升”的局面，2017 年一季度银行业不良贷款同比增速继续放缓，不良贷款率保持平稳。从不良贷款率波动趋势看，2016 年下半年开始有企稳迹象，似乎“触顶”并“稳中趋降”。一是不良贷款率、不良贷款额增长率下降；二是逾期率与不良贷款率之间出现负剪刀差，不良贷款迁徙率下降；三是关注类贷款余额及占比“双降”，2016 年四季度分别降至 3.35 万亿元、3.87%，环比降幅 3.6% 和 0.23 个百分点。不良贷款率指标数据虽有所好转，但言“已到调头向下的拐点”尚早。考虑到不良贷款增量仍较大，且贷款规模较快增长带来的稀释作用也是不良贷款率走平的重要因素，短期内不良贷款增长局面仍难以扭转。

（一）不良贷款额增速减缓，不良贷款率保持平稳

1. 银行业总体情况

据银监会年报披露，2016 年年末，商业银行资产组合中各项贷款余额为人民币 86.7 万亿元，较 2015 年同比增长 13.9%，增幅较 2015 年高 8.7 个百分点。2016 年，信贷风险持续暴露，整体信贷资产质量持续下滑，但风险暴露放缓。2016 年商业银行不良贷款额 1.51 万亿元，比上年末增加人民币 2 377 亿元，上涨 18.7%，增速减少 32.7 个百分点；不良贷款率 1.74%，比 2015 年年末上升 0.07 个百分点。商业银行不良贷款余额和不良贷款率均进一步上涨，但较 2015 年信用风险显著爆发的趋势已经得到缓解。

2017 年一季度，中国银行业金融机构不良贷款同比增速继续放缓，不良贷款率保持平稳。银行业金融机构季末不良贷款余额15 795亿元，不良贷款余额较年初增长 673 亿元，不良贷款率与年初持平，为 1.74%，拨备覆盖率 178.76%。虽然受季节性因素影响单季增幅较 2016 年四季度有所回升，但同比少增 504 亿元，显示不良贷款增长继续受到较好的控制，商业银行信用风险压力正在继续减缓。

就不良贷款率而言，虽然不良贷款规模依旧保持稳步上升的趋势，但近几年上升温和，目前已稳定在 1.7% 左右，总体趋势稳定（见图 1）。随着供给侧结构性改革步入深水区，在宏观经济下行压力和金融行业“去杠杆”政策影响的双重作用下，中短期内不良贷款率不会发生剧烈变化。“去产能”“去库存”等结构性调整促使行业企业转型发展，由此产生的风险或导致商业银行不良贷款率进一步上升；但“去杠杆”政策会降低企业债务风险，有效遏制信用风险，或促使商业银行不良贷款率的下滑。在这两种相反方向的作用机制下，不良贷款率不会出现剧烈上升或下滑的情况。

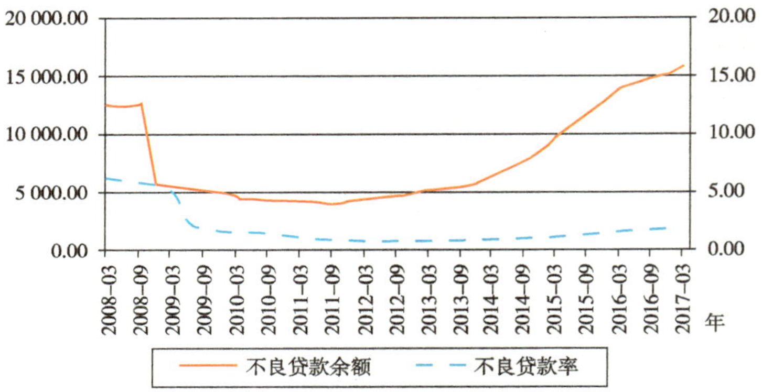

图1　中国商业银行不良贷款变化情况（2008—2017 年）（亿元）

数据来源：Wind 资讯。

2. 银行业分类机构情况

截至 2017 年第一季度，国有商业银行、股份制商业银行、城市商业银行、农村商业银行和外资银行的不良贷款余额占总的不良贷款余额的比重分别为 50.02%，22.76%，10.18%，16.4% 和 0.64%。国有商业银行不良贷款规模占比下降，股份制商业银行和城市商业银行不良贷款规模占比增加，体现了国有商业银行对不良资产的有效管控，以及股份制商业银行、城市商业银行不良贷款规模扩充速度的加快。

从不良贷款率走势纵向看，国有商业银行不良贷款率与商业银行整体不良贷款率走势趋于一致，至 2017 年第一季度，不良贷款率维持在 1.74%。近三年来，股份制商业银行和城市商业银行不良贷款率的走势也趋近商业银行的整体走势，其中，股份制商业银行 2017 年第一季度的不良贷款率为 1.74%，城市商业银行 2017 年第一季度的不良贷款率为 1.5%。农村商业银行不良贷款率自 2013 年第三季度开始从 1.62% 快速攀升到 2016 年第三季度的 2.74%，随后出现下滑和反弹，截至 2017 年第一季度，其不良贷款率为 2.55%。外资银行不良贷款率近期下滑明显，截至 2017 年第一季度，其不良贷款率为 0.89%（见图 2）。

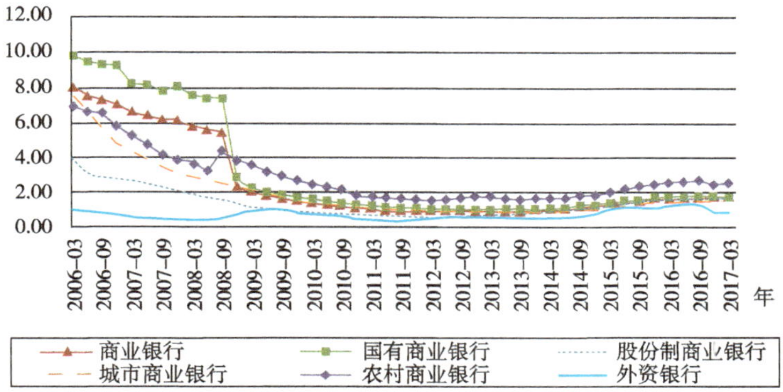

图2　2006—2017 年中国不同类型商业银行不良贷款率变化情况（%）

数据来源：Wind 资讯。

（二）关注类贷款占比降低，不良贷款额增量居高

关注类贷款也呈现出向好趋势，如表 1 所示，自 2016 年第四季度开始，关注类贷款上升趋势得到遏制，至 2017 年第一季度该指标已降至 2015 年第三季度水平，一季度关注类贷款余额 34 214 亿元，占比 3.77%，较年初下降 0.1 个百分点，同比下降 0.24 个百分点。

表 1　中国商业银行正常类贷款和关注类贷款（2015—2017 年）

时间	正常类贷款（亿元）	正常类贷款占比（%）	关注类贷款（亿元）	关注类贷款占比（%）
2015 年 3 月	669 789	95.08	24 826	3.52
2015 年 6 月	690 695	94.87	26 465	3.64
2015 年 9 月	705 664	94.64	28 130	3.77
2015 年 12 月	719 756	94.54	28 854	3.79
2016 年 3 月	751 471	94.25	31 953	4.01
2016 年 6 月	775 293	94.22	33 196	4.03
2016 年 9 月	798 731	94.14	34 770	4.1
2016 年 12 月	818 231	94.39	33 524	3.87
2017 年 3 月	858 300	94.49	34 214	3.77

数据来源：Wind 资讯。

虽然关注类贷款增速有所缓解，关注类贷款余额及占比“双降”，然而关注类转为不良贷款的速度仍然较快。按照2016年上市银行数据，关注类贷款的迁徙率高达34.94%，如果转变为不良贷款的比例为“20%～30%”，那么未来一段时间，不良贷款新增规模在7 000亿～10 000亿元。与此同时，商业银行处置和核销不良资产的能力受到诸多制约，尽管不良资产证券化、债转股、地方资产管理公司扩容等拓宽了不良资产处置渠道，但具体效果显现仍需时日，且在“L型”经济走势下，不良资产处置难度较大，因此预计未来3～5年银行业不良资产规模仍将缓慢上升。

此外，2016年年末主要上市银行逾期贷款占比为2.77%，逾期贷款和不良贷款之间的差额虽然有所减少，但仍达到5 305亿元，且逾期贷款的增长速度仍高于不良贷款的增长速度。这些数据表明，仍有相当一部分的贷款风险尚未完全暴露，未来关注类和逾期贷款仍将对商业银行不良贷款额的增加造成一定的压力。

（三）风险抵补能力稳中有升，银行间流动性较充足

商业银行进一步加大了拨备提取力度，风险抵补能力稳中有升。据银监会官方公布数据显示，2016年年末，商业银行贷款损失准备金余额为人民币2.7万亿元，比2015年年末增加3 587亿元，上涨15.5%；贷款拨备率3.08%，比2015年上升0.05个百分点；而主要受累于不良贷款余额的增长，拨备覆盖率为176.4%，比2015年年末下降4.8个百分点。

2017年一季度，贷款损失准备金额较年初增加1 560亿元，至28 236亿元。拨备增长快于贷款总额和不良贷款额增长，直接推动商业银行贷款拨备率较年初小幅增加0.03个百分点，至3.11%，拨备覆盖率由年初的176.4%上升至178.8%，风险抵补能力继续增强。从全球银行业的角度看，中国商业银行整体拨备水平处于相对高位，且完全能覆盖贷款组合的损失，为商业银行有效进行风险管理提供了一定的安全边际（见图3）。

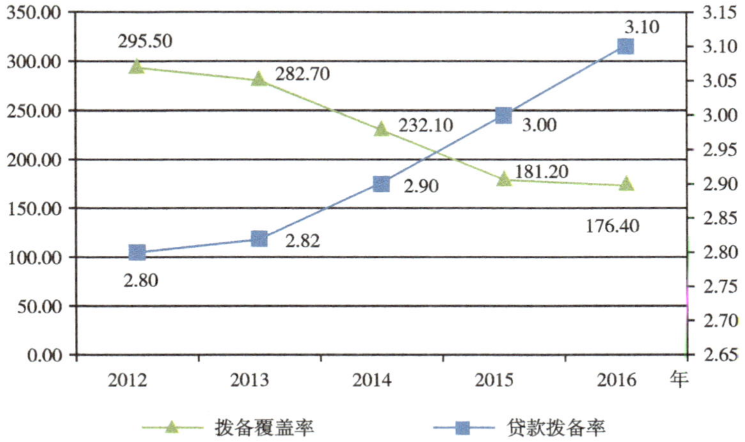

图3　中国商业银行拨备覆盖率和贷款拨备率（%）

数据来源：银监会各年年报。

同时，银行间较为稳定且充足的流动性为风险防范提供了保证，2015年央行多次下调存款准备金率的相关政策影响在2016年得到进一步体现，银行间市场流动性仍维持在较为合理的水平，流动性比例处于48%左右（见图4）。

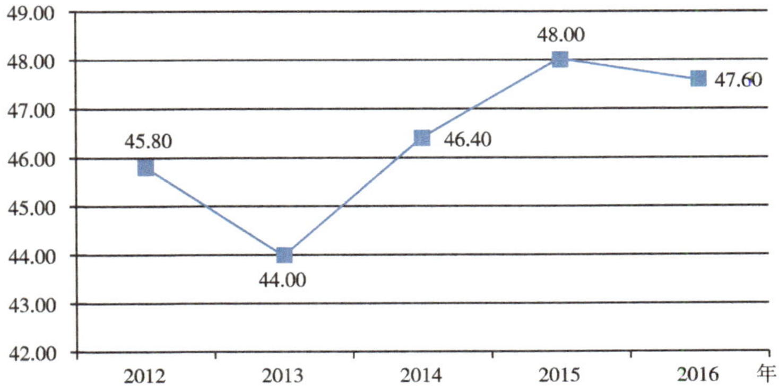

图4　中国商业银行流动性情况（%）

数据来源：银监会各年年报。

（四）风险处置多管齐下，规模成果略有体现

1. 加大核销和转让力度

受资产质量长期较快下行影响，商业银行加大不良资产处置力度，拟处置不良贷款以次级类为主。2017 年商业银行降低不良率最有效的措施仍是持续加大核销和转让力度。从上市银行的年报数据看，主要上市银行 2016 年核销不良贷款 5 840 亿元，较上年增加 1 312 亿元，增幅达 28.98%。

2. 市场化债转股效果有限

市场化债转股是商业银行化解不良贷款压力的一条路径，但因股性不足、退出机制不健全、资金募集难、目标企业选择难和持有期间管理难等制约因素，效果有限。据不完全统计①，截至 2017 年 6 月 9 日，本轮债转股共签约 56 个项目，涉及 45 家，签约规模 7 095 亿元。已签约债转股企业中，上市公司或下属企业有上市公司的企业个数占比达 82.14%。债转股企业一般是大型企业，在签约项目中，总资产超千亿元的企业占比为 67.86%，员工人数过万的企业占比为 73.21%。国企债转股项目个数占总的债转股签约项目个数的比重为 96%，签约规模占比高达 98%。山西、陕西等煤炭、钢铁行业居多的省份对债转股较为积极，签约项目较多，规模较大。从债转股签约行业看，主要集中在煤炭、钢铁行业，尤其煤炭行业比重最大，签约规模为 3 335 亿元，占总的签约债转股规模达 47%，项目个数为 23 个，占总的债转股签约个数比重达 41.07%。在本轮债转股签约项目中，建行最为积极。除五大行外，兴业银行、浦发银行、中信银行、北京银行等股份制银行以及兴业国际信托、中国人寿，地方资产管理公司中陕西金资等金融机构也加入债转股行列。

3. 不良资产证券化摸索前行

将不良资产进行证券化，是在现有渠道无法满足银行不良资产处置

---

① 中国东方资产管理股份有限公司：《2017 中国金融不良资产市场调查报告》。

需要下的摸索选择。中债资信发布的《中国资产证券化白皮书（2017）》显示，截至2016年年底，信贷资产证券化产品余额为4 893.68亿元，同比增长18.51%，占资产证券化市场总量的45.5%，占银行间市场债券存量的1.07%。2016年，央行在首批大型商业银行共试点发行了14单不良资产证券化产品，发行规模156亿元，涉及不良资产本金461亿元，基础资产涵盖公司类不良资产、个人消费不良资产、个人经营性不良资产、个人住房不良资产等类型。从截至2017年一季度的立项情况看，零售类不良资产，如信用卡、个人住房贷款证券化占不良资产证券化总量的近80%，可见不良资产证券化成为零售类不良资产批量处置的主要渠道①。2017年，不良资产证券化迎来扩围期，兴业银行、国开行、中信银行、光大银行、华夏银行、民生银行、平安银行、浦发银行、浙商银行以及北京银行、江苏银行和杭州银行共12家银行入围不良资产证券化试点。

随着2016年银监会发布《中国银监会办公厅关于规范金融资产管理公司不良资产业务收购的通知》《关于规范银行业金融机构信贷资产受益权转让业务的通知》《关于适当调整地方资产管理公司有关政策的函》等相关规定，行业内明显感受到监管机构有意鼓励商业银行利用市场化、法制化、综合化的手段处理不良贷款，因此，处置万亿级的不良贷款仍有较大空间。同时，结合2017年宏观审慎监管（MPA）考核的实施，金融监管、去杠杆、防风险的信号明显，不良资产证券化将成为商业银行处置不良贷款、提高资产充足率和不良贷款拨备覆盖率的重要手段。然而，不良资产证券化仍有需要完善之处，一是数据积累还不足；二是法律、税收、会计等配套机制和措施有待进一步探索和完善；三是证券未来现金流不易预测，估值、定价较为困难；四是投资人群体及市场成熟度有待进一步培养。

① 中国债资信：《中国资产证券化白皮书（2017）》。

三、 未来风险恶化趋势仍在蔓延

（一） 东北地区未来风险最为堪忧

不良贷款余额的增速反映了在经济机构调整过程中各地区转型难度和程度。虽然随着贷款总额的逐年增长，大部分地区的不良贷款余额仍在增加，但长三角地区率先展现经济活力，2016 年不良贷款余额出现了下降，体现了其行业企业调整结构、摆脱困境的成果。东北地区不良贷款余额增幅第一、环渤海地区第二、中部地区第三，反映重点发展工业的地区，其结构调整的阵痛更大，在产业结构调整中暴露的风险更多。从不良贷款率看，长三角、珠三角地区不良贷款率明显下降，而西部地区、环渤海地区、东北地区显著上升。这反映了债务风险自沿海地区向内陆传导，而越往内陆，其抗风险能力越低的特征。从不良贷款爆发的区域看，对东北地区银行不良贷款暴露风险的担忧高于其他地区，个别银行在东北地区的不良贷款余额甚至在 2017 年上半年就增长了近一倍（见表 2）。

表 2 不同区域不良贷款率和不良贷款余额变化

	2015 年		2016 年			
排序	地区	不良贷款率（%）	地区	不良贷款余额增幅（%）	地区	不良贷款率（%）
1	珠江三角洲	2.12	东北地区	32.2	西部地区	2.23
2	长江三角洲	2.07	环渤海地区	24	环渤海地区	2.07
3	西部地区	2.03	中部地区	19.6	东北地区	2.01
4	环渤海地区	1.77	西部地区	18.2	珠江三角洲	1.93
5	东北地区	1.61	珠江三角洲	6.7	长江三角洲	1.68
6	中部地区	1.56	长江三角洲	-13.7	中部地区	1.67

数据来源：根据中国工商银行、中国建设银行、中国农业银行 2016 年年报数据计算。

东北地区不良贷款余额增加的主要原因在于三个方面：一是东北经

济增长失速远甚于全国其他地区，并且短期内扭转的概率较小；二是东北地区是传统制造业、国有企业、重化工业交叉聚集区，面临去产能、供给侧结构性改革的压力甚于全国其他地区，而去产能与供给侧结构性改革在金融领域最直接的后果就是银行信贷风险暴露；三是出于风险回避，金融机构对东北地区投融资保持更高谨慎，东北地区面临资金流入失速的恶性循环。

（二）产能过剩行业仍为重灾区

工业企业去产能持续，产能过剩行业和僵尸企业退出市场带来的不良资产压力依然较大。2016 年，中国工业企业去产能取得了较好成效。但考虑到全球需求趋势性下降，中国低端产能长期供给过剩，实体经济去产能仍然任重道远，预计 2017 年去产能行业或将进一步拓展至水泥、平板玻璃和船舶等行业，企业偿债压力依然较大。国家统计局统计公告数据显示，2016 年前 10 个月，工业企业利润同比增长 8.6%，改变了 2015 年利润负增长的局面，但相比过去 10 年年均 17% 的增速明显下降。2016 年上半年，全部 A 股上市公司的净资产收益率只有 3%，比 2015 年明显下降（2015 年为 6.7%）。2017 年，企业盈利状况仍难言根本改善，偿债压力加大仍是多数产能过剩行业面临的主要问题。预计未来一年，不良贷款规模最大的五个行业是制造业、批发和零售业、房地产业、采矿业和建筑业，商业银行因化解过剩产能带来的信贷风险或将集中于钢铁冶金等行业。

从不良贷款规模增长看，2016 年不良贷款规模最大的制造业和批发零售业不良贷款额增速平稳，分别为 5.07% 和 6.92%。由于不良贷款规模最小的增长基数较小，因此表现出剧烈的增幅变动，二者增速分别为 98.33% 和 –25.71%。采矿业和房地产业的不良贷款余额增速较快，采矿业不良贷款余额增速的提高反映了“去产能”对煤炭、钢铁行业企业影响较大；而房地产行业不良贷款余额增速的提高则因为该行业贷款总量的提高，体现了 2016 年房地产市场的规模扩充。

从不良贷款率变化看，近两年不良贷款率的排序变化不大，不良贷款率最高的是批发零售业、制造业和采矿业，2016 年三者不良贷款率分别为 12.91%，7.46% 和 4.55%；房地产业不良贷款率超过建筑业，房地产业为 3.04%，建筑业为 2.88%；其余行业不良贷款率低于 1%。2016 年，不良贷款率高于 1% 的行业指标均有上升，体现了这些行业不良贷款形势较 2015 年严峻（见表 3）。

表 3　不同行业不良贷款率和不良贷款余额变化

排序	2015 年				2016 年					
	行业	不良贷款余额（亿元）	行业	不良贷款率（%）	行业	不良贷款余额（亿元）	行业	不良贷款余额增幅（%）	行业	不良贷款率（%）
1	制造业	1 975.16	批发和零售业	11.39	制造业	2 075.27	水利、环境和公共设施管理业	98.33	批发和零售业	12.91
2	批发和零售业	1 479.47	制造业	6.83	批发和零售业	1 581.85	采矿业	39.43	制造业	7.46
3	房地产业	210.73	采矿业	3.17	房地产业	291.05	房地产业	38.12	采矿业	4.55
4	采矿业	206.13	建筑业	2.39	采矿业	287.4	租赁和商务服务业	19.57	房地产业	3.04
5	建筑业	154.09	房地产业	2.00	建筑业	176.28	建筑业	14.40	建筑业	2.88
6	交通运输、仓储和邮政业	123.99	租赁和商务服务业	0.76	租赁和商务服务业	132.94	批发和零售业	6.92	租赁和商务服务业	0.79
7	租赁和商务服务业	111.18	交通运输、仓储和邮政业	0.45	交通运输、仓储和邮政业	129.43	制造业	5.07	交通运输、仓储和邮政业	0.44
8	电力、热力、燃气及水生产和供应业	63.71	电力、热力、燃气及水生产和供应业	0.40	电力、热力、燃气及水生产和供应业	47.33	交通运输、仓储和邮政业	4.39	电力、热力、燃气及水生产和供应业	0.28

续表

排序	2015 年 行业	不良贷款余额（亿元）	行业	不良贷款率（%）	2016 年 行业	不良贷款余额（亿元）	行业	不良贷款余额增幅（%）	行业	不良贷款率（%）
9	水利、环境和公共设施管理业	13.18	水利、环境和公共设施管理业	0.14	水利、环境和公共设施管理业	26.14	电力、热力、燃气及水生产和供应业	-25.71	水利、环境和公共设施管理业	0.25

数据来源：Wind 资讯。

中国产能过剩行业主要集中在制造业和采矿业。由于劳动力等生产要素成本提高，在出口增速放缓以及国内经济下行等市场因素挤压下，中国制造业面临竞争优势逐步下降以及市场空间扩张有限的双重压力，产能过剩与盈利下降并存的困境在短期内难以有效化解。而且国内一系列“去产能”政策措施的实施，限制了煤炭等采矿行业的规模扩充，加大了部分企业经营困难。受美联储加息和美元走强的影响，国际大宗商品价格持续走低，矿业企业和大宗商品贸易企业首当其冲，如煤炭钢铁企业、煤炭贸易企业、石油及矿产品贸易企业、粮油贸易企业等。

（三）政策逆转下房地产业贷款风险升高

近两年，房地产行业依然发展迅速，累积了一定的债务风险。从2015 年 3 月到 2016 年 9 月，中国启动新一轮房地产去库存，银行房地产信贷政策大幅放宽，导致银行信贷资金大量进入房地产行业，开发贷款也大幅增加。由于房价出现飙涨，2016 年 9 月开始房地产政策出现逆转，放转收，调控力度空前，地产降温幅度大于预期。这轮房地产开发贷款的风险隐患有两个方面：一是房地产开发贷款放开时过松，银行为了响应去库存政策而降低放贷标准、加大了放贷规模；二是房地产开发贷款收缩时过紧，基于去库存政策刺激下房价飙涨的现实，以及对房地产泡沫的恐惧，本轮房地产政策切换节奏之快、地产调控力度之大、频率之高历史罕见。市场对房地产后市分歧和担忧前所未有，与之相应，银行对已发放的房地产贷款风险担忧加大，对后续的房地产开发放款明显谨慎。

受新一轮房地产调控政策影响，房地产市场将在2017年逐步降温，主要表现为销售放缓和个人按揭贷款增长高位回落。在2016年新增贷款中，约45%为房地产抵押贷款，由于大多数购房者都已支付30%～50%，甚至70%的首付资金，在不出现系统性经济金融风险的情况下，购房者终止还款的可能性比较低，因而房地产抵押贷款的风险相对可控。随着“317”新政效果逐渐显现，银行开始调整一线、二线城市的房地产贷款规模，部分研究机构预计房价下跌幅度达到20%～30%时，银行贷款损失将首次超出其承受能力。

相对于居民住房按揭贷款而言，商业房地产贷款的潜在风险明显较高。从目前中国银行业界整体情况看，区域性商业银行的商业房地产贷款占总贷款的比例，远比全国性大型银行的占比高。而且，由于区域性银行特别是城商行和农商行的经营地域覆盖较窄，因此较容易受区域经济发展周期的影响而变成不良贷款。值得一提的是，在商业房地产贷款中，利用率偏低的经济开发区、工业园区和创新产业园区开发建设贷款的风险，比三线、四线城市里的大型购物中心和办公楼还要高，更值得关注和重点管控。

（四） 小微企业不良贷款增长不容忽视

受经济下行压力、产能过剩治理和担保圈连带效应等因素的持续影响，小微企业，尤其是制造类、批发零售类以及资源类等亲周期行业的小微企业风险管控压力依然很大。2016—2017年，中小企业经济运行总体保持平稳，主要经济指标增速企稳回升，经济效益有所改善，但受生产规模、技术和资本、人员综合素质等因素的影响，中小企业特别是小微企业的发展依然面临诸多的困难和挑战。2017年，受外汇市场波动影响，汇率敏感的贸易型企业、依赖海外原材料进口的加工型企业，以及拥有大量美元计价债务的企业在业务和成本方面会受到一定冲击，这些行业中的小微企业可能会出现新的风险。据 2017 年上市银行半年报数据初步统计，2017 年小企业的不良贷款率仍是其他企业的 2 倍以上，500 万元以下的小微企业贷款不良率约是其他企业的 4 倍。银监会《关于 2016 年推进普惠金融发展工作的指导意见》，小微企业不良贷款率高出当年全行各项贷款不良率目标 2 个百分点以内（含）的，可免予追究小微企业信贷人员的合规责任。监管部门透露，从基层反馈的数据看，当前部分地区小微企业不良贷款率已远超容忍度。

1. 中小微企业发展水平低位缓升

2016 年，在中国经济发展下行压力减小、总体呈现缓慢平稳态势之下，中小微企业发展运营状况在 2016 年第四季度有所缓升，但总体生存环境和发展状况仍处于不容乐观的低位水平。2016 年四季度，中国中小企业发展指数（SMEDI）虽持续缓升，但是仍处于景气临界值 100 以下；从经济日报—中国邮政储蓄银行“小微企业运行指数”来看，2016 年小微企业前半年运行状况处于下行状态，后半年开始处于低位回升态势，但就目前情况看，指数仍处于小于 50 的较差水平；从渣打银行公布的各月中小企业信息指数的数据看，2016 年上半年经历了相对较大的起伏之后，后半年趋于平稳，全年指数都在一般水平（50）以上。数据显示，中小企业经营表现稳健，但未来或将面临诸多不确定性（见图 5 ~ 图 7）。

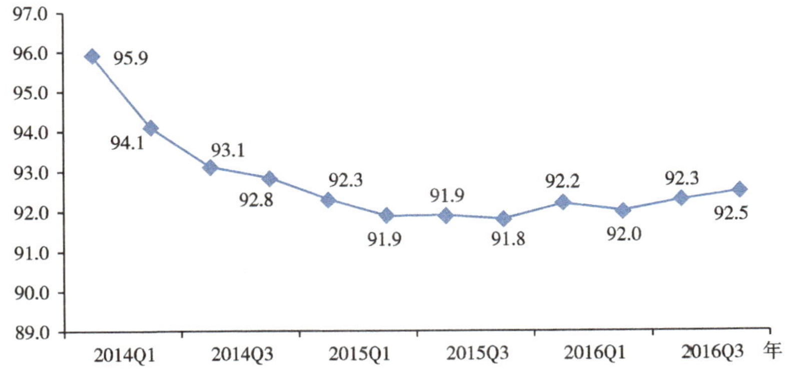

图 5　中国中小企业协会“中国中小企业发展指数”

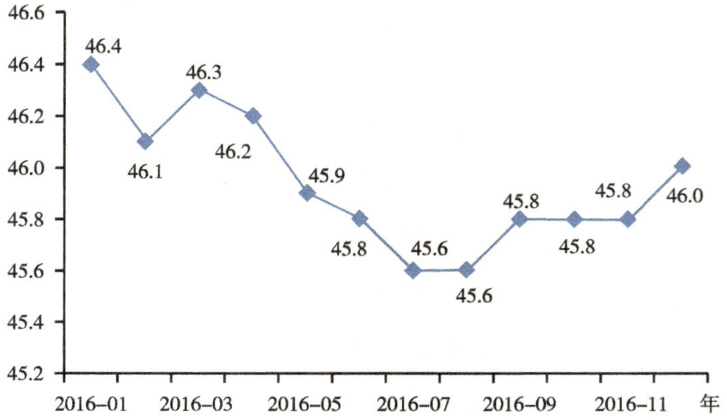

图 6　经济日报—中国邮政储蓄银行“小微企业运行指数”

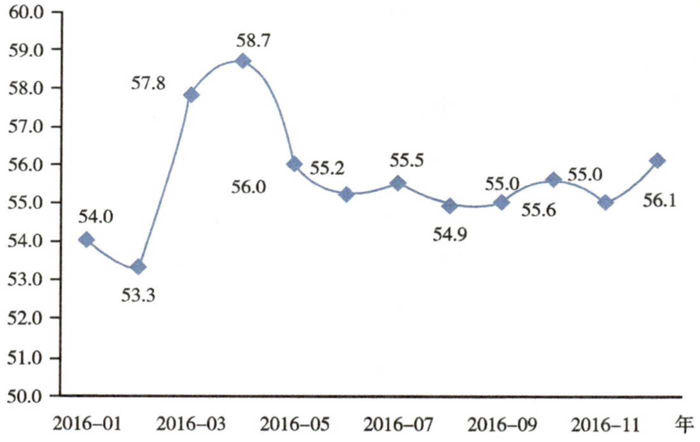

图 7　渣打银行“中国中小企业信心指数报告”

2. 小微企业亏损面及亏损额区域差异明显

2016 年年末，中小企业户数为 37.0 万户。其中，亏损企业 4.4 万户，企业亏损面为 11.9%，比上年缩小 1.2 个百分点。其中，中型企业亏损面 12.8%，小型企业亏损面 11.7%。2016 年，中小企业亏损总额 4 473.9 亿元，同比下降 6.0%（上年同比增长 18.8%）。其中，中型企业亏损总额 2 322.9 亿元，同比下降 4.3%；小型企业亏损总额 2 151.0

亿元，同比下降7.9%①（见图8）。

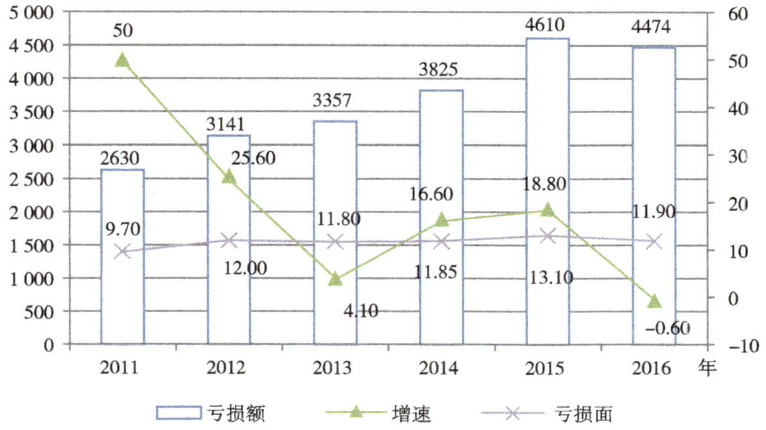

图8　中小微企业亏损总额和亏损面变化情况（2011—2016年）（亿元，%）

数据来源：工信部中小企业司：《2016年中国中小企业运行报告》。

分地区看，东部、中部、西部和东北地区亏损面分别为12.2%，7.4%，16.3%和17.0%。31个省市区中，亏损面超过20%的省份有13个，其中西部地区占7个；山西（37.2%）企业亏损面最高；河南（4.1%）企业亏损面最低。东部、中部、西部和东北地区亏损总额分别为2 046.3亿元、668.0亿元、1 426.8亿元和333.0亿元，同比分别增长-11.3%，-16.6%，9.7%和-5.6%。31个省市区中，亏损总额增速同比呈“7升24降”。云南（102.1%）呈倍数增长，其他同比增长的省份分别为北京（21.3%）、甘肃（19.4%）、重庆（12.6%）、新疆（4.6%）、陕西（3.6%）和辽宁（3.1%）。降幅超过20%的省份有6个，分别为西藏（-58.8%）、福建（-29.2%）、吉林（-27.4%）、安徽（-23.1%）、宁夏（-22.5%）和河南（-22.3%）。亏损总额占比超过5%的省份有7个，分别为江苏（8.6%）、云南（7.9%）、广东

① 工信部中小企业司：《2016年中国中小企业运行报告》。

(7.6%)、山西(6.3%)、浙江(5.8%)、内蒙古(5.4%)和山东(5.1%),7省份合计占中小企业亏损总额的46.8%①。

3. 产能过剩行业小微企业亏损面居高

分行业看,制造业中小企业亏损面为11.3%,采矿业亏损面为20.6%,电力热力燃气及水生产和供应业亏损面为20.5%。制造业31个行业中,22个行业亏损面超过两位数。亏损面超过20%的行业有3个,分别为石油加工炼焦和核燃料加工业(22.3%)、金属制品机械设备修理业(21.1%)和废弃资源综合利用业(20.6%)。

制造业31个行业中,亏损额同比呈"13升1平17降"。亏损额呈倍数增长的行业有2个,分别为烟草制品业(200.0%)和金属制品机械设备修理业(176.9%);增速超过10%的行业有6个,分别为仪器仪表制造业(29.0%)、计算机通信和其他电子设备制造业(19.8%)、印刷和记录媒介复制业(18.8%)、医药制造业(17.6%)、纺织服装服饰业(15.8%)和化学原料和化学制品制造业(10.2%)。降幅超过20%的行业有5个,分别为石油加工炼焦和核燃料加工业(-35.3%)、黑色金属冶炼和压延加工业(-34.5%)、非金属矿物制品业(-30.0%)、有色金属冶炼和压延加工业(-29.2%)和农副食品加工业(-22.2%)。亏损额占比超过5%的行业有6个,分别为化学原料和化学制品制造业(20.0%)、计算机通信和其他电子设备制造业(9.2%)、非金属矿物制品业(8.1%)、电气机械和器材制造业(6.1%)、专用设备制造业(5.5%)和通用设备制造业(5.4%),6个行业合计占制造业亏损总额的54.4%②。

(五) 交叉性金融业务风险进一步释放

交叉性金融业务是在分业监管环境下逐步发展起来的一类具有金融创新性质的业务,主要指两类或两类以上金融机构出于提供相互便利、提高经营收益、提升向其他金融市场渗透能力等目的,形成的具有交叉

① 工信部中小企业司:《2016年中国中小企业运行报告》。

② 工信部中小企业司:《2016年中国中小企业运行报告》。

属性及合作性质的金融业务，集中体现了“跨金融部门、跨业务产品、跨市场类别”三大特征。根据信托业协会数据显示，截至2016年年底，信托业务中银信合作业务余额4.75万亿元，占信托资产规模的23.49%；定向资管计划投资者中，银行和信托公司合计10 635户，委托规模12.68万亿元，占定向资管计划资产规模的86.4%；基金公司专户资金来源中，银行委托资金2.73万亿元，占比58.1%①。银监会于2016年11月23日发布《商业银行表外业务风险管理指引（修订征求意见稿)》，将表外业务范围扩展至“担保承诺类、代理投融资服务类、中介服务类、其他类”等，明确商业银行开展表外业务应遵循“全覆盖、分类管理、实质重于形式、内控优先、信息透明”等五项原则，提出商业银行应当建立表外业务风险限额管理制度等②。

1. 基础资产透明度较低，相关风险未充分暴露

跨业务产品嵌套普遍，基础资产透明度较低。通过金融产品的相互嵌套，交叉性金融业务的链条拉长，使得资金方和监管机构“看不清”基础资产，相关风险未充分暴露。产品嵌套在满足交易结构设计需求、增强资产配置可选择性的同时，也存在交易透明度低、风险传导路径隐蔽等诸多问题。不少投资类产品仅依赖于产品说明书对投向进行调查，未穿透至基础资产，由于信息不对称，产品实际主导方存在刻意隐瞒具体投向的道德风险。监管部门厘清上述业务实际投向与各主体风险收益情况的难度很大，通常涉及跨部门、跨区域，乃至跨监管体系的横向协调，导致其反复强调穿透式监管却始终难以落地。当前能够实现穿透管理的，往往是结构相对简单的银信合作产品，或者已暴露风险，银行无法隐藏的交叉性金融产品。在这种情况下，基础资产隐蔽程度很高，易引发风险事件。产品层层嵌套，风险难以穿透，一旦发生违约事件，传染性强、影响面广。

---

① 《证券期货经营机构私募资产管理业务2016年统计年报》。

② 银监会：《商业银行表外业务风险管理指引（修订征求意见稿）》。

2. 资金投向集中，风险集聚程度高交叉性

从交叉性金融业务的行业投向看，融资类业务投向较为集中于房地产和政府平台。信托业协会数据显示，截至2016年年底，从资金信托投向看，前四名行业分别是金融行业、租赁和商务服务业、水利环境和公共设施管理业、房地产业，前四名占比达70.73%；从证券公司定向通道业务最终投向看，投向融资类业务规模合计6.38万亿元，主要投向一般工商企业、房地产、地方融资平台及基础产业，规模分别为2.27万亿元、0.94万亿元、0.40万亿元、0.37万亿元；从基金子公司专户投向看，投向一般工商企业规模1.95万亿元，占比41.3%，投向房地产业规模1.28万亿元，占比27.2%，投向地方融资平台规模8 640亿元，占比18.3%，投向基础产业规模6 249亿元，占比13.2%①。从上述数据可以看出，中国交叉性金融业务投向行业较为集中，在房地产、地方融资平台领域投资较大。随着房地产调控政策升级加码、财政部严查政府违规债务，作为传统投资领域的房地产和政府融资平台风险不断集聚。行业集中度过高，资金方极易受到行业生命周期和政策调整的影响，一旦发生不利变化，风险传染和集聚速度将远快于传统信贷业务②。

3. 风险多聚集于银行体系，表外风险表内化明显

交叉性金融业务风险的聚集方很大程度集中于银行体系。商业银行交叉性金融产品，大部分以理财产品的形式存在，本质上属于资管业务，但由于长久以来不论产品是否保本、基础资产是否发生风险，银行基于声誉风险及维稳等角度考虑，基本均按预期收益兑付，导致本应传递给投资人的风险集中于银行体系。尽管银监会一直积极引导理财产品向净值型转变，但现实中仍存在较大障碍。另外，对于实际融资人为银行授信客户的代销类交叉性金融产品，虽然产品形态上表现为第三方金

① 《证券期货经营机构私募资产管理业务2016年统计年报》。

② 银监会江西银监会课题组：《我国商业银行交叉性金融业务特点及风险管控思路研究》，2017年。

融机构委托银行代理销售，但基础资产实际为银行提供，所以业务实际主导方多为银行，其他机构产品更多扮演通道角色，风险并未从银行体系转移。银行虽然对这类业务基本实现了单独账户、独立核算管理，但缺乏必要的风险缓释机制，产品到期兑付危机发生后，直接引发声誉风险。金融机构为了维护声誉，往往采取自有资金先行赔付等方式化解兑付风险，导致表外风险表内化。

4. 交叉性风险相互传导，谨防债市违约风险

交叉性金融业务由于投资范围广，不同交易市场间风险传导也在加速。如2014年开启的一轮债券牛市，银行表内外资金借助交叉性金融渠道大举进入债市，市场收益率急剧下跌，诱发更多机构通过加大错配、延长久期、降低资质等方式，以维系较高收益水平，催生了债市的“非理性繁荣”。资金的集中配置扩大了相关机构的风险敞口，提高了金融体系杠杆水平，也容易因市场共振而引发金融危机。

当前，债券市场违约风险也频频波及银行业的违约情况。自2014年债券刚兑打破以来，违约事件频发，2016年债券市场违约债券79只（其中值得关注的是47只债券评级为AA－级以上），同比增长243%，违约金额403亿元，同比增长220%，相关风险正加快向银行传导，2017年，全国范围内多达20家银行投资债券遭遇违约事件。

由于商业银行发行的理财产品、资产证券化产品等多投资于货币市场、债券市场，目前信用利差尚处低位，随着未来债务到期压力加大，信用利差将出现趋势性上升，带动企业融资成本升高，进一步加大违约风险，信用债的大面积违约，将使银行理财产品出现收益下降甚至到期不能兑付的风险。而银行在企业信用债的承销、托管等过程中，如果信息披露、尽职调查工作存在疏忽，当企业信用债出现违约时，将可能承担相应的责任，形成声誉风险。此外，高企的地方政府债务也会持续冲击商业银行资产端，目前流动的地方政府债务置换，将压低银行资产端的收益率、拉长银行资产端的期限结构。

（六）互联网科技冲击下的风险呈现

互联网金融的日益兴起给中国传统商业银行带来了机遇和挑战，从服务质效、内部流程、组织架构、人才队伍建设、风险管理控制和产品开发设计等方面影响着商业银行的经营管理。互联网金融的发展是历史的必然，也是未来新逻辑的起点，是新阶段全新的信息通信技术对金融业产生革命性影响的开始。随着互联网技术的大量应用以及以互联网为依托的业务及商业模式创新的大量涌现，银行业面临的风险类型不仅包含了传统银行业务风险，还包括由互联网金融自身的技术性、创新性、试错性而衍生出另外一些需要引起重视的新型风险。

由于金融科技背景下金融服务方式更加虚拟化，业务边界更趋模糊，使得风险的关联聚变和交错渗透更为复杂，传染与复制功能也更为强大；同时，金融科技利用信息技术将业务流变成信息流，在提升资金融通效率的同时也打破了风险传导的时空限制，使得风险传播的速度更快。不仅如此，金融科技创新产品过度包装，其风险被其表面所掩盖，难以识别和度量，风险的隐蔽性更大。风险管理控制既关系到银行的生存与发展，又关系到金融市场与国家宏观经济的稳定发展。在互联网金融的发展进程中，风险管控的任务更加复杂和艰巨，主要表现在两个方面：一是技术风险，源自银行生产率的提高对 IT 运行维护的更高要求。由于互联网的便捷性和普及性，使得银行业务交易量以数量级的跨度急速提升，技术运行维护跟不上，将对银行的经营运转产生巨大影响。二是信息安全风险，是信息流通过程中产生的风险。互联网提升了信息流通的广度和深度，用户的个人信息、账户信息、交易信息以及银行的各种内部信息都存在被泄露的风险。

互联网提升了信息传播效率，也同样提升了风险事件的影响力及破坏力，风险应对响应时限变短。互联网技术的引入使银行的服务时段向 7×24 小时的方向发展，每时每刻都可能发生金融交易，留给银行从业者处理风险事件的“安全”时限缩短。只有建立快速有效的风险防控预警及处理机制，才能将风险可能造成的影响降到最低。

四、 商业银行资产质量风险的展望及预判

（一） 不良贷款率上升势头放缓， 但难言 “见顶”

2016 年，上市银行不良贷款“双升”势头已有所放缓，部分银行的不良贷款率开始稳定甚至有所下降。2017 年，随着经济企稳信号的进一步增加，债转股等不良资产重组手段的加快推进，银行不良贷款率上升势头继续放缓，但是不良贷款增长仍难言“见顶”。一些观点认为，中国银行业不良贷款将“触顶”并“稳中趋降”，对于银行业不良贷款到底有没有见底，本报告预计：2017 年中国商业银行不良贷款余额、不良贷款率仍有“双升”压力，未来 3 ~5 年银行业不良资产将缓慢上升，不良贷款率进一步攀升的隐忧犹存。其中，东北等部分区域企业不良贷款将爆发性增长；“去产能”下制造业、采矿业等产能过剩行业仍成为银行不良贷款的主要来源；政策逆转下房地产贷款风险升高，当大中城市房价下跌 20% ~30% 时，银行贷款损失将超出其承受能力；交叉性金融业务的违约风险进一步释放。

从不良资产处置环境看，面对严峻的不良贷款形势，商业银行处置不良贷款的规模将会小幅增加，四家资产管理公司收购不良资产的规模也将小幅增加。优化信用环境、防范信用缺失将经历一个缓慢的转变过程，预期 2017 年信用环境对不良资产处置的影响仍将是偏负面的。近年政府出台多项不良资产处置相关政策，法律环境的逐步完善将对不良资产处置略微有利，预期地方政府对不良资产处置的影响将保持稳定。

综合而言，2017 年宏观经济出现阶段性企稳的态势，前期产能过剩治理也取得了一定成效，这些将有助于改善企业经营状况。而不良资产证券化、市场化债转股以及地方资产管理公司扩围等不良资产处置渠道不断拓宽，将进一步促进商业银行加快处置不良资产。受宏观经济阶段性回稳等诸多利好因素影响，商业银行资产质量下行压力将进一步缓解，不良贷款率增长速度会继续放缓，但商业银行不良贷款仍难言见顶，不良贷款规模增长压力依然存在，未来仍将承受来自多个方面的压

力而小幅增长。预计 2017 年全年商业银行不良贷款率可能小幅增长至 1.8% 左右的水平，考虑到下半年经济增速可能出现放缓，也不排除不良率达到 1.9% 的可能。

（二）监管环境趋严，“合规”压力上升

2017 年，银行业将面临更为严格的监管环境。一是表外理财业务纳入宏观审慎 MPA 监管框架。受央行 MPA 考核、同业理财监管趋严等因素影响，商业银行资产扩张存在一定制约，贷款规模扩张面临更多约束，对银行手续费收入、理财相关业务等非利息收入产生不利冲击。信贷扩张的空间因而受到制约，通过做大分母稀释不良贷款率的路径已经越走越窄。二是监管新规将使商业银行计提更多的资本。受信贷规模扩张速度不减、不良资产上升较快等影响，商业银行面临较大的资本补充压力。银行业须依据实际风险敞口还原真实的资本充足率，增加了资本消耗，使得银行业资本充足性变得不再那么富余。资本补充压力加大仍是商业银行发展面临的难题。

（三）盈利增速小幅提升，风险内部消化压力仍大

受益于资产重定价因素削弱，“营改增”影响降低，以及流动性趋紧下市场利率上行使境内银行业的净息差降幅有限，2016 年银行业盈利出现弱复苏，商业银行全年累计实现净利润 1.6 万亿元，比 2015 年增加 564 亿元，同比增加 3.54%，增速上升 1.1 个百分点，2017 年增速有望继续提升。但由于监管对资本的扩充要求以及净利润增长减缓，净利润增长速度滞后于资本增长速度，使得商业银行平均资产利润率、平均资本利润率均呈现持续下滑态势（见图 9）。

然而，在经济放缓的情况下，上市银行普遍加大了拨备力度，制约了未来净利润增长。在利润增速放缓、息差进一步收窄的大背景下，银行能用于拨备的财务资源较为有限。因此，一旦大规模使用存量拨备核销不良贷款，将会面临拨备覆盖不足的问题，未来银行不良贷款核销力度持续加大的空间有限。

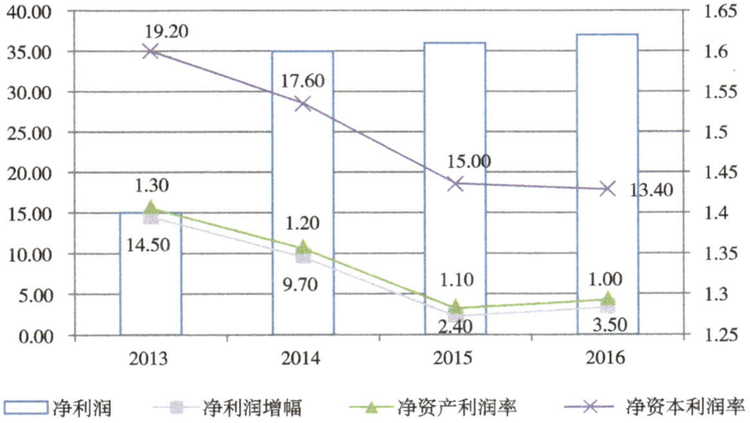

图 9　2013—2016 年中国商业银行部分盈利指标情况（万亿元,%）

数据来源：2013—2016 年银监会《商业银行主要监管指标情况表》。

中国银行业正处在一个大调整、大变革的时期，我们的经济结构、产业结构、发展模式都在发生巨大的变化，金融服务要更加综合化、个性化、多样化、便利化。在整体经济下行压力仍然存在、互联网金融继续向银行业核心业务渗透、产业结构转型和利率市场化进程持续推进、监管评估渐趋严格的情形下，下一个 10 年的中国银行业必然要顺应技术与外部环境的变化、创新成就转型。当前，随着经济企稳信号的进一步增加、盈利增速的小幅提升、不良资产重组手段的加快推进，银行不良贷款率上升势头继续放缓，但是不良贷款增长仍难言“见顶”。未来 3 ~5 年银行业不良资产总额将缓慢上升，不良贷款率进一步攀升的隐忧犹存。我们期待，在不良贷款存量增长的同时，不良资产证券化、市场化债转股以及地方资产管理公司扩围等不良资产处置渠道不断拓宽，进一步促进商业银行加快处置不良资产，缓解商业银行资产质量恶化的风险。

参考文献

[1] 中国人民银行. 2017 年第二季度银行家问卷调查报告[R]. 2017 -06.

[2]中国银行业监督管理委员会. 中国银行业监督管理委员会 2016 年报[R]. 2017－07.

[3]中国东方资产管理股份有限公司. 2017 中国金融不良资产市场调查报告[R]. 2017－07.

[4]中债资信评估有限责任公司. 中国资产证券化白皮书(2017)[R]. 2017－06.

[5]工信部中小企业司. 2016 年中国中小企业运行报告[R]. 2017－05.

[6]中国基金业协会. 证券期货经营机构私募资产管理业务 2016 年统计年报[R]. 2017－05.

[7]银监会江西银监局课题组. 我国商业银行交叉性金融业务特点及风险管控思路研究[R]. 2017－07.

[8]中国人民银行. 中国货币政策执行报告(2017 年第二季度)[R]. 2017－08.

[9]中国人民银行. 中国金融稳定报告[M]. 北京:中国金融出版社,2016.

[10]毕马威中国. 2017 中国银行业调查报告[R]. 2017－07.

货币政策分化背景下非银行金融机构的风险研究

李　雪

摘要： 本研究报告主要关注全球货币政策的新趋势及非银行金融机构相对传统银行金融部门的风险承担变化情况。在此研究基础上，中央银行可以利用非银行金融机构施加货币政策传导意图，加强货币政策传导功效。

关键词： 非银行金融机构；分化；资产负债表

一、引言

全球经济进入新常态后，各国中央银行对刺激政策依赖过大，尤其以刺激投资需求为目的的普遍低利率甚至负利率政策，在降低投资收益率的同时滋生了大量非理性投资，“强刺激”带来的投资低效以及不断推高的杠杆率使金融风险不断积聚，并且在世界范围转移，国际金融很大可能进入风险暴露期。从国内实践看，原有传统总量扩张的货币政策

作者简介：李雪，首都经济贸易大学金融学院、金融风险研究院讲师，经济学博士。

基金项目：本报告受到2016年国家社科基金青年项目“供给侧价格粘性与货币政策传导机制阻滞研究”（编号：16CJL016）的资助。

调控造成产能过剩、地方债务及房地产泡沫等多重经济风险与隐患（汪川，2015），致使结构性调整黏性增大，反映中国目前已进入“三期叠加”中前期刺激政策后的“消化期”。越来越多的事实证明，新常态下原有货币政策的执行效果不仅大打折扣，还有可能暴露更大的风险敞口。

2007 年，美国次贷危机激起了学术界对金融部门风险行为的研究热潮，国内外关于银行业风险承担的相关文献纷纷涌现。风险承担渠道的概念提出后不久，学者们将研究重点集中于论证风险承担传导渠道存在性的问题上，代表性的文献包括博里奥等（Borio and Zhu，2008；Ioannidou et al.，2009）。他们认为，长期的低利率货币政策会通过改变金融机构的风险容忍度而最终增加金融体系的不稳定性。随着研究的不断推进，研究文献已不再只为证实货币政策与银行风险承担之间存在关联提供支撑，而是理论深入到风险承担渠道在银行部门的作用机理，且利用实证分析方法也找到了事实证据。

近年来的经济形势证明，全球金融市场结构已经发生了重大改变：持续不断的金融创新、“后危机时代”脆弱的银行资产负债表、经营模式的转变以及对银行监管的加强，皆使得融资从银行贷款大量转向债券发行，进一步使非银行机构（保险公司、基金公司和资产管理公司）发挥了更大的作用。2016 年 9 月 29 日，国际货币基金组织（IMF）发布了《全球金融稳定报告》，其中第二章明确提出，目前，非银行机构对美国的金融中介活动发挥着越来越重要的作用，且在欧洲和部分新兴市场经济体中的重要性也大幅上升。国际货币基金组织认为，非银行金融机构作用的上升，一方面意味着货币政策操作需要持续适应传导路径发生的改变；另一方面，货币政策对金融稳定的影响变得越发受到关注。“货币政策操作对银行和非银行金融机构财务稳健性的影响可能更大了，因为承担风险渠道似乎正成为驱动金融中介反应的更重要机制”[①]。因此，意味着货币当局以及监管层都需保持高度警惕。

① 2016 年《全球金融稳定报告》。

由此可见，在全球货币政策出现严重分化的背景下，非银行金融机构融资的上升是否削弱了货币政策的传导？理论上，非银行金融机构可以抑制也可以放大货币政策效果。如果非银行金融机构的融资成本受货币政策影响更小、监管约束及风险承担激励也不同于银行，那么可能介入并替代银行进行贷款，进而抑制货币政策的传导效果。但如果其风险偏好对货币政策变化更敏感，则会起到放大的作用。

二、 全球货币政策的变化： 分化与复杂

2007 年金融危机过后，全球货币政策出现了新的特点。发达经济体和多数新兴经济体之间的货币政策分化趋势非常明显，全球市场波动剧烈，风险不确定性在日益增加。例如，2016 年 3 月，美国、欧洲、日本中央银行货币政策密集更新发布的节点，汇市波动骤然加大，除美元单边走出贬值趋势，其他国际主要货币的波动性则大幅增加。可见，在全球货币政策走势不确定性增加的情况下，金融市场反应剧烈、震荡加剧，未来的全球货币政策很可能会随着美联储议息政策预期，甚至议息会议的邻近召开而不断演变，使全球金融市场的风险积累。

世界主要发达经济体货币政策分化非常明显，是否全球货币政策会迎来新的拐点？目前，复苏非平衡、增长不同步已经成为世界经济的常态，与此对应，各个国家或地区因担忧复苏过程中的阻滞问题，货币政策都普遍谨慎，且差异比较明显。具体分析，从国际金融危机至今，美国缓步前行在经济复苏的轨道上，尽管复苏速度还不够抢眼，但复苏的时间已经持续了 10 年。2015 年 12 月，美国启动加息政策，主要将联邦基金利率目标区间上调 25 个基点，调整至 0.25% ~0.5% 。法定准备金率和超额准备金率上调至 0.5% ，贴现率上调至 1% ，尽管这次加息后，美联储发布言论指出，加息后也会在一段时间维持宽松的货币政策，但改变不了美国开始调整此前非常规货币政策的方向，2016 年年底的加息也无太多悬念，基于美国就业市场和通货膨胀率的年内表现和预期，

最后决定将联邦基金利率的目标区间增加至0.5%～0.75%，货币政策立场对外宣称仍然保持宽松，以期支持就业市场的改善和通货膨胀率的正常预期路径。基本上，美国已启动利率正常化进程。从后期美国加息的历程（见表1）和金融危机后关于“货币政策风险承担渠道”的研讨（见表2），可以得知一个事实，长期的超低利率政策会使金融部门提高风险容忍度，进而提高风险承担水平，货币政策攸关金融稳定成为不争的事实。且长期低利率也会压缩美联储再次面对经济下行时的降息空间，随着非常规货币政策效果的逐渐弱化，以及美国通货膨胀率和就业率等经济基本面的企稳和好转，逐渐退出量化宽松是必然之选，美联储主席耶伦的稳健加息策略就称为退出的重要策略。

表1　美国加息周期历程回顾

时间	加息政策出台背景	基准利率变化	美元表现	美国资本市场反馈
1983.3—1984.8	1981年美国通货膨胀率上升至13.5%	从8.5%上调至11.5%	美元指数上涨至17%	美国10年期国债收益率上涨25%，股市上涨10%
1988.3—1989.5	1987年“股灾”导致美联储紧急降息救市，1988年通胀抬头，美联储加息	从6.5%上调至9.8%	美元指数上涨14%	美国10年期国债收益率上涨5%，股市上涨20%
1994.2—1995.2	1994年美国经济开始复苏，为控制通胀开始加息	从3.25%上调至6%	美元指数下跌8%	美国10年期国债收益率上涨28%，股市涨幅微弱
1996.6—2000.5	互联网泡沫出现，应对过热经济，加息收紧货币	从4.75%上调至6.5%	美元指数上涨8%	美国10年期国债收益率上涨11%，股市上涨2%
2004.6—2006.7	经济强劲复苏拉动通胀，同时房市泡沫催生，加息收紧政策	从1%上调至5.25%	美元指数上涨2%	美国10年期国债收益率下跌10%，股市上涨7%

续表

时间	加息政策出台背景	基准利率变化	美元表现	美国资本市场反馈
2015. 12 至今（2015. 12，2016. 12，2017. 3 各一次）	经济复苏，升息一是增加投资、创造就业、控制通货膨胀率；二是货币政策正常化，防止再次发生金融风险	联邦基金利率提升至 0. 75% ~1%	2017 年 3 月 15 日加息决议公布以后，美元指数跌幅为 1. 46%，之后小幅反弹	根据市场调查，美国 10 年期国债收益率的高点可能为 2. 8% ~3%

资料来源：作者对 Wind 资讯、和讯网数据收集整理。

表 2　低利率与银行部门风险承担关系的文献梳理

研究内容		相关文献
银行风险承担渠道的提出		Borio and Zhu，2008；Ioannidou et al. ，2009；Gertler et al. ，2012；Adrian and Shin，2009；Gambacorta，2009
风险承担渠道的作用机理	估值、现金流与风险度量	Bianchi，2014；徐东明和陈学彬，2012；Groot，2014；Altunbas et al. ，2012；牛晓健和裘翔，2013
	追求收益路径	Rajan，2005；Peydró and Maddaloni，2011；Buch et al. ，2014；张雪兰和何德旭，2012
	竞争效应	Delis and Kouretas，2011；Leroy，2014；Schaeck and Cihák，2014；Agoraki et al. ，2011；刘晓欣和王飞，2013
	沟通与预期引导效应	Altunbas et. al. ，2011；Born et al. ，2014；Morris and Shin，2002，2014
企业风险承担渠道的延伸		John et al. ，2008；黄佳和周建武，2007；马勇，2013；马亚明和刘翠，2014；Claeys and Darvas，2015
货币政策与金融稳定的关系		Beau et al. ，2011；Angelini et al. ，2011；方意等，2012；Woodford，2005

再从美国总统大选的结果看，特朗普总统上台后加息政策势头强劲，更加印证美国未来的货币政策走向。循序渐进的加息表明，美元环流的主导逻辑由此前的新兴经济体优势增长转变为美国经济复苏。过去中国的出口贸易顺差增长、外汇储备激增就是这种逻辑，2011 年以前

的美元环流就是新兴经济体的出口贸易增长，而当前，新兴经济体出口部门超速增长的时代已经过去。美元环流变成全球逐利资本在美国经济体复苏和加息政策共同催化下追逐更高收益的结果，虽然短期内会震荡美国股市，但是长期看具备空间。最近，美联储加息的行动是在2017年3月，美联储主席耶伦在新闻发布会上依然维持2016年12月对美国经济做出的判断：2017年经济增长2.1%，通胀率1.9%，失业率4.7%，加息仍然是一个相对缓慢的过程。她强调，当前全球主要经济体中性利率都存在下降的趋势，未来美国的中性联邦利率会非常低，市场不应该以2004年的加息速度衡量现阶段的加息过程。当前0.75%～1%的区间依旧属于宽松的货币利率，支持劳动力市场的进一步改善，以及通货膨胀率向2%的目标稳步收敛。

全球主要中央银行都在次贷危机后持续约10年的货币宽松政策上有所动作。日本中央银行宣布实施“负利率”，成为继丹麦、瑞典、瑞士、欧洲央行之后第五家实施负利率的央行，从2016年9月至今，日本央行的货币政策几乎没有变化。行长黑田东彦强调，只有当通胀达到目标且增长保持稳定之后才会讨论退出策略。在全球央行逐步撤离大规模刺激性政策的潮流中，日本央行显得格格不入。但是，国际货币基金组织在最新公布的日本经济年度审查报告中支持了日本央行的决定，指出日本近段时期以来的经济增长主要是受惠于坚挺的外部环境与财政支援，这可能是暂时现象，日本央行有必要维持货币宽松政策。瑞典央行宣布加大负利率政策力度；欧洲中央银行在经济没有足够起色的情况下，也释放出货币政策有可能进一步宽松的信号。但是，从整体政策走向上分析，欧洲中央银行排除了进一步降息的可能性，认为欧元区通缩风险消失，已经开始谨慎考虑未来如何从货币政策中逐步退出，将宽松货币政策转变为中性政策的时机已经来临。

新兴经济体中，在当前全球货币政策分化的情况下，中国的货币政策走向该如何？毋庸讳言，美联储从2015年的三次加息动作和“缩表”行为都会在很大程度上影响中国的经济形势，包括从汇率、贸易、预期等多个路径进行影响。比如，美国加息加大人民币贬值压力，增加了资本外流风险。但总体上观察，中国经济形势较好，对货币政策调控的能力也在加强。中国人民银行通过使用多种货币政策工具，包括新型货币政策工具管理预期，且管理能力越来越“老练”，使得中国经济在新常态下能保持较为强劲的增长。根据国际货币基金组织的预测，中国经济未来三年平均增速可达6.4%，依旧保持在全球主要经济体的领先位置。中国采取“稳健中性”的货币政策立场，根据中国经济的现实变化情况，做出“预调微调”，坚持做好市场的预期管理，这些成为经济稳健增长的必要条件和有力保障。中国人民银行行长周小川在应对各国货币政策不同步的状况时指出，实施近10年的量化宽松政策之后，许多国家都存在流动性过剩，货币当局开始有意识地收紧流动性，是一个渐进的过程。现阶段，中国更应强调结构性改革和长期的战略调整，要根据本国国情决定政策选择。中国人民银行副行长陈雨露在出席“2016中美央行高峰对话”时指出，各国金融体系的核心领导应加强和改善货币政策及相关事务的沟通与协调，全球货币政策分化造成的溢出效应正在给全球经济复苏和金融稳定带来阻力，第一，分化导致息差加大，推动美元继续走强，而大多数新兴市场国家或地区就会面临“货币贬值和资本流出”的反馈机制；第二，部分新兴经济体还要面临货币贬值引发的输入型通货膨胀，国内货币政策陷入困境；第三，在一个强美元周期下，新兴市场经济体如果没有稳妥解决去杠杆过程中的货币错配、期限错配导致的风险暴露问题，那么很大可能会发生金融动荡，甚至会通过传染路径，触发区域性金融危机，最终也会对发达经济体的金融稳定造成不利影响。因此，在面对不确定性增加、货币政策分化的复杂国际形势时，任何国家都难以独善其身，要加强全球货币政策当局之间的合作与协调。

其他新兴市场经济体的货币政策制定也出现明显的异质性。俄罗斯、韩国、印度和印度尼西亚等经济体，为了经济复苏都放宽了货币政策，尤其是韩国将基准利率降至历史最低水平。但另一方面，巴西、南非、哥伦比亚、墨西哥和智利等经济体，则为了应对国内通货膨胀压力、减少美联储加息带来的冲击，收紧了货币政策。

总之，尽管美国处于货币政策“正常化”的轨道，但当前的全球货币政策环境仍处于相对宽松时期。从历史经验看，中短期全球市场仍会有较多的“便宜钱”。全球经济体需要练好本国经济内功，做好自身的金融风险防控。因为，在这样的货币环境下，不仅银行金融部门、企业部门的风险行为会受到政策影响，非银行金融部门也会通过不同路径削减或加强货币政策传导效应，尤其是目前各国非银行金融部门的规模和作用正发生巨大改变，正如国际货币基金组织提出的“货币政策对金融稳定的影响变得日益重要，这是因为非银行机构会根据货币政策大幅调整其风险行为”。

三、 世界主要经济体的经济表现

2015 年，全球经济缓慢复苏，美国经济复苏进程稍显平稳。2015 年，美国 GDP 同比增长 2.5%，全年劳动市场表现突出，12 月失业率降至 2008 年以来最低水平，为 5%。欧元区比较缓慢，通胀水平在刺激政策和欧元贬值等因素下依然处于低位，下行压力依然存在。而日本经济波动较大且通胀下行压力也相对较大，净出口大幅萎缩，经济增速下滑。相对于发达经济体，新兴市场经济体的增长势头突出，但受到美联储加息影响，除了印度保持了 7.3% 的高速增长外，马来西亚、印度尼西亚等多数新兴市场经济体金融市场风险上升，经济增速放缓。巴西、俄罗斯甚至出现了经济负增长。

2016 年，世界经济形势依然是缓慢复苏，增长势头缓慢。各国货币政策持续分化，经济、政治、社会领域“黑天鹅”事件频现，地缘政治不确定性上升。具体分析，美国依然保持着复苏态势，2016 年 12 月，通货膨胀保持在 2.1% 的水平，劳动力市场状况明显好转。欧元区经济状况较 2015 年有所改善，经济增长速度增高到 1.7%，通缩压力有所缓解，劳动力市场出现改善，12 月失业率降到 9.6%，达到 2009 年以来的最低水平。日本表现依然欠佳，动力不足，在推出的一系列宽松刺激政策下，经济成效不明显，整体比较低迷，通缩压力显著，通货膨胀指数（CPI）连续6个月处于负区间（见表3）。

表3 世界主要发达经济体2015—2016年经济指标

国家	指标	2015年12月	2016年6月	2016年12月
美国	实际GDP增速（环比，%）	1.0	1.4	1.9
	失业率（季度调整，%）	5.0	4.9	4.7
	CPI（同比，%）	0.7	1.0	2.1
欧元区	实际GDP增速（环比，%）	1.3	1.6	1.7
	失业率（季度调整，%）	10.4	10.1	9.6
	HICP综合物价指数（同比，%）	0.2	0.1	1.1
日本	实际GDP增速（环比，%）	-1.1	2.2	1.2
	失业率（季度调整，%）	3.3	3.1	3.1
	核心CPI（同比，%）	0.1	-0.4	0.3

资料来源：中国人民银行公布的《中国金融稳定报告（2017）》整理所得。

新兴市场经济体增速比较稳定，是世界经济复苏的重要动力。虽然，主要新兴市场和发展中国家的GDP增长维持在4.1%，基本与2015年持平，但受到全球总需求下降和美元汇率走强的影响，部分新兴市场经济体仍面临着外需疲弱、跨境资本流动等潜在风险。因此，为了促进经济增长，维护金融稳定，可妥善管控非金融企业部门的高额债务，增强对汇率大幅波动和资本流动逆转等抗风险能力，利用近期市场回暖的机会调整经济结构，促进经济的稳定发展。

四、中国非银行金融机构的风险放大作用

2010年后，"大资管时代"拉开序幕，金融结构发生改变，金融创新进一步发展，这一时期被称为"全球流动性的第二阶段"，新兴市场非金融类企业的融资活动推动了全球资金的流动。信（Shin）指出，金融危机爆发前银行是流动性的提供者，而到这一时期，新兴经济体的外部融资发生了改变，一是对比银行，非银行部门借入更大量的资金；二

是创新金融工具很大程度上取代了银行贷款。因而，在货币政策收紧或扩张的条件下，非银行金融部门缩表或扩表的程度甚于银行机构，货币政策传导效应很可能得到进一步加强。此时，仅关注银行的风险承担渠道是远远不够的，世界金融环境的改变迫使我们也要分析非银行金融部门的风险意愿，尤其以证券投资基金为代表的一类机构投资者极大可能成为风险的源头，资产负债表的扩张行为类似于银行部门，但其特质性也使得它们无法经受起同样的银行类风险。

因此，在制定货币政策的时候，需要考虑主要金融中介资产负债表的规模和构成，以便更好地衡量金融机构风险偏好的变化。考虑到非银行金融部门的增长，非银行机构资产负债表的信息至少与货币总量的传统指标同等有用。例如，债券、基金管理的总资产，都可为货币政策提供必要信息。在此背景下，不仅国际货币基金组织强调“弥补目前非银行方面存在的数据缺口至关重要”，中国的货币当局也需及时通过数据跟踪非银行金融机构的动向，做好“事前预防”工作。

2015 年，中国开始在中国人民银行网站上公布非银行金融机构存款数额和贷款数额，说明中国货币当局开始关注非银行金融机构的状况，这是一个很有前瞻性的做法。图 1 给出了 2015 年 1 月至 2017 年 1 月非银行机构存贷款的走势。存款总额上升趋势非常显著，尤其在 2015 年上半年，非银行金融机构的存款额增长非常迅速，之后依然呈上升态势。贷款序列中，虽然在 2015 年 7 月达到最高水平 13 190. 75 亿元后有明显下滑，但是总体来看，贷款规模较之前呈稳步上升的趋势，因此，非银行金融机构的存贷款规模增大一定程度上可以说明问题，其背后可解读的风险信息需要重视。

具体来看，投资者力量不断增强。《基本养老保险基金投资管理办法》发布后，养老保险基金可投资于股票、股票基金、混合基金、混合型养老金产品，但其比例不高于资产净值的 30%，养老保险基金获准入市。截至 2016 年年末，沪深两市机构投资者持有的已上市流通股占 A 股流通比例达到 70. 64%。保险业表现也比较强劲，资产规模快速

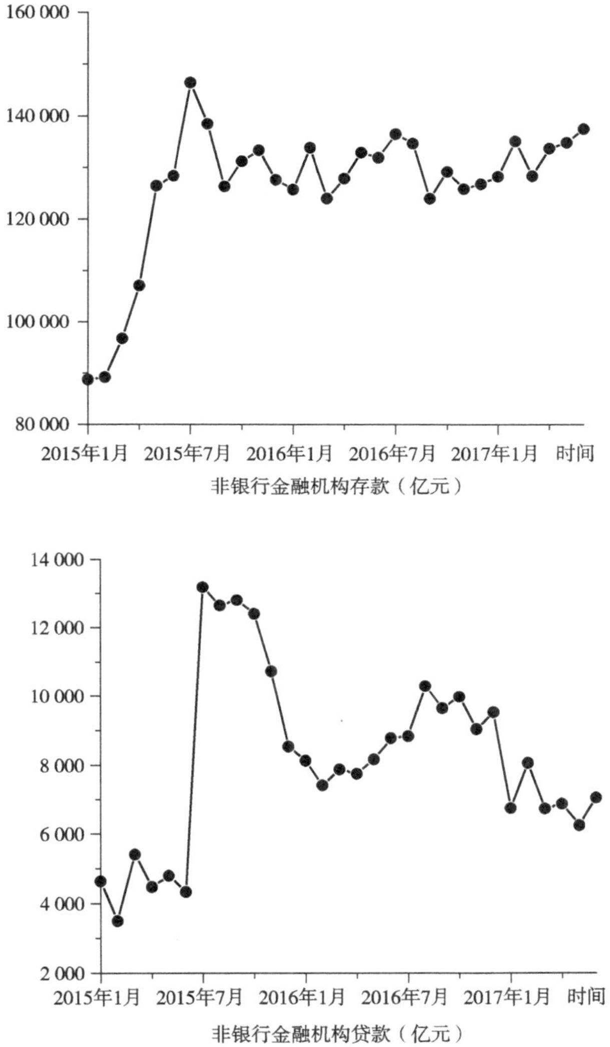

图 1　非银行金融机构的存贷款规模

增长，截至 2016 年年末，保险业总资产达到 15.12 万亿元，同比增长 22.3%。但保险业面临资金运用困难的挑战。由于受到经济下行压力以及优质项目减少的影响，保险业降低了固定收益类配置比例，大幅增加了另类投资比例，到 2016 年年末，占比为 36.02%，大幅上升了 7.37 个百分点，全年保险资金收益 7 071 亿元，同比减少 9.4%。

当前，货币政策操作对银行和非银行金融机构财务稳健性的影响更加突出，因为承担风险渠道似乎正成为驱动金融中介反应更为重要的机制，意味着各国货币当局在制定政策的时候需要保持更高的警惕。值得注意的是，非银行金融部门的构成对货币政策传导起着十分重要的作用。当一个国家或地区非银行机构规模或者效用发生改变，意味着货币政策操作也需要持续适应传导渠道的变化。同时，货币政策操作的规模和时点也必须持续调整，因为其影响大小和生效速度都在变化。一种合理的解释是，随着承担风险渠道相对重要性的上升，货币政策变动对实体经济的影响可能更为迅速和显著。而此时，监管框架的变动可能影响货币政策传导的力度，因为银行和非银行机构对货币冲击的反映差异明显，其中一定程度上也体现在监管制度差异上。那么，非银行机构融资上升是否降低了货币政策的影响力？在全球主要中央银行政策出现分化的当下，金融市场格局又将受到怎样影响？回答这样的问题，需要在新的宏观经济特征下进一步探究货币政策的侧重目标，重新审视传导渠道的“来龙去脉”，对完善货币政策框架具有重要的理论价值。同时，也需要学者们用新的思维反思主流经济学对于一些重要理论问题的认识。

五、 非银行金融机构的风险度量

（一） 基金风险承担的测算

本报告的研究对象延伸到银行层面之外的金融市场主体，主要锁定为代表性机构投资者之一的证券投资基金。证券投资基金是中国比较重要的非银行金融机构。自 1997 年 11 月 14 日颁布《证券投资基金管理暂行办法》至今，从规范发展时期向壮大发展时期过渡，其风险行为以及收益状况备受监管层等相关部门的关注。本研究报告分析机构投资者的风险承担水平，以期为中央银行未来制定货币政策提供相关证据。

截至 2017 年 6 月，中国全部证券投资基金的资产净值为100 984. 68 亿元，总份额 118 946. 89 亿份，相较于 1998 年净资产 62 亿元与发行份额 100 亿份可谓是飞速发展。再从基金结构看，1998 年，中国只有 5 只封闭式基金，资产净值仅为107.42亿元，到2001年3只开放式基金才开始建立，数量上仅占市场的5.77%，但开放式基金的发展很快就赶超了封闭式基金，2003年的筹资规模已与封闭式基金基本持平。2017年6月，开放式基金达到了4 295只，资产净值116 682.73亿元，市场占比高达98.65%；较于2016年6月，开放式基金的数量为3 062只，资产净值达到116 347.57亿元，市场占比为98.65%。

对于基金风险承担的测度，学术界目前还没有统一的衡量标准，以往的研究主要使用了基金净值增长率标准差或者贝塔系数两个指标，使用基金净值增长率标准差是借用通常测量企业风险承担的思想，用盈利波动性作为风险承担的代理变量，较高的风险水平意味着创造盈余价值过程中面临较高的市场不确定性，能较好地刻画投资承担的风险（林朝颖等，2015），即标准差越大风险也越大。使用贝塔系数，是学者们从偏离市场总体平均水平的角度来刻画风险，基金组合偏离市场组合的程度越大，贝塔系数越高，基金所承担的系统风险就越大。然而，在基金经理调整风险水平时，会参考资产在过去的收益和波动情况，因此主动调整风险资产占比行为比实际风险波动更能反映基金经理风险调整的意愿，例如，在资产配置中主动增加股票资产的占比。因此，为了准确反映基金经理事前主动承担风险的意图，使用混合型基金股票投资比例对机构投资者风险承担行为进行刻画，当基金经理提高股票资产的配置比例，意味着其风险承担意愿加强。此外，不失一般性，本报告也使用贝塔系数对基金风险承担行为进行刻画。根据投资理论，全体市场本身的贝塔系数为1，若基金投资组合净值的波动大于全体市场的波动幅度，则贝塔系数大于1。贝塔系数作为风险的一个度量，在后面的实证检验中，可以做稳健性检验使用。

本报告数据来源于万德数据库。样本时间段为2007年第3季度至2016年第3季度，由于要求关键变量上没有缺失值，最后混合型基金股票占比指标中包含了189只混合型基金。贝塔系数指标中不仅考察这189只混合型基金，也整理了时间段内20只股票型基金的数据。

图2给出了混合型基金规模变化及其股票占比变化情况，图3是股

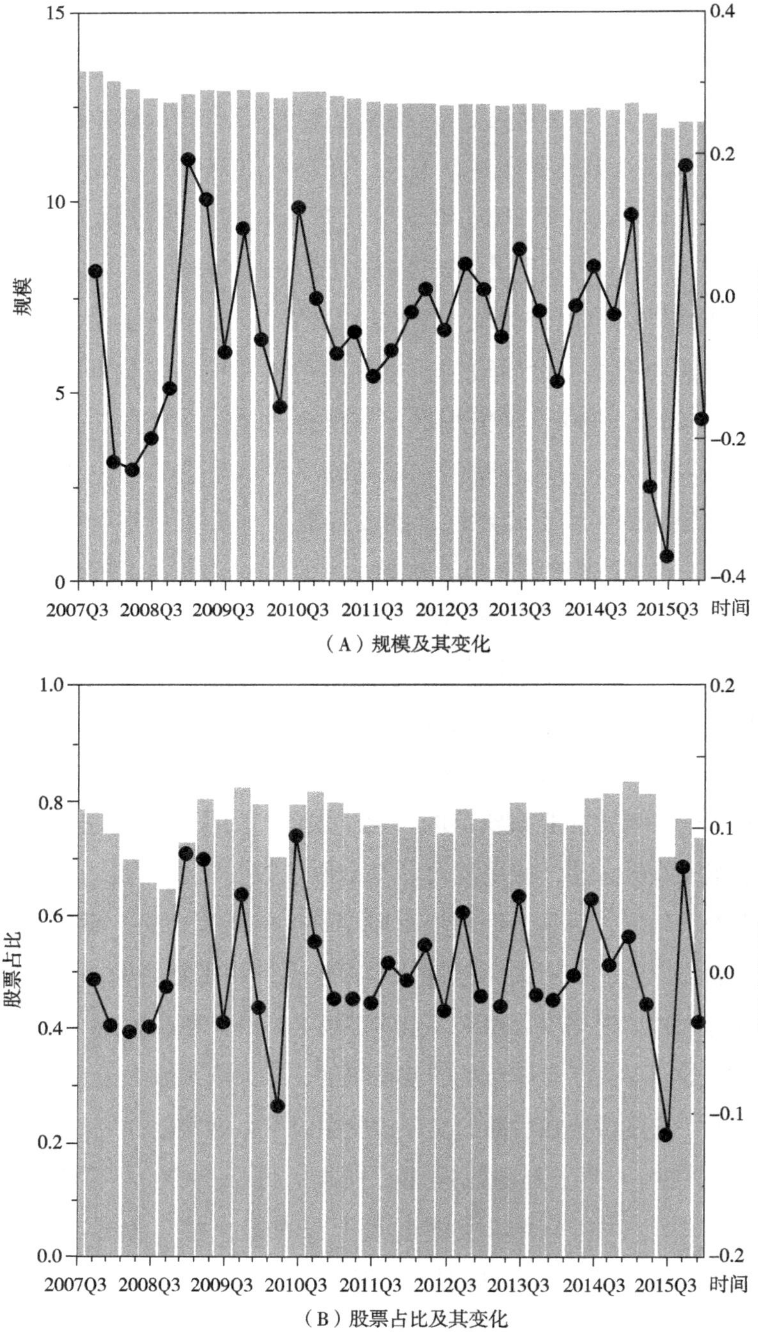

图 2　混合型基金规模变化及其股票占比变化

票型基金的规模变化。从两种基金的规模上发现，混合型基金和股票型基金总体规模变化趋势相似，股票型基金的规模变化更显稳定。进一步分析混合型基金的风险行为变化，发现混合型基金的平均股票占比较高，在60%～80%区间内，反映出混合型基金较高的风险承担能力。

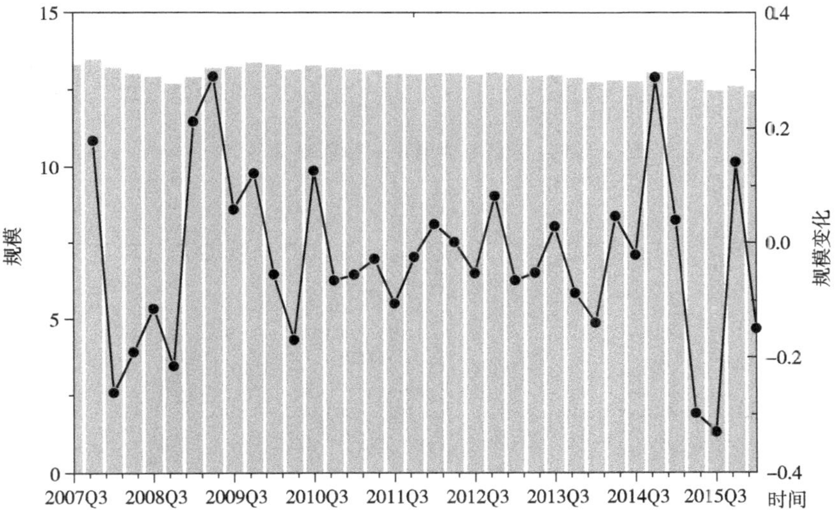

图3　股票型基金规模变化

图4和图5给出了混合型基金和股票型基金另一种风险承担度量贝塔系数的频率分布情况，我们在图4（A）中绘制了混合型基金贝塔系数相对频率分布情况，从图中可以看出，大部分基金贝塔系数集中在［－1，3］区间内。因此，我们在图4（B）中放大这部分频率分布，更清晰地展示贝塔系数的集中情况。同理在图5中也进行这样的处理。从频率分布图上我们发现，股票型基金贝塔系数大于1的样本观测值相对于整体水平要多于混合型基金，显示出其更高的风险承担能力。

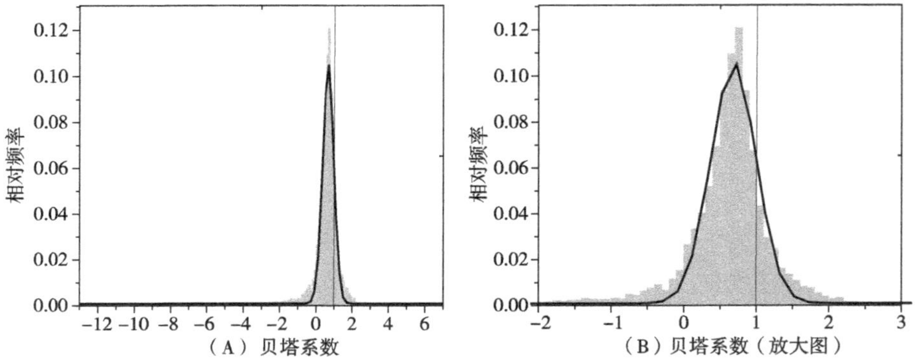

图 4 混合型基金贝塔系数相对频率分布图

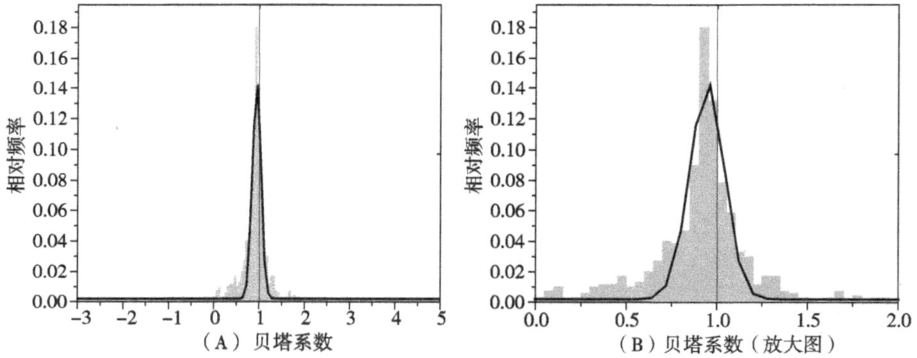

图 5 股票型基金贝塔系数相对频率分布图

表 4 给出所有变量的描述性统计。在 2007 年第 3 季度至 2016 年第 1 季度，混合型基金股票投资占比平均水平为 58%，中位数值接近了平均水平，说明宽松的利率条件下，基金经理在投资组合中会配置较多的股票资产。最大值与最小值之间相差 94 个百分点，反映出混合型基金中不同基金股票投资差异明显。比较混合型基金与股票型基金，前者平均贝塔系数要小于后者的平均水平，一定程度上体现出股票型基金的风险承担水平要高于混合型基金。

表 4 风险承担的描述性统计

面板 A：混合型基金								
变量	样本	中位数	标准差	最小值	1/4 分位	1/2 分位	3/4 分位	最大值
股票投资比例	6 615	0.583 3	0.221 4	0.007 7	0.427 3	0.565 5	0.766 0	0.950 0
贝塔系数	6 615	0.576 6	0.884 4	-12.843 2	0.418 8	0.690 3	0.910 5	6.832 6
面板 B：股票型基金								
变量	样本	中位数	标准差	最小值	1/4 分位	1/2 分位	3/4 分位	最大值
贝塔系数	700	0.882 8	0.488 5	-3.076 4	0.783 3	0.935 1	1.026 4	4.814 9

（二）货币政策变动与基金风险承担的实证检验

目前，关于风险承担渠道中“沟通与预期引导效应”的相关研究散见于个别文献中，不仅缺乏实证数据的支持，且研究对象也集中于金融机构中的银行部门。究其原因，一方面缺乏一个完整的理论框架，难以将中央银行政策沟通、市场预期等因素合理地引入理论模型中，因而也缺少相对应的实证研究方法。另一方面在指标量化方面存在一定困难，资本市场参与主体的风险行为难以动态捕捉。于是，很多文献都只罗列了这条子传导路径而没有进行更深入的挖掘，致使整个货币政策风险承担机制的研究框架欠完整。

货币政策风险承担渠道的“沟通与预期引导效应”为本研究报告提供的研究思路，从两个方面做了边际贡献：第一，通过建立模型，寻找货币政策与基金风险行为之间的关系。第二，使用实证分析的方法对其进行检验，且进一步观察微观主体形成的预期差异程度对其风险承担行为的影响。本研究报告进一步推测，微观市场主体对政策的解读会因自身分析能力的差异而产生不同的预期，而市场预期的差异程度会直接影响各自的风险决策。

现有关于风险承担的实证分析还未涉及资本市场中的投资者，更多的文献集中于研究银行的风险承担问题。因此，在理论建模的基础上，利用动态面板回归考察中国货币政策对机构投资者风险承担的影响。

内生性问题是实证检验中必然要考虑的问题，它会导致最小二乘法参数估计结果有偏与非一致。由此，为避免结果偏误而推导出的经济含义的扭曲，我们使用了动态面板的广义系统矩估计法（SYS—GMM）对模型进行估计，因为其比较适合截面大时间短的数据样本估计。

首先，构建实证分析使用的基本计量模型：

$$FRP_{it} = \sum_{j=1}^{2} \beta_j FRP_{it-j} + \gamma MP_{t-1} + \varphi Control\_a + \varphi Control\_b + \varepsilon_{it}$$

其中，i 代表基金，t 代表时间，FRP 是基金风险承担指标；*MP* 为货币政策代理变量；Control_a 是基金本身特征的控制变量集合；Control_b是基金经理特征的控制变量集合。模型估计过程中还需要做两个重要检验：过度识别检验与序列相关检验。前者采用萨尔甘检验（Sargan）检验判别工具变量的使用是否有效；后者主要关注方程残差的二阶序列相关，因为差分后的干扰项必然存在一阶序列相关，如果发现存在相关性，则说明工具变量的选取并不合理。

主要解释变量之一是 *MP*，虽然在现有文献中多采用法定存款准备金率作为货币政策的代理变量，主要由于研究对象是以银行金融机构为主，但在资本市场上，货币量是各机构投资者关注的重点之一，因此，这里使用广义货币 M2 增长率 M2G 作为货币政策的代理变量之一，统计局网站公布了广义货币 M2 的月度期末值，我们算出季度环比数据，因呈现明显的季节特征，有必要进行季节调整，剔除季节性因素，使调整后的时间序列较准确地反映基本走势，本文采用最常用的 X12ARIMA 进行季节调整。其次，上海银行间同业拆借利率（Shibor）自 2007 年 1 月使用之后，逐渐在市场化产品定价中得到广泛运用，初步建立以上海同业拆借利率为基准的市场化定价机制。随着上海同业拆借利率对产品定价的指导性持续增强，机构投资者在决策中也会关注该指标的变化情况，因而也选取该指标作为政策利率的代理变量。最后，加入短期贷款利率（SLR）指标进行检验，由于目前中国仍以间接融资为主，贷款利率的升降直接关系到融资主体获得资金的难易，因此贷款利率在风险决策中具有重大影响。上海同业拆借利率与短期贷款利率（SLR）来源于万德数据库，考虑到三个指标都为月度频率，为转化成季度频率，使用季度中的平均数据进行近似替代。

控制变量中，本报告主要根据风险承担的相关研究，认为微观个体特征的差异也会对风险承担水平产生不同影响，因此，从基金本身和基金经理特征两个方面进行控制。控制变量的所有数据来源于万德数据库。基金本身的特征包括：①基金的规模，即基金规模的对数值。②基金的平均收益率，已有文献表明，基金的历史业绩表现与基金的风险承担之间存在关联，总体认为业绩较好的基金反而会选择风险水平较高的资产组合。基金经理特征包括：①基金经理的性别，对女性投资行为进行追踪的研究中，女性基金经理更倾向低风险的投资组合策略。设定女性基金经理为1，男性为0。②基金经理的受教育程度和学历体现了基金经理的受教育程度与专业水平，一定程度上会对风险选择产生影响。我们将学历分为3个层次，博士及以上=3，硕士=2，本科=1。③平均任职期限，平均任职时间间接反映了基金经理的投资经验丰富程度，因中国基金业发展时间并不长，能长期任职的基金经理，被认为具有较强的投资水平，很可能为赢得很好的收益而铤而走险。

对基本模型进行估计。表6给出了以混合型基金为研究样本的广义矩估计回归结果。模型（1）（2）（3）中的基金风险承担的代理变量为Sir_H，模型（4）（5）（6）中的基金风险承担代理变量为贝塔系数。不同模型使用了不同的货币政策代理变量。从萨尔甘检验结果可知，六个模型所使用的工具变量是有效的，同时模型不存在二阶自相关，说明模型估计结果皆具有较高的可信度。由此，我们可以得出以下结论：

以股票占比为风险承担代理变量的三个模型中，我们发现广义货币量M2增长率的系数在1%的显著性水平下显著为负，短期贷款利率（SLR）、上海同业拆借利率（Shibor）前的系数在1%的显著性水平下显著为正，说明宽松货币政策会引起混合型基金风险资产比例上升，从而基金在资产配置上承担了更多风险，印证了前文中的命题假设。从对Control_a控制变量组的估计中我们发现，基金规模与基金风险承担存在显著负相关关系，意味着机构投资者本身的资产规模越大，越倾向于谨慎保守行事，很大可能是出于两个原因：一是随着基金管理规模的扩大，受托条款的限制也相对增多，选择投资方案的时候往往无法实现最优的决策；二是基金经理也要考虑隐形的“基金声誉”，若冒太大风险，则“得不偿失”，这也很符合当前的实际情况。基金的历史业绩（我们选用滞后一期的业绩情况）会提高基金的风险承担能力，体现了风险承担传导渠道中的“收益追逐效应”，为了能在宽松的货币环境下获得较高的收益率，需要增加高风险资产的比重，提升业绩的同时无形提高了基金风险承担水平。

反映基金经理特征的控制变量组 Control_b 的估计中，基金经理的平均任职期限的系数在 1% 的显著性水平下显著为正，说明任职期限的增加可提高混合型基金的风险承担水平。一般来说，个人特征中任职期限的长短可以反映基金经理的投资能力和经验丰富程度，在中国资本市场和基金行业发展还尚未成熟的阶段，专业的基金人才并不多。任职期限较长的基金经理势必被认为是在高度不确定性的竞争市场中“摸爬滚打”出来的精英，对自身的投资决策具有较高的自信心，敢于大胆投资。教育水平与风险承担存在显著的正相关关系也符合我们的预期，较高的学历一定程度上反映了基金经理拥有较高的投资能力与专业的知识储备，与任职期限相似，也会影响基金的风险决策。最后，基金经理的性别特征对基金风险资产的配置情况并没有显著影响。

出于稳健性与对比分析的考虑，在考察以贝塔系数为风险承担代理变量的模型中，我们进一步控制了时间变量，观察估计结果，我们得知，无论是哪种货币政策代理变量，其系数都在 1% 的显著性水平下显著，同样证明了之前的结论，即宽松货币政策会提高混合型基金的风险承担水平。不同且有趣的发现是模型（4）至（6）中，女性职业基金经理人愿意承担更高的风险水平，这并不与现实情况相悖。目前，在基金行业的超高压力和竞争环境下，较少能够“生存”下来的女性基金经理人在投资上应该更加“有勇有谋”，在低利率时代愿意为高收益铤而走险。

表 6　货币政策与基金风险承担的作用机制检验结果

变量	混合型：股票占比			混合型：贝塔系数		
	(1)	(2)	(3)	(4)	(5)	(6)
FRP（-1）	0.633 ***	0.635 ***	0.619 ***	0.226 ***	0.222 ***	0.224 ***
	(294.65)	(219.07)	(207.15)	(266.06)	(231.09)	(364.42)
FRP（-2）	0.107 ***	0.094 4 ***	0.074 4 ***	0.086 6 ***	0.085 6 ***	0.087 5 ***
	(40.29)	(37.46)	(25.87)	(109.70)	(97.03)	(92.15)
M2G（-1）	0.964 ***	—	—	5.437 ***	—	—
	(35.84)	—	—	(66.65)	—	—
SLR（-1）	—	-0.475 ***	—	—	-8.262 ***	
	—	(-14.91)	—	—	(-65.74)	
Shibor（-1）	—	—	-0.689 ***	—	—	-11.54 ***
	—	—	(-19.47)	—	—	(-170.25)
时间效应	未控制	未控制	未控制	控制	控制	控制
Control_a	控制	控制	控制	控制	控制	控制
Control_b	控制	控制	控制	控制	控制	控制
_cons	0.610 ***	0.705 ***	0.781 ***	-1.902 ***	0.352	-3.210 ***
	(9.24)	(9.06)	(15.10)	(-3.87)	(0.92)	(-7.41)
Wald 检验 P 值	0.000	0.000	0.000	0.000	0.000	0.000
Sargan 检验	188.325	188.727	188.629	188.012	187.813	188.286
	(1.00)	(1.00)	(1.00)	(1.00)	(1.00)	(1.00)
AR（2）	0.123	0.147	0.478	0.203	0.299	0.237
N	6 048	6 048	6 048	6 048	6 048	6 048

注：*，**，*** 分别代表在 10%，5%，1% 的水平上拒绝零假设。

六、主要结论与研究展望

货币政策风险承担渠道的"沟通与预期引导效应"为本报告提供了研究思路，通过建立模型对货币政策与基金风险承担行为之间的关系进行刻画，且通过实证分析得到估计结果。此外，我们将研究对象延伸到银行层面之外的金融市场主体，主要锁定为代表性机构投资者之一的证券投资基金。得出主要结论：宽松货币政策对基金风险承担具有促进作用，货币政策的风险承担渠道在资本市场层面依然存在，且基金规模、基金业绩以及基金经理的特征都会显著影响风险决策。

目前，中国已进入“三期叠加”中前期刺激政策后的“消化期”。越来越多的事实证明，新常态下原有货币政策的执行效果不仅大打折扣，还有可能暴露更大的风险敞口。因此，在新的宏观经济特征下，首先，要用新的思维、新的视角反思主流经济学对于一些重要理论政策的认识，尤其是重新审视货币政策传导路径中的“细枝末节”，将货币政策调控上升到金融维稳的高度。其次，中央银行不仅要关注金融部门长时间积累的金融风险，且随着直接融资市场的发展，机构投资者的风险行为也同样需要受到高度重视。因为在全球货币政策出现严重分化的环境下，货币政策效应的有效发挥已逐渐取决于市场预期与中央银行调控目标的一致性，因此，完善预期引导等新的货币政策工具，才能促使货币政策在新常态经济下成功转型升级。

本研究认为，未来的研究方向，需进一步讨论机构投资者预期一致性程度对风险承担行为的影响，因为预期管理已经成为中央银行非常重要的政策手段和工具。当中央银行发出关于未来政策利率的沟通信号后，机构投资者会根据可得信息集以及自身的分析能力对未来政策利率进行预期，且部分机构投资者对政策利率会形成一致性预期，然后采取策略行动。根据现实情况，机构投资者对政策预期的不一致很大程度上会影响投资者的风险行为，说明市场中机构投资者的预期存在差异，这种差异会间接影响风险资产的配置情况。由此，未来需要将市场主体预期差异性程度作为一个重要的考察对象。

基于这样的结果具有重要的政策内涵，为了降低基金等机构投资者的风险水平，中央银行要适时释放更加明确的政策信号，加强与市场主体之间的沟通，引导形成一致的市场预期，政策透明度的增强有助于市场主体在高度不确定的市场环境下做出正确的投资决策，避免承担过高的风险。

参考文献

[1]汪川."新常态"下我国货币政策转型的理论及政策分析[J].经济学家,2015(5):35-42.

[2]Borio C,Zhu H. Capital Regulation,Risk-taking and Monetary Policy:A Missing Link in the Transmission Mechanism? [J]. Journal of Financial Stability,2008,8(4):236-251.

[3] Ioannidou V,Ongena S,Peydrò J L. Monetary Policy and Subprime Lending:A Tall Tale of Low Federal Funds Rates,Hazardous Loans,and Reduced Loans Spreads [R]. European Banking Center Discussion Paper,2009,No. 2009-04S.

[4]Bianchi J. Discussion of The Risk Channel of Monetary Policy[J]. International Journal of Central Banking,2014,10(2):161-168.

[5]Altunbas Y,Gambacorta L,Marques-Ibanez D. Do Bank Characteristics Influence the Effect of Monetary Policy on Bank Risk? [J]. Economics Letters,2012,117(1):220-222.

[6]Rajan R G. Has Financial Development Made the World Riskier? [R]. NBER Working Paper Series,2005,No. 11728.

中国大类资产配置风险研究报告

赵大萍

摘要： 本报告以中国大类资产配置风险研究为主题，以2017年以来的中国大类资产配置为主要研究对象，从狭义的大类资产配置角度进行分析，旨在阐明近年来中国大类金融资产配置的基本特征和风险点，为优化中国大类资产配置和管理金融风险提供一定的建议及参考。

关键词： 资产配置；组合风险；中国市场；布莱克—李特曼模型

2017年以来，全球经济整体向好，中国宏观经济也初步呈现回暖态势。大宗商品市场则在供需两旺背景下延续此前的良好发展势头，资产价格整体呈现上涨态势，但增速开始下滑。货币市场整体运行平稳，市场收益率温和上涨。考虑到中国经济目前已呈现回暖迹象，未来供给侧结构性改革等政策效力还将进一步释放，因此建议投资者未来可以适当增持权益类资产，关注蓝筹股、国企混改等主题投资。

鉴于未来一段时间货币政策或维持中性偏紧、利率震荡调整空间较大等因素，建议投资者充分考察债券市场，适当投资固定收益类资产。

作者简介：赵大萍，首都经济贸易大学金融学院、金融风险研究院讲师。

此外，考虑到大宗商品价格进一步上涨乏力，面临回调风险，建议审慎配置商品类资产，按需配置货币类资产，防范流动性风险。

一、 中国大类资产配置概况

从全球金融市场整体看，2016 年至今，美联储开启新一轮加息周期，欧洲、日本仍在继续推行量化宽松政策以刺激经济振兴。至 2017 年三季度初，国际量化宽松趋势已接近尾声，美国经济整体向好，欧洲经济复苏较快，日本经济状况相对平稳，但是国际形势扑朔迷离，地缘政治风险较以往更加剧烈。原油价格等大宗商品类价格相对处于较低水平；新兴市场货币贬值压力依然存在，市场形势错综复杂。就中国金融市场而言，2017 年，中国人民银行针对房地产等行业出台了定向加息政策。而伴随着货币政策中性偏紧的形势，人民币仍承受着一定的贬值压力，资产泡沫破灭风险依然存在。2017 年上半年，受到货币政策有所收紧并且金融监管增强等因素影响，中国金融市场流动性水平有所下降，各项大类资产均受到不同程度的抑制，且大类资产之间价格走势正相关性增强。此外，各大类资产还呈现出分化严重的特征，其中仅有大盘股、信用债以及货币资产实现了正收益，其他资产则出现不同程度的负收益。从 2017 年前 8 个月整体走势看，目前国内以大盘股为主的股票类资产及货币资产收益率最高，而股票市场中的创业板指数相对跌幅较大。从各大类资产的风险情况看，创业板股票收益率波动较大，而货币、国债资产收益率波动较小。在此市场形势下，大类资产配置面临的风险也呈现出新的变化。投资资金该如何在收益和风险特点不同的大类资产之间分配，怎样有效地进行资产配置、规避风险成为学术界特别是金融工程领域的研究热点，成为中国乃至海外众多投资机构和投资者迫切想了解的问题。

具体而言，大类资产是指具有相似的收益风险特征和投资用途的资产类别。而大类资产配置是指按照一定的权重比例将资金分配在不同属性的大类资产上，以实现一定风险水平下的收益最大化，或是在达到预期效益的同时使风险最小化。广义资产配置的投资种类全面多样，包括股票、债券等常见的具有活跃交易市场的投资标的，也包括房地产、艺术品、古董等流动性较低的投资类型，以及信托计划、对冲基金、融资融券、股指期货等新兴的投资类型。狭义的大类资产配置的投资范围相对比较局限，主要包括股票、大宗商品、货币市场工具、债券等少数几类常见的资产品种。2000 年，伊博特森（Ibbotson，2000）对美国 94 只混合基金的月度投资收益率进行分析发现，几乎所有的获利水平都是由大类资产配置所决定的。由此可见，资产配置不仅在资产定价、风险管理等方面有重要的应用和影响，更对资产组合的收益水平起到决定性的关键作用。

（一）中国资产管理市场现状

资产管理是资本投资的供给与需求之间至关重要的纽带，资产管理行业更是全球金融服务行业不可或缺的组成部分，吸纳了来自各类机构和个人投资者超过 73 万亿美元的资产。据估计，全球资本市场规模已从 2004 年的 64 万亿美元增长到 2015 年的 113 万亿美元，随着全球资本市场的日益复杂化和国际化，资产管理行业也在不断演化。从全球的市场分布看，北美和欧洲的资产管理规模分别占全球资产管理总额的 50% 和 27%，亚太地区的资产管理行业规模也在近年来迅速增长。而在亚太地区的分布中，又以日本、新加坡、中国为主。作为全球第二大经济体，中国的资产管理行业也在近年来边探索边发展，行业运营不断优化。

《2016 年中国银行业理财业务发展报告》显示，截至 2016 年年末，中国资产管理行业（包括银行理财、信托、保险、券商资管、公募基金以及基金子公司在内）规模已达 116.18 万亿元，比 2015 年年底增加 23 万亿元人民币，同比增长 24.7%，较往年增速略有放缓。近年来，中国资产管理市场规模情况如图 1 所示。分析中国资产管理行业规模快速发展的原因，一方面得益于中国经济快速发展和国民收入的持续增长。高净值客户购买各种理财产品的需求增加，为资产管理行业带来了更多的客户资源，从而推动了资产管理行业资金规模的不断扩张。另一方面，中国经济发展整体较为平稳，互联网、智能产业等行业发展势头强劲，在一定程度上提振了行业投资前景，增加了资产管理行业资金的投资渠道。大资管时代背景下，资产管理行业已成为中国金融体系内最具活力和成长潜力的板块，其发展对提升资本市场效率、助推经济转型、保护金融投资者权益和服务普惠金融具有重要的战略意义。

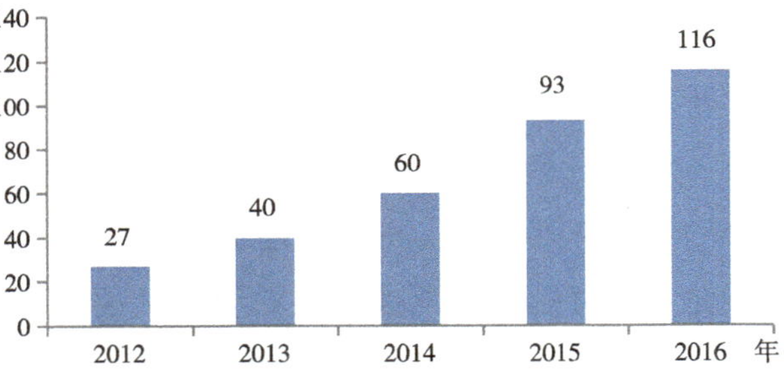

图 1　2012—2016 年中国资产管理市场规模（万亿元）

数据来源：作者依据《2016 年中国银行业理财业务发展报告》整理。

从资产管理机构的市场份额看，银行理财产品、信托理财产品和保险资产管理占有的份额最多。其中银行理财凭借明显的渠道优势迅速发展，资产管理行业负债端扩张对于银行的依赖程度不断提高，形成理财一家独大的市场格局。从产品结构看，不同类型、不同策略、不同标的和不同风险偏好特征的资产管理产品正在向多样化发展，资产管理产业链上游的产品供给从数量到质量均有显著提升。2016 年年末，中国资产管理行业中银行理财规模为 29.05 万亿元，占比 25%；信托规模 20.22 万亿元，占比 17.4%；保险公司资产管理规模 15.12 万亿元，占比 13.01%；其余资管业务来自基金管理公司及其子公司、证券公司、期货公司和私募基金管理机构，合计规模约 51.79 万亿元，占比约为 44.59%。具体分布情况如图 2 所示。

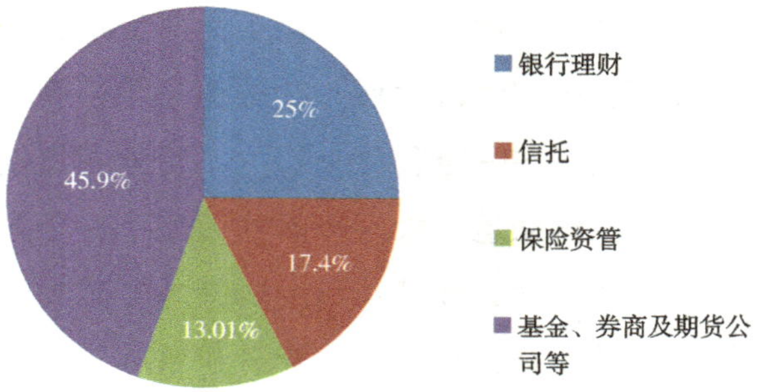

图2　2016 年资产管理机构市场份额情况

数据来源：作者依据《2016 年中国银行业理财业务发展报告》整理。

从中国资产管理业务总体情况看，截至 2016 年 12 月 31 日，基金管理公司及其子公司、证券公司、期货公司和私募基金管理机构，资产管理业务总规模约 51.79 万亿元（资产管理总规模中的私募基金规模及证券公司直投子公司的直投基金规模为实缴规模口径）。其中，基金管理公司管理公募基金规模 9.16 万亿元，基金管理公司及其子公司专户业务规模 16.89 万亿元，证券公司资产管理业务规模 17.58 万亿元，期货公司资产管理业务规模约 2 792 亿元，私募基金管理机构资产管理认缴规模 10.24 万亿元，实缴规模 7.89 万亿元。值得注意的是，国内私募基金产品数量由 2015 年年末的 24 054 只增长至 2016 年年末的 46 505 只，增幅高达 93.33%，反映出中国私募基金的井喷式发展态势。截至 2017 年 6 月 30 日，最新公布的数据显示，基金管理公司及其子公司、证券公司、期货公司和私募基金管理机构，资产管理业务总规模约 52.8 万亿元，产品总数量已经超过 10 万只。其中，公募基金管理机构管理的公募基金规模 10.07 万亿元，比上年年末增长 9.93%；基金管理公司及其子公司专户业务规模 14.94 万亿元，较上年年末下滑了 11.55%；证券公司资产管理业务规模 18.1 万亿元，比上年年末小幅增长 2.96 个百分点；期货公司资产管理业务规模约 2 366 亿元，私募基金管理机构资产管理规模 9.46 万亿元，二者均相较 2016 年年末有所回落。资产管理行业各管理机构具体数量与规模如表 1 所示。

表 1　证券投资基金业资产管理业务

业务类型	2015 年		2016 年		2017 年（二季度）	
	产品数量（只）	管理规模（亿元）	产品数量（只）	管理规模（亿元）	产品数量（只）	管理规模（亿元）
公募基金	2 772	83 971. 83	3 867	91 593. 05	4 419	100 723. 38
证券公司资管产品	18 228	118 948	24 782	175 782. 12	23 587	180 974. 52
基金公司专户产品	5 139	41 632. 28	7 147	63 830. 70	6 942	63 415. 70
其中：社保基金及企业年金	—	11 753. 30	—	12 787. 46	—	14 310
基金子公司专户产品	16 092	85 728	14 494	105 030. 91	11 375	85 948. 30
期货公司资管产品	2 945	1 045	—	2 792	—	2 366
私募机构私募基金	24 054	50 724	46 505	78 911. 86	56 576	94 553. 31
合计	69 180	382 049. 11	96 765	530 728. 1	102 899	542 291. 21

数据来源：作者依据中国证券投资基金业协会数据整理。

从图 3 中可以看到，自 2010 年以来，中国公募基金产品数量从 2010 年的 656 只增长至 2017 年二季度的 4 419 只，6 年间增长逾 6 倍。近年来，中国公募基金管理行业呈井喷式发展态势。

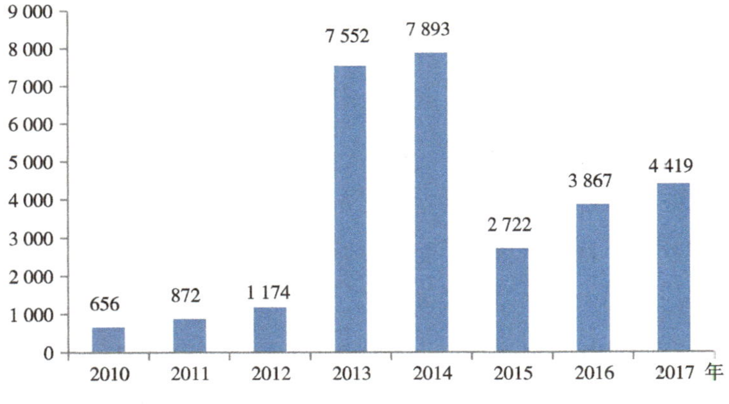

图 3　2010—2017 年公募基金管理的产品数量变化（只）

数据来源：作者依据中国证券投资基金业协会数据整理，其中 2017 年为二季度公布数据。

从中国保险资产管理业务看，2016 年年底保险行业资产总额已达 15. 12 万亿元，相比 2015 年增加 2. 76 万亿元，增幅达 22. 33%。通过

图4显示的2010—2016年中国保险行业资产规模发展趋势可以看出，中国保险市场在近年来保持强劲增长势头。这有力说明了目前保险业结构性调整成效初现，防范风险能力，助实体、惠民生能力明显提升。相比其他金融部门，保险业可以提供期限更长、供应更加稳定、资金成本较为合理的巨额资本，已成为国内最重要的机构投资者之一。

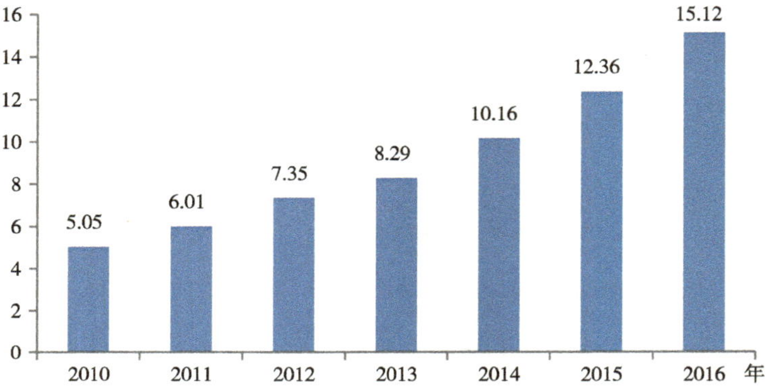

图4　2010—2016年保险行业资产规模变化（万亿元）

数据来源：中国保险资产管理业协会，经作者整理。

在资产管理行业中，银行客户金融资产管理规模最大。根据《2016年中国银行业理财市场年度报告》，截至2016年年底，全国共有497家银行业金融机构持有存续的理财产品，理财产品数7.42万只，理财产品存续余额为29.05万亿元，较年初增加5.55万亿元，增幅为23.63%。2016年理财产品日均存续余额为27.01万亿元，较上年增长7.47万亿元。其中农村金融机构存续余额为1.64万亿元，理财规模增速较快，较年初增长79.87%（见图5）。

从银行业理财产品发行情况看，截至2016年年末，银行业理财市场有523家银行业金融机构发行了理财产品，共发行20.21万只，平均每月新发行产品1.68万只，累计募集资金167.94万亿元，平均每月募集资金14万亿元，全年发行产品数和募集资金额分别较2015年提高8.17%和6.01%。从银行业理财产品投资资产情况看，债券、存款、货币市场工具是理财产品主要配置的前三大类资产，其中，债券资产配置比例为 43.76%，在理财资金投资的资产中占比最高。从银行业理财产品收益情况看，2016 年银行业理财市场共有 19.22 万只产品发生兑付，累计兑付客户收益 9 772.7 亿元，同比增幅达 12.97%。

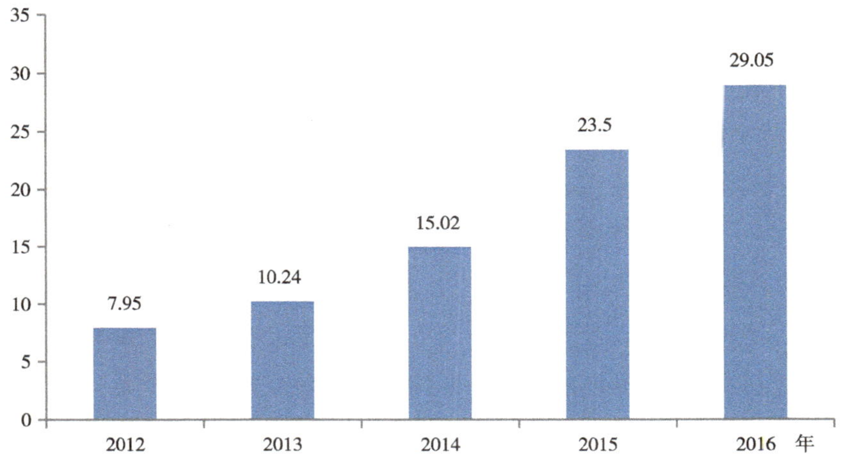

图 5 2012—2016 年中国银行理财资金存续余额（万亿元）

数据来源：银行业理财登记托管中心数据，经作者整理。

此外，根据波士顿咨询公司发布的《2017 年全球财富报告》，2016 年，全球私人金融财富总额达 166.5 万亿美元，年增长率为 5.3%，其中亚太地区仍是增长最快的地区，增幅为 9.5%。反观 10 年来，自 2007 年中国银行率先推出私人银行业务，中国银行业财富管理业务迅速成长。截至 2016 年年底，共有 22 家商业银行机构开展了私人银行业务，包括五大银行、十家股份制银行、六家城市商业行和一家农商行。与此相应的，是中高端客户数量的快速增长和迫切需求。根据银行年报，至 2015 年年底，多家私人银行客户数突破 1.5 万户，总资产管理规模超过 2 000 亿元的水平。根据兴业银行与波士顿咨询公司公布的数据，2016 年中国高净值家庭数量超过 210 万户，拥有的可投资金融资产总量占中国总体个人可投资金融资产总量的 43%。较高的收入水平、丰富的投资渠道所带来的较高收益将促使高净值家庭财富规模继续平稳增长。可以预见，未来中国的私人银行业务发展空间广阔，市场机遇良多。

（二）业内常用的几种资产配置模型及理论

1. 均值—方差模型（Mean - variance Model）

1952 年，马科维兹（H. Markowitz）发表了著名论文《投资组合选择》，系统地阐述了金融市场中收益和风险的度量方法，构建了投资组合选择模型对资产进行配置管理。这一划时代的研究工作被认为是奠定了现代金融理论发展的基础，马科维兹亦因此获得诺贝尔经济学奖。

均值—方差分析框架认为，所有的投资者在制定投资组合选择决策时会同时考虑收益和风险（方差）。因此，在给定风险（方差）水平的情况下，理性的投资者更愿意投资具有较高期望收益的证券组合。均值—方差框架的一个等价描述是：在给定期望收益水平的情况下，理性的投资者更愿意投资具有最低风险（方差）的证券组合。所有使得上述两个等价描述最优的组合就构成了有效前沿。理性的投资者都不会投资位于有效前沿下方的证券组合，因为如果投资者投资了位于有效前沿下方的证券组合，就意味着他在面临相同风险（方差）水平的条件下获得了较低的期望收益［等价描述为获得相同期望收益的情况下却承受了较大风险（方差）］。理论证明实际中只要满足了某些条件，投资者的均值—方差最优问题的三种构建方法可以得到相同的最优证券组合。而且对于均值—方差分析普遍接受的条件是资产收益服从多变量正态分布或者用二次效用函数来描述投资者偏好。

假定一个投资者可以投资 N 种资产，记 R_t 为 t 时刻 N 种资产的超额收益，$R_t = (R_{1t},\cdots,R_{Nt})'$，同时假定它们服从多变量正态分布，$p(R_t|\mu,\sum) = N(\mu,\sum)$，均值 μ 为 $N\times1$ 的矩阵，协方差 $\sum$ 为 $N\times N$ 的矩阵。投资组合权重与投资在每种资产的财富值成比例，记为 $N\times1$ 的矩阵 $w = (w_1,\cdots,w_N)$。t 时刻投资组合的收益为 $R_p = \sum_{i=1}^{N} w_i R_{it} =$

$w'R_t$，其期望收益和方差分别为$\mu_p = \sum_{i=1}^{N} w_i\mu_i = w'\mu$。其中，$\mu_i$ 为资产 i 的收益；$\sigma_p^2 = \sum_{i=1}^{N}\sum_{j=1}^{N} w_i w_j \mathrm{cov}(R_i,R_j) = w'\sum w$，其中 $\mathrm{cov}(R_i,R_j)$ 为资产 i 和资产 j 的协方差。

假设投资者持有证券组合的时间为 τ，同时假设投资者的目标是最大化期末 $T+\tau$ 时刻的财富，其中 T 为构建组合的时刻。均值—方差问题可表示为下面的优化问题或其对偶问题：

$$\min_w \sigma_p^2 = \min_w w' \sum\nolimits_{T+\tau} w$$

$$\text{subject to } w'\mu_{T+\tau} \geq \mu^*$$

$$w'1 = 1$$

其中，μ^* 为投资组合的最小允许收益。对于上述优化问题还可以加入更多约束，比如，很多机构投资者不允许持有空头头寸等。一旦加入更严格的约束，就很可能得不到解析解，但可以利用数值算法进行求解，此处不再赘述。

经典的均值—方差框架依赖以下两点：一是未知参数是通过可得的样本数据估计，样本估计值被认为是真实的参数值；二是构建投资组合时假定的收益分布直到资产持有到期并不发生变化。尽管在今天的资产配置决策不再仅仅依赖传统的均值—方差模型，但其仍然是每位金融人学习资产配置理论时首先要了解且必须要牢牢掌握的内容，其结果也在实际资产配置决策中有重要的参考价值。

2. 风险平价投资理论

风险平价投资理论（Risk Parity），也称等风险贡献组合，于20世纪90年代在金融界被开发出来，在2008年全球金融危机后，风险平价投资理论策略由于其最大程度地分散风险而取得了良好的表现，开始被学术界和业内广为关注。其基本思想是使每个资产的总风险贡献相同，从而达到根本上分散风险的目的。

风险平价投资理论中最重要的概念就是资产的风险贡献。风险贡献测量了单一资产风险在整体投资组合风险中的比重。而不同资产的风险贡献率分布则可以用来衡量一个投资组合的分散程度。风险贡献有很多定义方式，最简单的风险贡献定义为去掉该资产的投资组合与原投资组合的风险测度之差，具体而言，如果我们使用标准差为风险测度，假定投资组合各资产权重为 $w = [w_1, w_2, \cdots, w_n]'$，定义 $w_{-i} = [w_1, \cdots, w_{i-1}, 0, w_{i+1}, \cdots, w_n]'$ 代表了去掉第 i 项资产的投资组合，所以第 i 项风险贡献定义为：$\sigma_i(w) = \sigma(w) - \sigma(w_{-i})$。此种风险贡献的定义方便易懂，但也存在一定的问题：投资组合中各项资产的风险贡献的加和并不等于投资组合本身的风险测度，所以此种定义缺乏经济上的解释。因此后来又提出边际风险贡献的概念，以弥补这一缺陷。

值得注意的是，风险平价投资理论一般不用在大类资产配置中，而是对不同国家的同类资产进行配置，或者对同一类资产中的不同产品进行配置，例如，对不同股票之间进行配置，对不同债券之间进行配置等。

3. 布莱克—李特曼模型

在现代投资组合理论的众多拓展研究中，布莱克—李特曼（Black - Litterman）模型是其中重要的模型之一。在现代投资组合理论中，假设所有投资者都是同质的，这样的假设使得模型无法使用投资者私有的判断或信息，但投资者如果仅根据其信息或判断进行投资组合构建，又很可能由于无法综合考虑资产之间的相关性而导致投资组合风险没有很好的分散。布莱克和李特曼于 1992 年发表了论文《全球投资组合优化》（Global Portfolio Optimization），提出了布莱克—李特曼模型，首次科学地将投资者观点纳入均值—方差框架下，最终得出结合资本市场均衡收益率和投资者观点的最优资产配置。

布莱克—李特曼模型的基本假设与均值—方差模型相似，均假定市场中存在 N 个资产，假设资产的超额收益率为多元正态分布，均值为 μ 且协方差矩阵为 $\sum$。二者的不同点在于，均值—方差模型假设收益率的均值为非随机的确定数字，而布莱克—李特曼模型则假定期望收益 μ 是随机的，其均值为资产均衡超额收益率 Π，其随机性来源于外部信息 $\epsilon^{(e)}$，具体数学表达为：$r \sim N(\mu, \sum)$，$\mu = \Pi + \epsilon^{(e)}$。其中 $\epsilon^{(e)}$ 是正态分布的随机向量，均值为 0，协方差矩阵为 $\tau\sum$，τ 为规模参数，代表 CAPM 的不确定性。

从模型的构建可以发现，布莱克—李特曼模型认为，在真实的资本市场，如果没有任何信息，真实资产收益率会以均衡收益率 Π 为中心随机波动，也即有：$E(E(r)) = E(\mu) = \Pi$。但一旦市场中出现新的信息 $\epsilon^{(e)}$，资产收益率的均值 μ 会由于信息更替而有所变动，而资产的真实收益率 r 是根据扰动后的收益率的均值，即 $\Pi + \epsilon^{(e)}$。而对于市场中出现的新信息，则需要投资者通过主观的观点来刻画，并对 μ 进行调整。布莱克—李特曼模型中，投资者的观点可以表述为：$P\mu = Q + \epsilon(v)$。其中 P 是一个 $k \times N$ 的矩阵，代表了观点相关的资产，Q 为 k 行的向量，代表了观点中的预期收益率，$\epsilon(v)$ 是正态分布的随机向量，均值为 0 且协方差矩阵为 Ω，代表了观点的不确定性。

布莱克—李特曼模型的问世，使得金融学界和业界开始关注对投资者观点的研究，并开始尝试结合资本市场均衡收益率和投资者观点进行最优资产配置。通过对资本市场均衡收益率和投资者观点的分析，该模型选择使用贝叶斯方法将二者结合。萨切尔等（Satchell 和 Scowcroft）给出了贝叶斯方法求解布莱克—李特曼模型的详细步骤，本报告不再叙述。

二、中国主要大类资产现状分析

（一）权益类资产

权益类资产：股票市场缓慢回暖，板块轮动加快。

权益类金融资产权益类投资是指投资于股票、股票型基金等权益类资产，包括股票、股票型基金等，其收益与股票市场行情密切相关，风险也与股票市场的波动紧密相连。考虑到中国金融市场的实际情况，下面将主要对近年来中国股票市场基本状况进行分析。

近两年来，中国股票市场波动较往年更加剧烈。2015 年 6 月，“股灾”爆发。出于挽救市场的动机，中国证券行业监督委员会提出了股票市场“熔断”机制，旨在调控股票市场大幅下跌的情况。然而该机制施行三天即被叫停，成为中国证券史上最短命的股市政策。2017 年一季度，股票市场流动性相对紧张，此后情况有了较显著的调整。受到投资者恐慌情绪缓解、市场流动性改善，以及中国股市纳入明晟公司（MSCI）指数等因素的提振，股市开放程度得到进一步增加，并对国际投资者具有更大的吸引力。2017 年 6 月后，股票市场行情有所提升，并以大盘股、蓝筹股快速回升为主，市场价值投资取向更加明显，也体现了投资者对于投资安全边际的追求。7 月，A 股市场在流动性宽松超预期和经济增长超预期的接连影响下持续上涨，再一次达到 3 300 点的高位附近。市场整体呈现板块轮动加快，个股表现分化加大，市场指数稳中有升的特点。2015—2017 年中国股票市场主要指数的走势如图 6 所示。

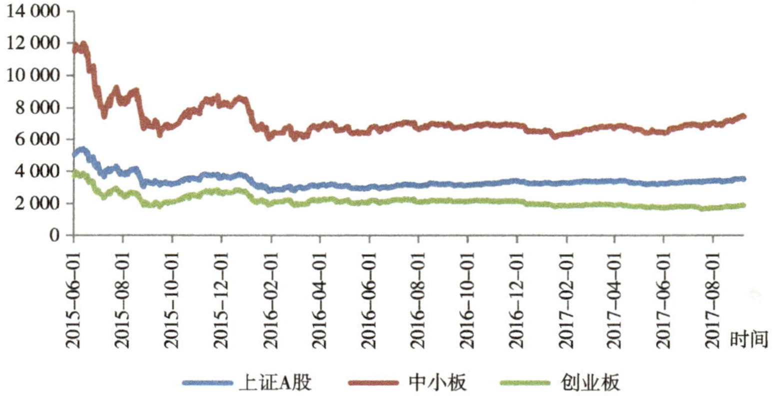

图 6　2015—2017 年中国股票市场主要指数

数据来源：Wind 数据库，经作者整理。

从图 6 可以看出，在经济增长超预期、流动性维持相对紧平衡的背景下，中国股票市场整体呈现震荡上行的态势，特别是中小板市场指数和上证A股指数的走势更呈现出较为明显的增长。其中中小板指数在2017年三季度初已上穿7 400点的位置，较年初增长约14.30%。分析中国中小板指数近年来在股票市场中表现突出的原因，主要是由于2016年中小板公司业绩稳中有进，收入和利润增速均创近五年新高，2017年延续了这种良好的发展态势，体现出中国优秀中小企业强大的经济活力和良好的盈利能力。另一方面，中小板企业持续优化资本结构，加大“去杠杆”力度，在保证资金回款、控制债务风险方面的能力进一步提升。值得一提的是，中国中小板企业还一直保持较高的现金分红比例，在回报投资者方面表现优异。

上证A股指数在2017年8月末攀上3 500点的位置，相较年初增长约7.43%。在本轮市场回暖过程中，一方面，经济走势超预期给市场带来积极力量；另一方面，市场中的大盘股、蓝筹股表现较为强势，有力地提振了市场行情，这也从一定程度上说明中国的供给侧改革取得了一定成效，多数制造业公司在经历“去产能、去库存”后，市场供求状况稳步改善，所处细分领域的景气度逐步回升，公司业绩有不同程度的提升。而与中小板指数及上证A股较为明显的增长态势不同，创业板市场整体呈现震荡走势。2017年9月初，创业板市场股票指数在1 900点附近徘徊，回落压力较大，市场指数较年初下降了约3.71%。分析其提振乏力的原因，主要是因为限制并购合并财务报表造成创业板企业业绩下滑。

2017年1—8月，在股票市场整体震荡上行的背景下，投资者对市场表现出一定程度的信心和相对高涨的热情，上证A股、中小板、创业板三个市场成交额均呈现出不同程度的增长势头。具体市场成交额情况如图7所示。

此外，在新股发行方面，自2016年初开始实施首次公开募股（IPO）新规以来，中国IPO监管正逐渐趋于完善。尽管2017年二季度末，IPO融资规模处于近一年来的较低水平，但是考虑到鼓励直接融资等政策背景，目前新股发行已总体趋于“常态化”。

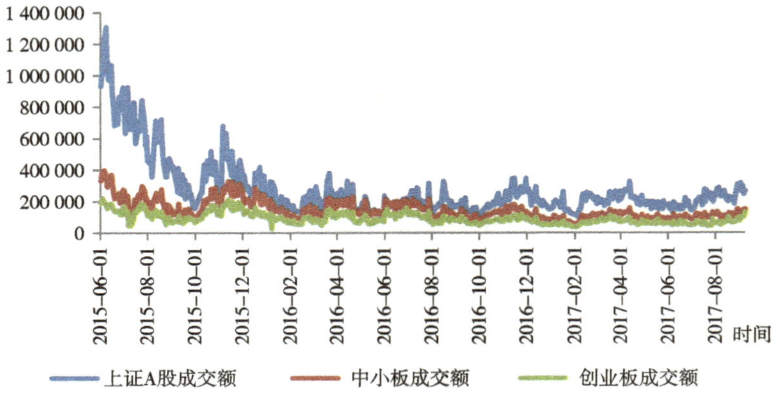

图7 2015—2017 年中国股票市场成交额（百万元）

数据来源：Wind 数据库，经作者整理。

（二）固定收益类资产

固定收益类资产：市场震荡调整，回升乏力。

固定收益类资产是指投资于银行定期存款、国债、金融债、企业债、可转换债券、债券型基金等金融产品。美林证券提出投资时钟理论，将债券类资产划分为一类。因此下文主要以中国债券市场中有代表性的几只债券指数为例，通过分析其走势特点，进一步分析中国金融市场上固定收益类资产的发展情况及现状。

受央行宽松预期下降以及宏观经济增速放缓、美联储的加息预期等因素的影响，2016 年中国债券市场以震荡走势为主，几只主要债券指数的收益率都有不同程度的回落。进入 2017 年后，受流动性偏紧以及强监管政策影响，中国债券市场经历了较大调整。在前两个季度市场整体呈现震荡走低态势，至二季度末，伴随市场流动性状况改善以及投资者预期乐观，债市明显回暖，多种期限债券上半年上升幅度均为近年来最大，短端降幅明显大于长端。特别是信用债第二季度的表现高于预期，原因可能在于债券市场波动中委外投资亏损，并未大面积抛售，而且二季度末信用债有较大修复。但进入三季度后，至 2017 年 9 月初，债券市场又出现了新一轮回调，主要债种走势略有回落。2017 年 9 月 6

日，中债全债指数收至 113.05 点，相较年初下降了 3.12%，相比二季度末小幅回落近 1 个百分点。与此同时，中债国债指数收至 113.58 点，相较年初下降了 4.04%，相比二季度末小幅回落 1.18 个百分点；中债信用债在 2017 年 9 月 6 日收至 93.76 点，相较年初下降了 2.94%，相比二季度末小幅回落约 1 个百分点。由此可见，2017 年 1—8 月，中国债券市场整体呈现震荡调整态势，市场回升乏力。近年来债券市场中主要指数的走势如图 8 所示。

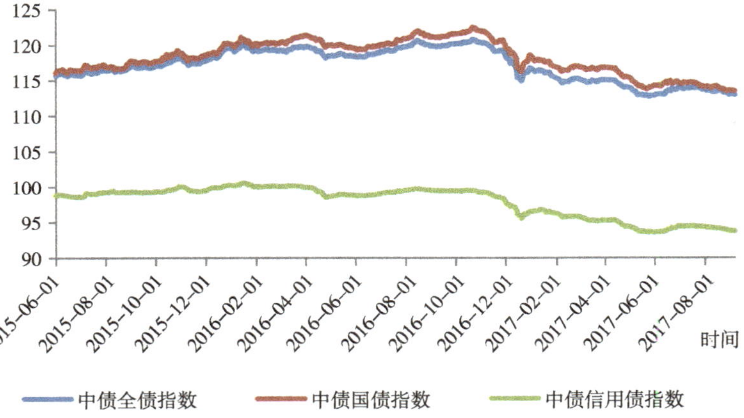

图 8　2015—2017 年债券市场主要指数走势图

数据来源：Wind 数据库，经作者整理。

分析 2017 年中国债券市场表现震荡的原因，包括几个方面。首先，因为市场资金面整体维持紧平衡的状态。2017 年年初以来，外有美联储升息预期，内有央行开始倾向于用灵活的公开市场操作取代降准，国内市场资金面整体呈现紧平衡的特点。2017 年 8 月 4 日，央行重启公开市场净回笼，资金面紧平衡的态势、货币政策中性偏紧的市场预期在一定程度上抑制了债券市场回升。其次，债券一级市场弱势可能对二级市场产生压力。2017 年利率债供给压力较大，但上半年相关债种发行速度偏慢，也在一定程度上制约了二级市场的发展。再次，金融监管压力重重，市场整体呈观望态度。从监管层面看，全国金融工作会议落幕，强调加强监管协调，防风险、去杠杆的总基调不变，市场仍在等待监管层面及经济层面进一步的信号释放。此外，商业银行超储率维持低位，限制短端利率大幅下行，也是导致债券市场回升乏力的原因之一。

（三）商品类资产

商品类资产：价格震荡上行，增速略有放缓。

商品类资产是主要投资于大宗商品，或者通过基于商品的交易型开放式指数基金（ETF）投资于大宗商品的金融产品，主要以黄金、白银为主的贵金属，油气能源、农产品等作为投资标的。此类金融资产以指数化或基金中的基金（FOF）投资为主，投资策略以复制指数或大宗商品价格的方式为主。对中国金融市场而言，目前商品类金融产品数量还相对较少，主要包括用以避险的黄金商品，有明显行业周期性特点的油气能源商品等。

2016 年，受国际原油价格明显上涨，国内市场需求增加，能源、黑色及有色金属类大宗商品价格强势上涨等利好因素影响，中国大宗商品类资产价格广泛上涨，打破了此前已持续 5 年下跌的颓势。2017 年年初，国内大宗商品价格经历了一轮短暂的震荡回落调整，但受到长、短期利好的共同支撑，消费需求继续旺盛，过剩产能的逐步出清助力供求关系平衡等因素的影响，大宗商品价格在 2017 年 5 月之后再次表现出较为强劲的增长势头，继续保持上升景气。2017 年 9 月 6 日，中证大宗商品指数（CFI）已升至 137.56 点，较年初增长了 9.78%，但增速比 2016 年同期下降约 19 个百分点。除农产品价格指数较年初下滑 5.67% 外，其余主要的大宗商品价格指数均有不同程度上升，其中贵金属价格指数较年初小幅上涨了 1.43 个百分点，增速比 2016 年同期下降约 24 个百分点；工金类商品价格指数较年初大幅上涨 30.69%，增速比 2016 年同期上升约 3 个百分点；能源化工类商品价格指数较年初也增长近 20 个百分点，增速比同期回落约 14 个百分点。整体而言，2017 年前 8 个月大宗商品价格呈现上涨态势，但增速有所放缓。近年来大宗商品价格指数走势具体如图 9 所示。

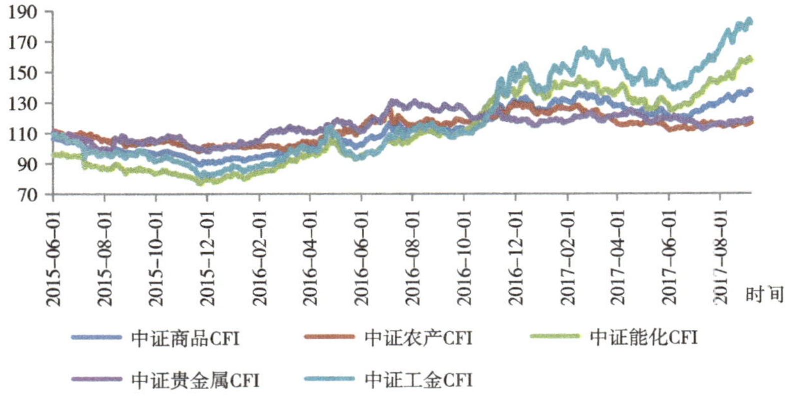

图 9　2015—2017 年大宗商品价格指数走势

数据来源：Wind 数据库，经作者整理。

总结本轮中国大宗商品市场上行原因，最重要的是国内的大宗商品需求较以往有明显提升，供需两旺的局面提振了市场景气。海关统计数据显示，2017 年 1—7 月，全国 5 种重要大宗商品进口总量为 9.27 亿吨，同比增长 10%，其中铁矿石进口量为 6.25 亿吨，增长 7.5%，原油进口量为 2.47 亿吨，增长 13.6%。中国是一个资源产品进口依存度较高的国家，大宗商品进口量的大幅增加，体现了旺盛的国内需求。而在大宗商品需求结构中，钢铁等黑色系列商品的国内需求尤为显著。2017 年 1—7 月，全国粗钢表观消费提速至 14.3%，其中 7 月份同比增长 17.9%。以此推算，2017 年中国粗钢表观消费将比上年增长 8% 以上，其旺盛增长局面可见一斑。

此外，近两年大宗商品价格呈现较强劲的上涨态势，与供给侧结构性改革及一系列环保措施的严格执行有一定关系，二者在不同层面促进了市场供求关系的改善。但必须指出的是，这两个因素发挥良好效应是因为建立在市场需求旺盛的基础上，否则仅是缩减产能及供应量，而无国内消费的拉动，市场或将陷入需求互为削减、价格持续下降的困境。

（四）货币类资产

货币类资产：流动性偏紧平衡，市场稳中有升。

货币类金融资产主要以货币市场作为投资对象，满足投资者一定流动性需求的金融产品，主要包括货币基金等。本报告将主要以中证货币指数为研究对象，具体分析货币类金融资产的运行状况。

随着全球量化宽松政策的逐渐退出，2017 年 1—8 月，中国的货币政策呈现中性偏紧的特点，货币市场基本维持紧平衡的状态。在这种背景下，中国货币市场运行较为平稳，货币指数呈现良好的增长势头。2017 年年初，中证货币指数突破 1 400 点，并在此后几个月中持续保持增长态势，在 2017 年 9 月初升至 1 436 点。月收益率方面，2017 年上半年货币指数收益率维持在［0.2%，0.3%］的区间内震荡，7—9 月该收益率均突破 0.3%，增速有所提升，体现出货币市场良好的发展势头。图 10 为 2015 年 1 月以来的中证货币基金指数走势。

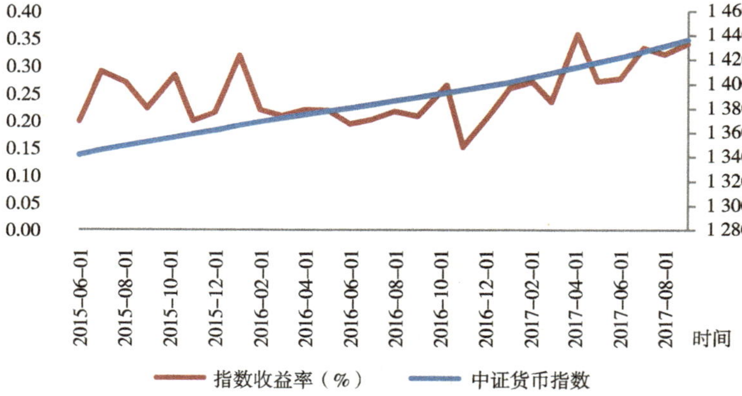

图 10　2015—2017 年中证货币基金指数走势

数据来源：Wind 数据库，经作者整理。

三、 未来大类资产配置风险关注点

（一） 货币政策趋于回归， 市场流动性值得关注

从全球范围看，自 2016 年年初至今，世界主要经济体的政策及经济出现较大分化：美国启动了加息政策，人民币贬值压力持续存在，而

欧洲和日本持续施行量化宽松的货币政策，经济发展良好却深受难民及地缘政治风险困扰。尽管如此，在经济一体化的推动下，全球市场整体呈现和谐趋同的发展模式。2017 年上半年，全球宏观经济继续向好发展。市场供需两旺，全球对外贸易增速加快，失业率持续下降，均反映出全球宏观经济明显回暖的态势。

从国内市场看，供给侧结构性改革措施推行以来，中国要素市场配置得以优化，有力提升了经济增长的质量和数量。2016 年，中国 GDP 实现增长6.7%，虽然全年增速降至1990 年以来的最低水平，但已经实现当年年初预期的经济增长目标，也表明“三去一降一补”重点任务取得初步成效。2017 年上半年，中国宏观经济增速为6.9%，其中工业增速创下 2015 年以来最好水平，民间投资和制造业投资增速都有所回升。这种稳中有进、稳中向好的有利格局，得益于改革释放的红利。

在这种情况下，尽管中国宏观经济增长速度有所放缓，但随着供给侧结构性改革的继续深入和经济结构的不断优化，以及政策效力的进一步释放，未来半年，宏观经济下行压力有望得到缓解，市场或逐步回暖。但考虑到经济增长速度仍在放缓、货币政策中性趋紧以及监管程度加强等因素，未来大类金融资产配置仍需要密切关注市场流动性风险。特别是目前中国已经针对房地产市场出台了一系列较为严格的政策，房地产融资渠道不断收窄，按揭贷款利率提升的政策效力持续释放，一线、二线城市房地产市场面临一定的回调压力，即使三线、四线城市房地产市场表现尚可，也难以阻挡房地产行业景气下行趋势。此外，中国债券市场仍潜伏着不容小觑的信用违约风险，信用债的流动性已经出现问题。加之市场还处于存量资金博弈阶段，金融系统去杠杆仍是中长期的主题，未来货币政策或将维持中性偏紧，都将在一定程度上抑制市场上行空间。在此背景下，金融市场当中的流动性风险仍然值得投资者关注。

（二） 债券市场上行乏力， 房地产等行业违约风险增大

2016 年以来，中国债券市场中的违约事件层出不穷，债券违约已

趋于常态化。2017 年上半年，在流动性偏紧、金融监管不断加强等政策影响下，债券市场迎来了较大调整。虽然在二季度末受市场流动性改善及投资者信心提振等因素推动，债券市场一度呈现回暖态势，但进入三季度后，市场再次迎来回调，整体上涨乏力。

展望未来一段时间，考虑到宏观经济虽有望回暖但增速处于低位，货币政策维持中性甚至偏紧，强监管政策逐步落地等因素影响，债券市场或将继续维持震荡走势，难以企稳回升。而随着中性偏紧的货币政策的推行，企业的融资难度增大，融资成本将有上升趋势，从而相对容易爆发债券违约风险。新增投资也会更加稳健，对于信用债的配置会更加谨慎。在行业信用风险方面，受供给侧结构性改革及去产能等政策影响，水泥、煤炭行业景气度有所提升，信用风险状况可能相对较好；而随着一系列相关管制政策持续推进，房地产等行业景气度或进一步恶化，违约信用可能增大。

（三） 大宗商品类资产价格极可能面临回调

2017 年政府工作报告中明确表述："今年要再压减钢铁产能 5 000 万吨左右，退出煤炭产能 1.5 亿吨以上。同时，要淘汰、停建、缓建煤电产能 5 000 万千瓦以上"。正是受到供给侧结构性改革政策优化产业结构、消费需求继续旺盛、过剩产能的逐步出清助力供求关系平衡等因素的影响，2017 年年初国内大宗商品价格经历了一轮短暂的震荡回落调整，但整体保持上升态势，并在二季度一度表现出较为强劲的增长势头。然而进入三季度后，各类商品价格呈现增速放缓态势。

根据政府工作报告的内容，按照全年实际可能完成 6 000 万吨钢铁和 1.5 亿吨煤炭去产能看，上半年已经超额完成任务，预计下半年去产能节奏可能放缓。在此基础上，考虑到未来一段时间经济增速放缓以及供给侧结构性改革支撑力度下降，大宗商品价格将面临一定回调风险，近期处于高位的工业商品价格在未来一段时间内或有下滑趋势。与此同时，加之国际上美联储逐步开始收缩资产负债表，全球货币政策回归常态趋势显著等因素影响，黄金价格下行压力增大，大宗商品价格上涨动力不足，极有可能面临回调。

四、 大类资产配置风险测算

（一） 测算方法

为让读者对大类金融资产配置风险有更加直观的认识，本报告首先根据此前介绍的均值—方差模型以及布莱克—李特曼模型计算资产配置。在风险值计算方面，采用目前通用的风险价值方法（Value at Risk，VaR），对大类金融资产配置风险进行测算。

VaR 方法也被称作风险控制模型，是 G30 集团在 1993 年研究衍生产品基础上发表的《衍生产品的实践和规矩》的报告中提出的度量市场风险的方法。按其字面的意思解释就是指“处于风险状态的价值”。具体含义是：处于一定市场正常波动中，在给定一定的持有期内和置信水平的前提下，某一金融资产或者证券组合在给定的时间区间所面临的最大期望损失。从概率角度分析，VaR 的计算形式为：

$$\text{Prob}(\Delta P_{\Delta_t} > \text{VaR}) = 1 - c$$

其中，ΔP 指在特定的持有期限内的价值损失额；Δ_t 指一定的持有期；VaR 表示在给定一定的置信水平下处于风险中的价值，即可能的损失上限；c 表示给定的置信水平。

VaR 方法区别于传统风险度量手段的地方就是 VaR 完全是基于统计分析基础上的风险度量技术。从统计的角度看，VaR 方法在应用中要回答的问题就是：投资者有 $c\%$ 的信心，在以后的 T 个交易日内，损失程度不会超过某一值 Δp，此时的 Δp 就是投资组合的 VaR。

自问世以来，VaR 方法就受到了广泛的关注，并应用于资产组合的风险计算中。目前，基于 VaR 度量金融风险已成为国外大多数金融机构所采用的衡量金融风险大小的方法。因此，此处选用 VaR 方法度量大类金融资产配置的风险是合理可行的。

（二） 资产配置模拟及风险测算

考虑到此处对大类金融资产配置风险进行度量，本报告分别使用上证A股指数代表权益类资产，中证全债指数代表固定收益类资产，中证大宗商品价格指数代表商品类资产，中证货币指数代表货币类资产，并先后利用均值—方差模型及布莱克—李特曼模型来计算整体资产组合的风险。选用的样本数据时间频率为日度数据，样本数据区间为2017年2月23日到2017年8月31日。两个模型配置模拟及风险测算结果如下。

1. 均值—方差模型资产配置结果

根据已有历史数据，利用均值—方差模型得到资产配置结果如图11所示。需要说明的是，为保证资产多样性以分散风险，此处设置单种类资产配置权重上限不超过50%，组合收益目标设为5%。

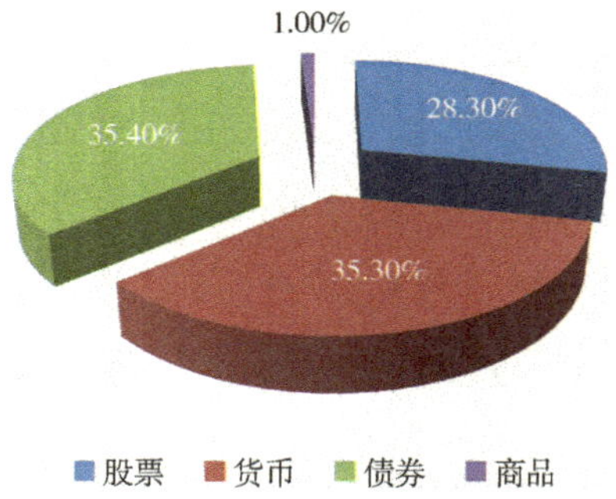

图11　均值—方差模型资产配置

数据来源：Wind数据库，经作者整理。

从图11可以看到，根据2016年年初以来的金融市场样本数据及均值—方差模型测算，资产配置的结果是债券及货币类资产最多，占比分别为35.4%和35.3%，股票类资产占比28.3%，商品类资产占比1%，此时组合收益为5.02%，组合收益波动率为1.56%。

2. 布莱克—李特曼模型资产配置结果

根据已有历史数据，利用均值—方差模型得到资产配置结果如图12所示。需要说明的是，在使用布莱克—李特曼模型时需要给出投资者观点，此处投资者观点主要是延续了本年度各市场的表现，包括认为上证 A 股指数收益率比货币指数收益率高 14%，全债指数收益率比货币指数收益率高 2%。

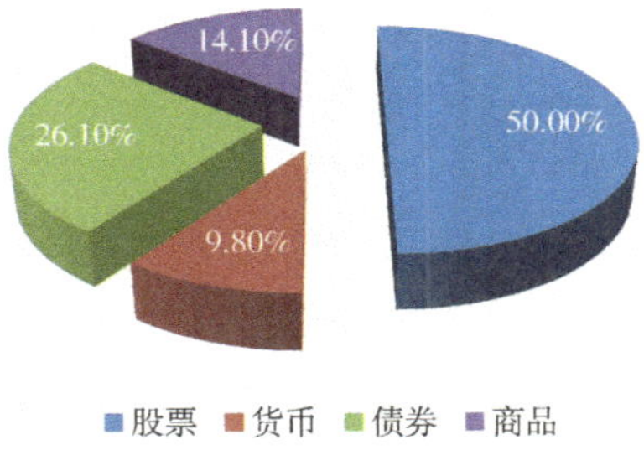

图 12　布莱克—李特曼模型资产配置示意图

数据来源：Wind 数据库，经作者整理。

从图 12 中可以看到，基于 2016 年年初以来的金融市场样本数据和所给的投资观点，布莱克—李特曼模型给出的资产配置的结果中股票类资产最多，占比为 50%；其次是债券类资产，占比 26.1%；商品类资产，占比为 14.1%；货币类资产，占比 9.8%。此时组合的收益率为 5.01%，波动率为 3.98%。出现这种配置结果的原因也与投资观点中认为股票市场、债券市场未来将高于货币类资产有关。

3. 组合风险测算及模型比较

首先对所选用的各类资产的收益及风险进行测算，此处选择将测算区间扩展至 2016 年年初至 2017 年 8 月 31 日，具体如表 2 所示。可以看出，自 2016 年年初至今，中国宏观经济增速有所放缓，股票市场分化相对较大，整体平均收益并不令人满意。而受到供给侧结构性改革、产业结构优化等政策的利好影响，大宗商品市场迎来一波牛市行情，年化收益率高达 25.71%。与此同时，债券市场走势震荡，行情相对低迷，固定收益类资产的年化收益率也处于低位，为 -3.07%；货币类资产的年化收益率为 3.00%，表现良好。

表 2　2016 年 1 月—2017 年 8 月大类资产的收益及风险测算

	权益类资产	固定收益类资产	商品类资产	货币类资产
年化收益率（%）	1.60	-3.07	25.71	3.00
年化波动率（%）	17.84	1.79	12.52	0.14
收益率偏度	-1.64	-1.9	0.07	2.92
收益率峰度	10.50	14.20	0.28	12.16
单日最大收益（%）	4.27	0.41	2.37	0.07
单日最大回撤（%）	-7.04	-0.98	-2.62	0.00
VaR（5%）（%）	-1.53	-0.19	-1.20	0.01
VaR（1%）（%）	-3.52	-0.36	-1.73	0.01

数据来源：Wind 数据库，经作者计算整理。

进一步看，对资产配置组合的风险进行测算并比较，结果如表 3 所示。

表 3　2016 年 1 月—2017 年 8 月两组模型的收益及风险测算

	均值—方差模型	布莱克—李特曼模型		均值—方差模型	布莱克—李特曼模型
年化收益率（%）	0.94	4.02	单日最大收益（%）	1.19	2.20
年化波动率（%）	5.10	9.28	单日最大回撤（%）	-2.05	-3.54
收益率偏度	-1.57	-1.41	VaR（5%）（%）	-0.95	-0.86
收益率峰度	10.03	8.93	VaR（1%）（%）	-3.52	-1.70

数据来源：Wind 数据库，经作者计算整理。

从表 3 中可以看到，尽管两个模型在配置资产时均选择了年化收益率 5% 的目标，但是在测算区间拓展后的表现却有显著差异。布莱克—李特曼模型的年化收益率为 4.02%，明显高于均值—方差模型的 0.94%，根据夏普比率计算可知，均值—方差模型：0.184，布莱克—李特曼模型：0.433，后者明显更高，体现出布莱克—李特曼模型的稳健性。这验证了均值—方差模型虽然在资产配置中具有重要的理论地位，但是其过度依赖于历史数据，模型结果对数据变化的敏感性过高的缺点。而通过分析两个资产配置模型的 VaR（5%）值可以发现，相比均值—方差模型，布莱克—李特曼模型的在险价值相对更低。目前布莱克—李特曼模型已是金融业界广泛关注和应用的资产配置模型之一。

五、 对未来中国大类资产配置的建议

（一） 供给侧改革初见成效， 建议增持权益类资产

近两年来，国内改革已经进入深水区，受到产业结构优化调整、去产能库存、环境治理等政策的推动，中国宏观经济目前已初步呈现回暖态势。随着供给侧结构性改革的继续深入，未来政策的效力将进一步释放，相信宏观经济也将得到更有力的提振。因此建议投资者适当增持权益类资产。

在金融市场方面，由于国内债券市场走势震荡，前景尚不明朗，高收益资产难寻，机构资产配置压力较大，增加权益类资产比重亦是资产配置的必然方向。而根据路透社的调查，基金经理对于股市投资偏乐观，部分基金经理有提高仓位意愿，也反映出投资者对股票市场的较好预期。在具体投资策略方面，随着经济增速放缓，企业经营绩效面临考验，未来仍需关注业绩回报较为确定性的行业，建议投资者从产业升级角度和经济周期角度挑选强势产业，可主要关注供给侧改革、国企混改、蓝筹股、PPP 等主题投资；新能源、科技、消费等行业亦有配置价值。

（二） 债券市场走势持续震荡， 适当配置固定收益类资产

2017 年以来，中国债券市场总体呈现震荡走势，上行动力不足。尽管在市场流动性紧平衡、利率震荡上行的背景下，固定收益类资产配置价值有所提高，但是考虑到全球货币政策边际收紧、资本面波动相对剧烈、金融监管逐渐加强，并且利率调整尚未结束等因素影响，固定收益类资产的交易价值有待进一步观望。

展望未来一段时间，考虑到债券市场短期内难以企稳回升，整体还将呈持续震荡走势，并且国债发行节奏偏慢、地方债发行有望提速，上半年发行受阻的债券将陆续恢复等因素影响，建议投资者可以在充分考

察市场后，审慎配置固定收益类产品，注重规避利率和信用风险。在具体投资策略方面，考虑到未来一段时间利率或将震荡上行等因素，建议投资利率债时把握交易时机。在行业配置方面，可重点关注水泥、煤炭等高景气度行业投资机会，防范房地产等景气度恶化行业的信用风险。

（三）大宗商品价格面临回调，审慎配置商品类资产

2017 年年初以来，全球经济整体向好形势愈发明朗，大宗商品价格得到进一步推动及回归。与此同时，国内供给侧结构性改革及淘汰落后产能等政策的持续深化，在一定程度上改善了市场供需关系，国内大宗商品价格整体呈现上涨态势，但在进入三季度后，各类商品价格增速明显放缓。

考虑到未来一段时间，随着美联储逐步收缩资产负债表，全球货币政策回归常态趋势日趋显著，黄金等大宗商品价格难以维持当前水平，而国内宏观经济虽初步呈现回暖态势，但仍面临诸多下行压力，供给侧结构性改革支撑力度下降，大宗商品价格面临一定的回调风险。因此，建议投资者审慎配置大宗商品类资产，或可适当减持。

（四）关注市场流动性风险，按需投资货币类资产

2017 年以来，美国已进入新一轮加息周期，各项经济数据反映出其良好的经济增长势头，同时欧元区、日本等国家经济复苏步伐加快，未来货币政策回归常态的预期升高。国内市场方面，近一年来，中国逐渐退出了量化宽松的货币政策，转而维持市场流动性紧平衡。

展望未来一段时间，在宏观经济整体呈现初步回暖的情况下，中国货币政策或将继续保持中性甚至偏紧。于金融市场而言，考虑到股票市场已呈现个股分化特点、债券市场走势震荡尚不明朗、商品类资产价格面临回调等因素影响，建议投资者可以按需投资货币类资产，防范流动性风险。

（注：学生张天玮亦对本报告有所贡献。）

参考文献

[1]Brinson G P, Hood L R, Beebower G L. Determinants of portfolio performance[J]. Finacial Analysts Journal, 1986, 42(4): 39 – 44.

[2]Alexander G J, Baptista A M. Portfolio Performance Evaluation Using Value – at – Risk [J]. Journal of Portfolio Management, 2003(29): 93 – 102.

[3]银行业理财托管中心. 2016 年中国银行业理财市场报告[R]. 2017 – 5.

[4]波士顿咨询公司(BCG). 2017 年全球财富报告[R]. 2017 – 8.

[5]智信资产管理研究院. 2017 中国资产管理行业发展报告[M]. 北京:社会科学文献出版社, 2017.

[6]赵大萍, 房勇, 汪寿阳. 基于随机规划的多阶段投资组合选择[M]. 北京:科学出版社, 2016.

[7]李超. 重要会议是三季度的核心变量——三季度宏观经济对大类资产配置的影响[Z]. 华尔街见闻, 2017 – 07 – 06.

[8]吉灵浩. 华创债券 2017 年三季度利率债投资策略报告[R]. 2017 – 8.

[9]大宗商品市场将进入“慢牛”状态[N]. 上海证券报, 2017 – 9 – 8.

[10]袁吉伟. 2017 年三季度大类资产配置展望[Z]. 华尔街见闻, 2017 – 7 – 10.

中国股票市场及股权类衍生品市场风险研究报告

杨　阳

摘要： 在经济全球化和金融自由化进程中，金融工具越来越多，在资本对外开放与金融创新背景下，中国股票市场所面临的挑战和风险也越来越大，本报告在对2016年下半年开始的中国股票市场的变化进行回顾的基础上，分析当前中国证券市场存在的一系列风险并对未来的潜在风险进行合理预判。

关键词： 股票市场；融资融券；注册制；混合所有制改革；股权类衍生品

一、 中国股票市场的现状

证券市场通常包括：股票市场、债券市场和衍生品市场。本报告主要从股票市场以及与股票相关的股指期货和期权的角度进行分析。

据中国证监会和中国证券登记结算公司的统计数据，截至2017年7月，中国股票市场的上市公司为3 326家，总市值已经达到60.05万

作者简介：杨阳，首都经济贸易大学金融学院讲师。

亿元，投资者数量已经接近1.2亿户（见图1）。在20多年的飞速发展中，中国证券市场对促进中国经济体制改革、发展社会主义市场经济发挥了举足轻重的作用，然而由于其产生的特殊经济背景，中国证券市场仍然是一个不成熟、不完善的市场，同时也是风险较高的市场，已成为时时影响中国经济健康发展的隐患。因此研究和防范这些风险，是促进中国证券市场健康发展必须解决的一项重大而紧迫的课题。

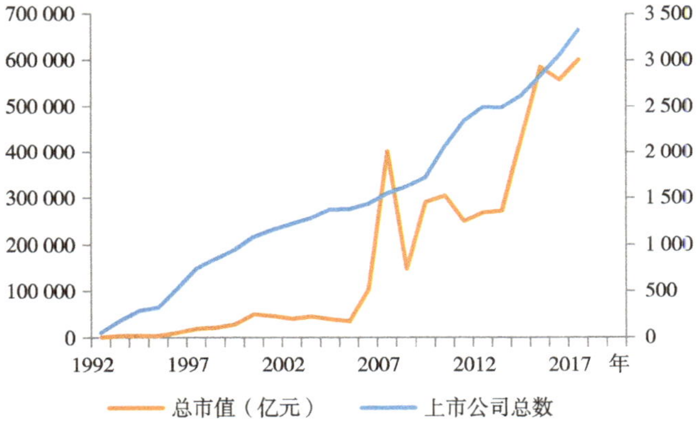

图1　1992—2017年中国股票市场总市值变化

数据来源：Wind数据库。

目前，中国证券市场的风险主要表现为系统性风险。宏观制度性风险是中国证券市场的特殊风险，它的产生基于中国经济体制转轨的历史背景，而政府隐性担保是其内生根源，不合理的发行制度和市场股权人为分割是制度性风险的两个具体表现。微观上市公司风险是中国证券市场的基本风险，集中体现在上市公司质量不高，股权高度集中致使公司治理结构不合理，内部人控制现象严重。违法行为的普遍存在和信用的严重缺失是监管不严风险的集中体现，是因监管指导思想不明确、市场监管者监管职能的错位所致。证券市场开放正成为主要的风险因素，表现在巨量国际投机资本的冲击，国外金融风险传递形成的被动性风险，以及国外证券经营机构进入对国内证券经营机构的冲击。

随着经济全球化进程的不断加快与金融产品更新换代速度的加快，全球经济开始向着非实体经济的方向发展，资本的流动出现快速膨胀的情况。当前，全球正处于流动性过剩的背景之中，中国的证券市场在这种背景的影响下，出现了货币追求过度而金融产品不足的情况。中国的证券市场中出现了较多的机构投资者，当前的证券投资者格局为证券投资基金、证券公司、保险公司、社保基金和合格境外机构投资者（QFII）等投资者协调发展。随着投资需求的不断增大，当前有限的投资品种远远不足。

（一）证券市场的规模与品种无法满足投资者需求

发达资本市场的资本工具具有多样化的特点与发展趋势。例如，中国香港的资本市场中采用了当前国际市场中出现的 80% 以上的金融衍生工具。中国证券市场与发达地区的证券市场相比，在交易品种方面还比较单一，不能满足投资者需求。因此，中国应该在不断扩大证券市场规模的同时，积极扩大交易品种，实现中国证券市场投融资功能的加强与完善，促进证券市场的稳定发展。

（二）上市公司在持续盈利能力和对投资者回报方面存在问题

由于中国资本市场的结构和上市制度，导致部分上市公司在上市前报表的盈利能力较强，而一旦上市，其整体盈利能力开始下滑。统计上市公司的净资产收益率（ROE）分布发现，随着上市时间的延长，低盈利能力的公司开始增加，收益率的中位数开始向较低的净资产收益率水平倾斜。同时数据表明，自 2011 年以来，连续 5 年平均股息率超过 3% 的上市公司仅有 63 家，占比约 2% 。还有一些上市公司尤其是创业板上市公司出现破产的情况，这是上市公司中存在的信息不对称、上市公司包装等各种问题的反映，对投资者的利益造成了较大的损害。

（三）市场中介机构在功能方面存在较大缺陷

当前，中国的中介机构主要包括：证券公司、会计师事务所、信托投资公司、律师事务所、证券投资咨询公司和资产评估机构等。虽然中国的市场中介机构在覆盖内容方面较为全面，涵盖了证券的承购、发行、交易、自营和财务顾问等，但是与国外的中介机构相比，在功能方面依旧存在着较大的缺陷。

（四）证券相关法律法规不健全

虽然中国已经针对证券内容出台了相关的法律条例等，但是在市场制度和法律制度的建设上仍不够完善，正在实施的《证券法》已难以适应快速发展的资本市场的新情况、新变化，甚至对资本市场的进一步发展起到了约束作用，证券的相关法律体系也不完整。同时，相关法律规范在执行方面存在执行不力的情况，加剧了证券交易过程中违规或者不规范行为的产生。个体投资者又缺乏相应的法律知识和自我保护意识，在投资行为博弈过程中往往容易受到伤害，又无法诉求自身利益的保证。

（五）个人投资者所占比重仍比较大

根据中登公司2016年年末的投资者统计数据，中国股票市场投资者数量为11 811万户，其中个人投资者为11 778万户，占99.7%，具有绝对优势，持有市值也在一半以上。图2和图3分别显示了个人投资者和机构投资者的账户市值分布。就A股账户持有人市值的分布而言，1万~10万元投资者所占比例最大（47.87%），将近总体的一半比重；1万元以下投资者，10万~50万元投资者所占比例分别为24.35%和21.31%，此三个层面资金规模的投资者占市场大部分比重。从个人持有的A股账户市值看，由于其账户数量较大，资金量小，资金分散，已经出现了明显的分化现象。其中1万~10万元的个人投资者所占近一半比例（47.92%）；1万元以下的个人投资者（24.37%），10万~50万元的个人投资者（21.32%），三个资金规模层面的占比在90%以上，整体资金量偏小。反观机构投资者在整体A股账户市值占比较少，但是因为其账户数量少，单笔资金量大的特点，机构投资者在各个资金规模层面上占比较为平均。数据表明，除了其中1 000万元以上的资金占比达到32.65%外，其他规模所占比例都没有明显优势。

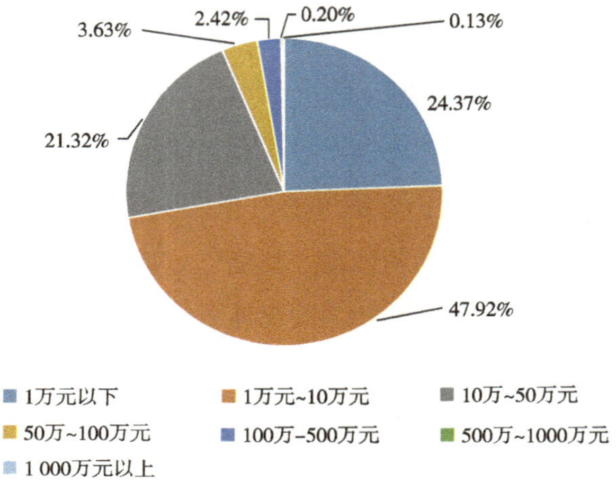

图2　中国A股账户持有人（自然人投资者）市值分布图

数据来源：Wind数据库。

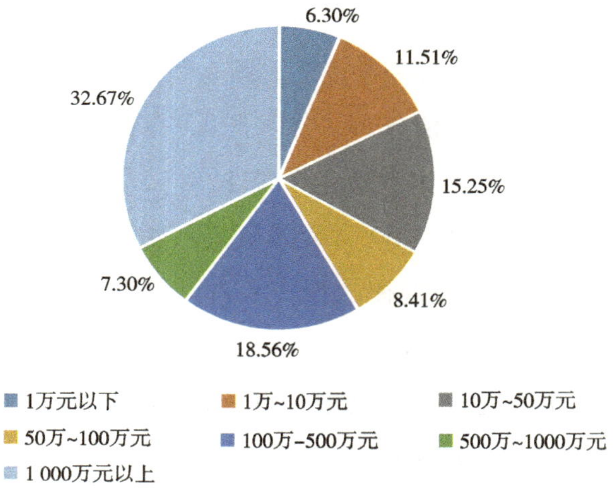

图3　中国A股账户持有人（机构投资者）市值分布图

数据来源：Wind数据库。

（六）政策导致证券市场的波动幅度较大

资本市场具有逐利与信息不对称的特点，资本市场中产生的非常巨大而且直接的经济利益，会诱导市场参与者为了达到谋利的目的而出现各种违法失信行为。中国股票市场中散户投资者在投资者结构中一直占据很大的比例，个体投资者很难有足够能力把握好政府政策的方向，政府发布的各种行业性、方针性的政策很容易使证券市场出现较大的波动幅度，市场自发性导致股市投机氛围浓厚，而真正操纵股市的机构投资者在与政府的博弈中占优势，政府监管难度较大。

二、2016—2017年中国股票市场及股权类衍生品市场主要风险状况分析

（一）资本项目开放背景下的证券市场风险

1. 合格境外投资者稳步发展但额度增量有限

合格境外投资者的进入有利于市场运行效率提高与降低市场的资金成本，是证券市场国际化的一种体现。2014年前，除B股与合格境外投资者渠道外，中国对外资进入境内股票市场有严格的限制。2008年至今，B股市场既没有新股上市也没有新股增发，为外资提供投资渠道的功能实质已经缺失。作为一种引进外资，开放资本市场的过渡性安排，合格境外投资者的价值在于拓展中国资本市场的外部需求，同时为中国资本市场最终走向完全开放奠定了基础。但目前中国合格境外投资者的发展仍面临着规模不足的问题，对境外投资者资格仍有很高的限制性要求。2016年下半年至今，合格境外投资者的审批额度增量约120亿美元，虽然比前一年增量有所提升，但仍然很难满足境外投资需求的问题（见图4）。

2. 深港通开闸，互联互通机制下资金南下热情持续高涨

长久以来，香港股票市场一直是中国内地企业上市及集资的国际平台。2014年11月沪港通开通，为内地投资者开启了投资香港股票市场

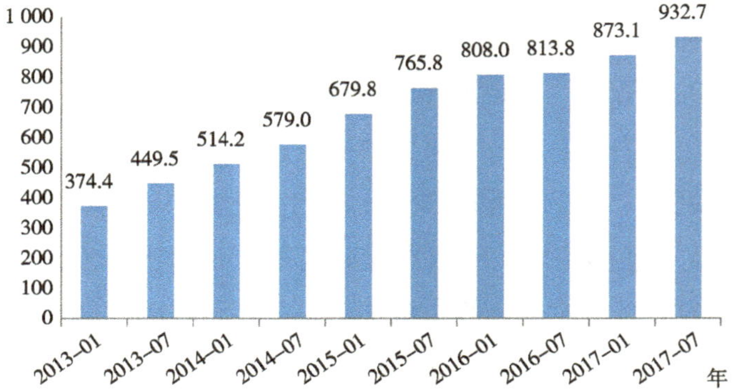

图 4　2013 年—2017 年 7 月 QFII 累计审批额度（亿美元）

数据来源：国家外汇管理局。

的正式渠道。沪港通是内地资本市场开放的第一步，在沪港通运行两年之际，2016 年 12 月 5 日深港通正式开闸，意味着内地与香港股票市场互联互通大桥全面通车。

从图 5 所示的过去一年沪港通的成交金额变化看，沪港通整体成交金额比较平稳。沪市港股通受深港通的政策红利预期影响，2016 年 8 月起有所放大，而后成交金额基本达到了稳定水平（见图 6、图 7）。2017 年上半年由于 A 股市场受金融监管和金融去杠杆带来流动性阶段性收紧的影响表现偏弱，而相对而言港股市场是上半年全球表现最好的市场之一，沪市港股通成交额继续有所放大。而后随着内地市场流动性出现边际缓解，A 股逐步走强，A 股与港股及海外股市表现的差距出现收敛。考虑到中国基本面仍可能好于投资者偏悲观的预期，海外投资者依然明显低配中国，港股下半年表现虽然较上半年有所趋弱，但依然具有较强的吸引力。图 8 显示了两个市场的投资已用额度的变化，可以看出相对而言投资港股的兴趣逐渐浓厚，A 股资金南下的热情更高。目前沪市港股通南下资金已近 5 000 亿元，而沪港通在这一年中并未带来大量海外资金的进入，对大盘的推动作用仍然非常有限。

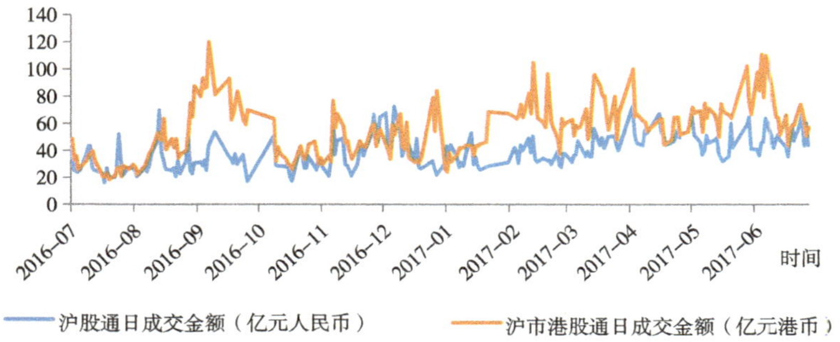

图5　沪港通日成交金额

数据来源：Wind 数据库。

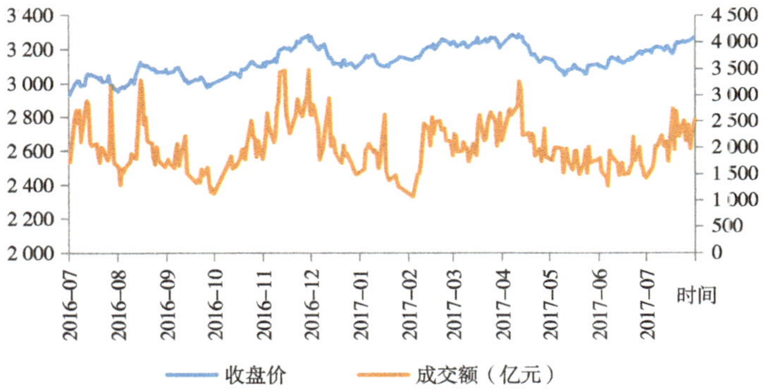

图6　上证综合指数收盘价及成交额

数据来源：Wind 数据库。

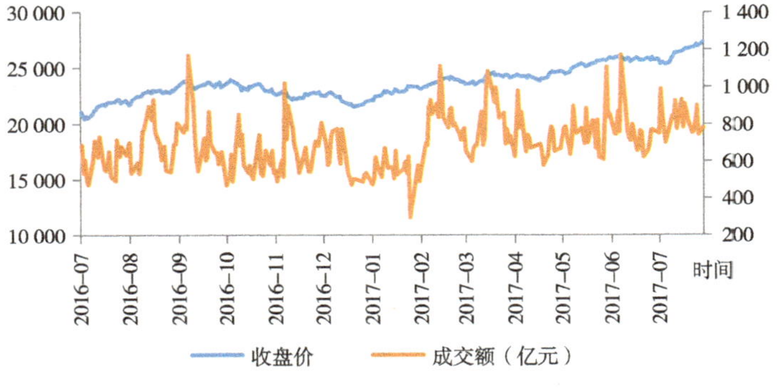

图7　恒生指数收盘价及成交额

数据来源：Wind 数据库。

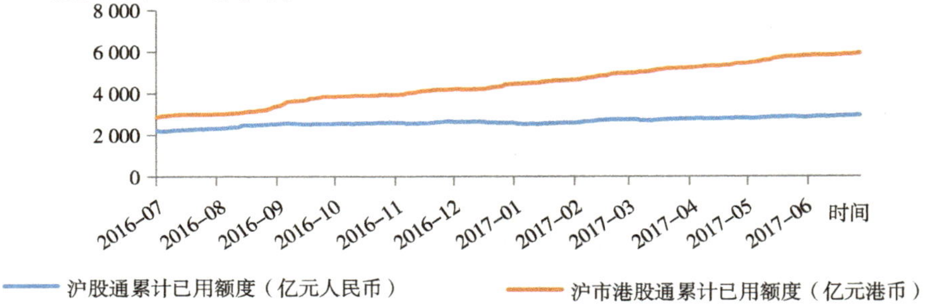

图 8　沪港通累计已用额度统计

数据来源：Wind 数据库。

深港通自 2016 年 12 月开通以来，进一步扩充标的股票范围，资金持续流入，成交稳步上升，形成沪深港三地互联互通的共同市场模式。深市港股通和深股通的成交额走势与恒指及深证指数走势有较大的相关性，虽然港深股市在深港通开通半年间基本呈相反走势，但对整体深港通成交额和净流入额影响较少，整体累计净流入资金维持稳步增长状态，反映资金对深股以及新增的港股通标的都有一定的需求。

图 9 和图 10 分别从日成交额和累计已用额度方面反映了深港通开通以来的交易情况。从图 9 所示的深港通开通以来的成交额变化看，深港通双向成交额呈上升趋势，对股市成交占比逐步增加，资金以净流入为主。深股通日均成交额对深证每日成交额占比从深港通开通时约 0.67%

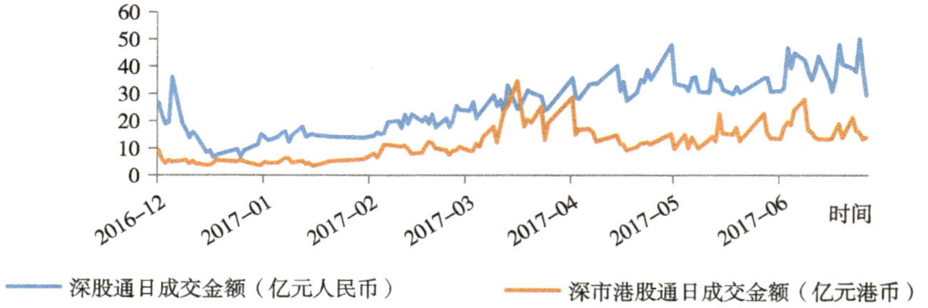

图 9　深港通日成交额

数据来源：Wind 数据库。

上升至半年后约1.56%，而深市港股通的相关占比也从0.82%上升至半年后约1.82%，相信比例上升对股市中长期会有一定的影响。另外，恒生AH股溢价指数在深港通开通半年间有所下行，AH股溢价百分比有所缩少（见图11）。

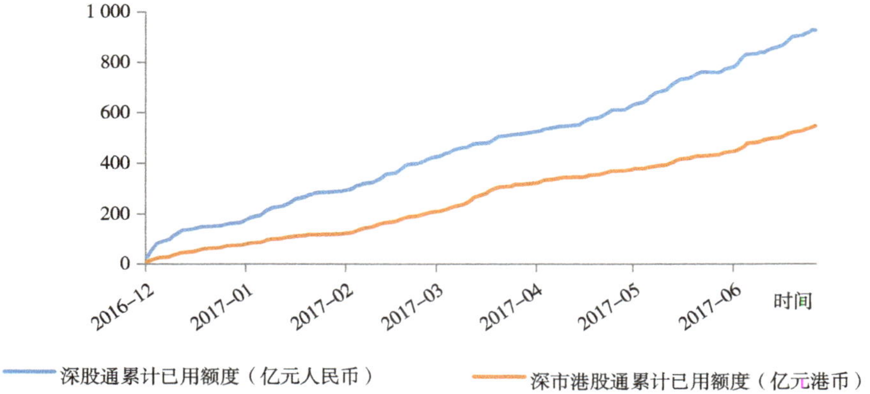

图10　深港通累计已用额度统计

数据来源：Wind数据库。

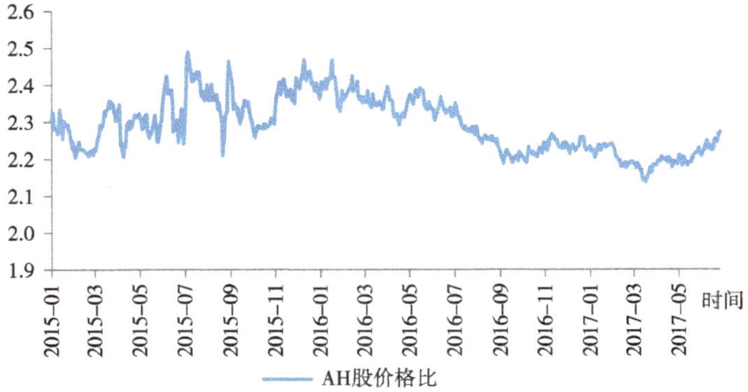

图11　AH股价格比

数据来源：Wind数据库。

由于相较沪港通，深港通下的港股通增加了市值50亿港币以上的恒生综合小型股指数成分股，而且深港通的标的不局限于主板股票，还包含了深市的中小板和创业板的成长股。由于沪股通和深股通标的股票的差异，深股通标的中小盘股比例显著提升，这些成为沪港通和港股市场的有力补充，丰富了投资者的投资范围。

与此同时，对深港通短期内也不宜预期过高。深港通开通后，深市的北上资金有限。其次，深港通开通后，两地市场的估值差距并没有明显收窄。从沪股通此前的市场表现看，由于投资者结构、退市机制、交易制度、投资者风险偏好的原因，AH 股溢价仍然持续比较高的水平。从价值投资层面来讲，H 股明显处于“低买”的区间，内地资金投资的不足体现出两地投资者在投资理念和偏好上仍然存在很大的不同。图 12 为截至 2017 年 7 月底深港两市主要成分指数的市盈率（PE）水平。深市目前估值水平较高，特别是创业板的市盈率较港股市场而言相差很大，中小盘股或将面临较大压力，深港通对内地投资者衡量香港与深圳创业板股票的估值对冲风险可能加大。但从长期看，深市中小板、创业板或将迎来突破性的发展，深港一体化的“藩篱”将逐渐被打破。

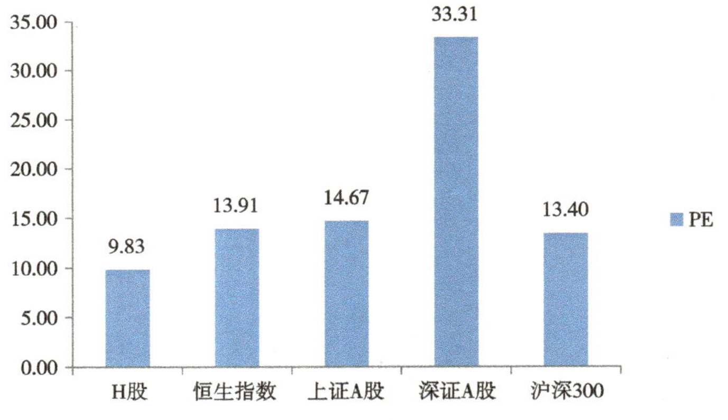

图 12　主要指数估值水平比较

数据来源：Wind 数据库。

从整体运营看，如图 13 所示，目前，沪港通和深港通北向资金总额约 3 000 亿元，占 A 股市值的 0.8% 左右。港股总共吸引了超过 5 000

亿A股资金，占港股市值约2.3%。港股通每日成交额也逐渐放大，约占港股每日成交额的10%左右。对港股成交量和估值的提升都有显著的作用。加上港股目前仍处于估值洼地，以及港币与美元挂钩而美元作为避贬值的安全岛，预计内地资金南下的意欲仍将延续。沪港通和深港通的开通不仅进一步完善了中国资本市场的国际化，也是人民币走向国际化在资本市场的试水。

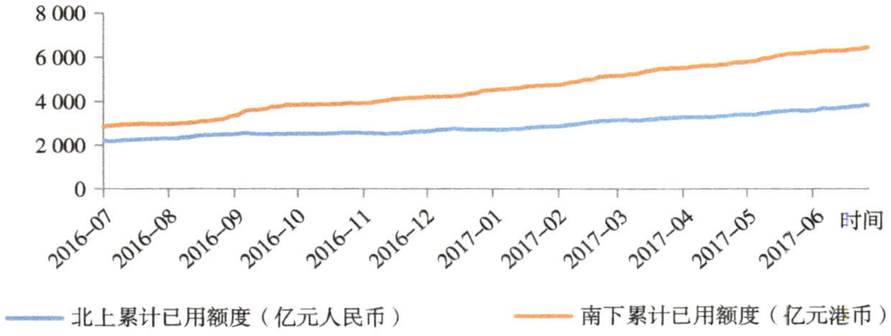

图13　北上南下资金累计已用额度统计

数据来源：Wind数据库。

3. 积极推进沪伦通，加快与国外资本市场的合作步伐

在沪港通、深港通、债券通之后，目前最受瞩目的互联互通机制当数沪伦通。2015年9月，在第七次中英经济财金对话会议上，中英双方就资本市场发展提出多项建议，包括支持各类发行主体在伦敦发行人民币债券、欢迎在伦敦发行以人民币计价的交易型开放式指数基金（ETF）产品等，支持上海证券交易所和伦敦证券交易所就互联互通问题开展可行性研究。2017年6月，证监会副主席姜洋在陆家嘴论坛上表示，未来一个时期将进一步推进资本市场双向开放，包括深化市场互联互通与跨境合作，逐步丰富交易标的，稳妥推进沪伦通制度准备等。2017年7月，第三届伦敦证券交易所集团中国研讨会在北京举行，伦敦证券交易所首席执行官亚迪表示，中国资本市场刚刚启动的债券通机制，其节奏、规模、形式等方面的设计，都对全球资本市场有积极影

响。他同时表示，伦敦证券交易所在非常努力地推进沪伦通项目研究，沪伦通有望在支持“一带一路”建设中发挥重要作用。

目前，中国的股票市场总体市值排名全球第二，而随着上市公司数量和影响力的扩大，中国经济实力的不断提升，中国资本市场无疑会成为全球投资者越来越关注的市场之一。以上市公司总市值计，伦敦证券交易所是目前世界排名第四的交易市场，伦敦证券交易所银行股市值折合约 26 万亿元人民币，与香港交易所市值相当。中国目前正面临着经济转型的压力，发挥资本市场作用迫在眉睫；英国在退出欧盟的背景下，沪伦通项目对伦敦巩固金融中心地位具有特殊意义。在这样一个特殊的时间点，积极推进伦敦、上海股市通的可行性研究，对中英双方都具有很强的吸引力。在通过沪伦通更多地引入海外投资者以后，国内资本市场的投资者结构也将发生一定程度的变化。

目前，中国居民在海外资产配置约占 1.6%，比重非常低。如果沪伦通模式走通，不但股票交易市场规模更大，还能增加不少优质企业，有助于更好地满足国内投资者全球分散化投资的需求，对国内投资者来说是非常好的选择。除了增加投资者海外资产配置的选择，沪伦通一旦成行，势必会引入英资，为 A 股市场带来长期的资金支持。与此同时，前期推出的沪港通和深港通创出了一种新机制，即不改变双方的交易机制，通过一个中间转换器的方式，能够实现两地投资者互相投资对方的市场，有利于内地市场的国际化和提高市场理性价值投资的理念。

然而，沪伦通涉及两个市场、两个国家的法规、监管框架，监管的变革，需要两国金融监管机构加强合作。两地市场在交易制度、市场基础设施等方面均存在较大差异，无法简单复制沪港通和深港通的业务模式和做法。跨境审计监管制度方面，计划英国由财务报告委员会（FRC）负责对在英国上市公司进行审计监管，中国的大型会计师事务所已与英国同行有相关合作安排，即在英国上市的公司除使用中国的会计师事务所外，还会使用英国申报会计师的服务，由该英国事务所给中国事务所的报告担保。交易制度方面，英中双方还必须克服包括对卖空的有限支持，资产可互换的不确定性，结算交易的单日时间安排，以及人民币作为唯一结算货币等障碍。从交易所来讲，也有治理监管的层面，要求上市公司依法披露、充分披露、有效披露以及控制风险、保持市场稳定、保护投资者、加强执法等。

与此同时，上海证券交易所、中国金融期货交易所与德意志交易所集团共同成立了中欧国际交易所。2016 年 3 月 16 日，伦敦证券交易所发布声明，宣布与德意志交易所集团（德交所）就对等合并条款达成协议，合并后将形成市值达 210 亿英镑的欧洲最大交易所公司。这也预示着沪伦通一旦落实还会有沪德通，沪伦德三地股市联通后，中国向欧洲股票市场的投资渠道将正式打通，可以预期，沪伦通或将成为资本市场的新“宠儿”。虽然过去几年中国资本市场在改革过程中不乏坎坷和曲折，但是资本市场双向开放一直在稳步推进。未来与国外资本市场合作的措施将会逐步增多，资本账户开放将进一步加速。

4. A 股纳入明晟公司指数，资本市场迈入国际化新阶段

2017 年 6 月 21 日，明晟公司（MSCI）公布 2017 年年度市场分类评审结果。在前三次“入摩”折戟后，明晟公司宣布从 2018 年 6 月开始将 A 股纳入明晟公司新兴市场指数和明晟公司全球市场指数（ACWI）。具体流程方面，为缓冲沪股通和深股通的每日额度限制，明晟公司拟分两步实施初始纳入计划，实施时间预定在 2018 年 5 月和 8 月，也就是明晟公司的半年度和季度指数评审时。在预定纳入日期之前，沪股通和深股通的每日额度被取消或大幅提高，明晟公司不排除改为一次性实施。明晟公司计划初始纳入 222 只大盘 A 股。基于 5% 的纳入因子，这些 A 股约占明晟公司新兴市场指数 0.73% 的权重。

这个决定意味着，从 2018 年 6 月起，海外资金将可以通过该指数购买 A 股，中国股票市场将迈入国际化新阶段，市场开放程度将进一步加大，从而吸引更多的国际资本流入。据明晟公司估计，全球目前大约有 10.5 万亿美元的资金在跟踪明晟公司指数，约有 1.6 万亿美元的资金在追踪明晟公司新兴市场指数。据估算，短期将吸引 200 亿美元资

金进入中国市场，长期看可能增至4 000 亿美元。这将有助于大市值蓝筹股估值的提升。

从历史看，韩国以及中国台湾地区在加入明晟公司指数后，股市都出现了一轮上涨。纳入明晟公司指数的A股大部分包含在沪深300 指数范围之内。在宣布A股纳入明晟公司指数后的一段时间内，沪深300 指数有所上涨。与此同时，A股宣布成功被纳入明晟公司指数的6 月份，沪股通和深股通月成交额都有明显的增长，深沪港股通北向交易成交额增长到1 872. 5亿元，创下两年内的新高（见图 14）。

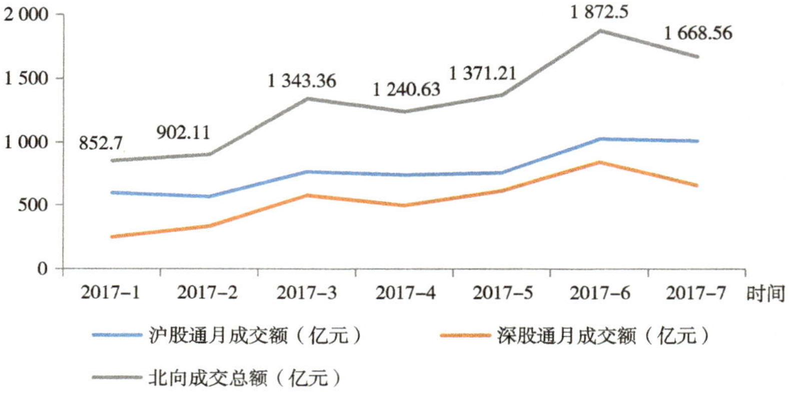

图 14　沪股通、深股通月成交额（亿元）

数据来源：Wind 数据库。

对于市场而言，A股被纳入明晟公司新兴市场指数，其象征意义大于实际影响。中国A股被纳入明晟公司指数后，由于实际实施要等到2018 年6 月，因此，海外投资者有充足的时间按照自己偏好的节奏和时间来建立头寸，短期内不会在指数层面对A股市场产生重大影响。此外，由于A股在明晟公司新兴市场指数中只有0. 5% 的权重，而占明晟公司全球指数不到0. 1% ，对于全球被动跟踪明晟公司指数的资产管理项目而言，A股被纳入明晟公司指数会带来10 亿至15 亿美元的资产被动流入，对于整个A股市值和交易量来说都还比较小。然而从长期看，这将成为中国资本市场发展及融入全球市场的一个里程碑。

（1）从投资者结构的角度看，在A股正式纳入明晟公司指数后，越来越多的外资机构进入A股市场，有利于提升A股市场机构投资者的占比，改善投资者结构。A股未来的国际机构投资者占比将不断增加，有助于市场向价值投资理念靠拢，与全球市场的关联度也会不断提升，加大A股与全球市场的双向溢出效应。

（2）从资本流动的角度看，A股正式纳入明晟公司指数后将推动全球资金对中国资产的配置，吸引资金流入中国市场，由此将提高对人民币的需求，从而平衡资本流出，推动人民币国际化并起到支撑人民币的作用。

（3）从监管制度的角度看，在纳入明晟公司指数后，除了国内市场监管之外，又多了外部监督机制。尽管明晟公司已经决定吸纳A股，但在互联互通每日限额、停牌规则、A股挂钩的金融衍生品预先审批权等方面仍存在考验。今后上市公司及投资者在这个市场中，会更多地向国际规则靠拢，向成熟资本市场规则靠拢。这将倒逼中国资本市场朝着更加成熟、与国际准则接轨的方向发展。与此同时，A股与全球市场关联度的增加还会在特定的时候带来巨大的资本流入、流出压力，这对监管部门维护金融市场的稳定将是一个挑战。

（二）注册制改革一波三折，监管不力将加剧市场风险

1. 首次公开募股（IPO）发行加速，但堰塞湖现象仍然明显

自2015年7月证监会发布A股暂缓发行的公告后，新股发行暂停了5个月，于2015年12月再启。2016年1月至6月，证监会共计核发70家首次公开募股批文，A股首次公开募股市场逐渐恢复正常节奏。进入2016年下半年，股票市场运行总体稳定，首次公开募股审核速度明显加快，证监会核发批文的速度悄然提高。截至7月底，2017年已有271只新股发行，发行数量为2016年同期的3.6倍，实际募集资金达到1 346亿元（见图15）。

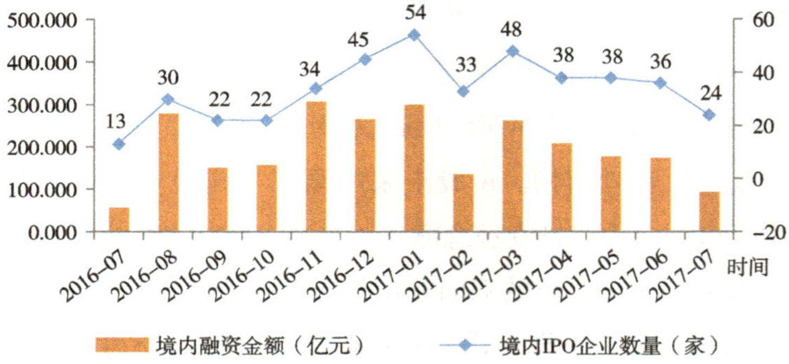

图 15　2016 年 7 月至 2017 年 7 月中企境内资本市场 IPO 规模

数据来源：Wind 数据库。

首次公开募股审核环境趋严。在首次公开募股高速发行的同时，证监会发行审核委员会（下称“发审委”）严把质量关，首次公开募股的过会率降至新低。根据相关统计数据，2017 年上半年发审委审核企业达 275 家次，同比 2016 年上半年增长了 141.23%，接近于 2016 年全年上会企业的数量（282 家次）。但与此同时，首次公开募股的审核通过率却在不断降低，2017 年上半年首次公开募股企业过会率仅为 81.45%，较上年同期下降了 11 个百分点。同时过会企业的体量有偏小的趋势，中小型、初创型企业比例变高；另外，由新三板转板到主板的首次公开募股比例也变高。

在首发被否率增加的同时，首次公开募股方面的监管政策也在持续加强。继 2016 年四季度开展首次公开募股企业现场检查工作之后，证监会在 2017 年继续开展首次公开募股企业现场检查工作，重点放在企业披露情况与实际情况是否存在差异，会计核算是否规范，关联方和关联交易披露是否完整等方面。以督促发行人提高信息披露质量，督促中介机构勤勉尽责，防止带病申报，严把资本市场入门关，严格查处首次公开募股中的违法违规行为，上半年证监会对律师事务所从事首次公开募股证券法律业务进行了专项检查。

首次公开募股的堰塞湖现象仍然没有得到明显改善。在现有的首次公开募股核准制下，股权融资行为被行政审批牢牢把控，而新股需求始终存在，导致新股市场供不应求，新股溢价偏高，“一签难求”；而主管机构核准速度的不可预期也使得首次公开募股排队企业逐渐增多。最新数据显示，排队待审企业仍然有500多家，已辅导登记备案受理家数近1 100家，而新三板中接受上市辅导企业也已超过340家。若按照目前的发行速度，排队企业消化完至少要3年。整体而言，目前首次公开募股保持在一个较好的节奏，但排队者仍然十分拥挤，对于在资本市场外徘徊、融资需求强烈的企业来说，无疑要忍心等待。

2. 注册制改革一波三折

2013年6月，《新股发行体制改革》意见稿首次提出注册制改革问题。注册制的实施可以让市场在资源配置中发挥重要作用，上市公司的审核交由市场决定，可以简化上市手续，缩短上市周期，首次公开募股的堰塞湖现象才能得以根本缓解。2014年3月5日，李克强总理在政府工作报告中提及“加快发展多层次资本市场，推进股票发行注册制改革”。2014年5月9日公布《国务院关于进一步促进资本市场健康发展的若干意见》，“积极稳妥推进股票发行注册制改革”被单列一段。2014年11月19日，国务院常务会议提出要加快出台股票发行注册制方案，以及取消股票发行的持续盈利条件，降低小微和创新型企业上市门槛等。2014年12月3日，证监会副主席姚刚透露，证监会已将发行注册制改革方案上报国务院。2015年3月5日，国务院总理李克强在第十二届全国人民代表大会上的政府工作报告中明确表示2015年将“加强多层次资本市场体系建设，实施股票发行注册制改革”。在经历了2015年的股灾后，注册制的改革有所放缓。2016年，政府在《国民经济和社会发展第十三个五年规划纲要（草案）》中提出“创造条件实施股票发行注册制”。2017年2月，证监会主席刘士余发表讲话，称“注册制是监管的方法论的要求，和行政核准制并不对立。注册制既不要理想化也不要神秘化”，计划用2～3年的时间解决首次公开募股堰塞湖问题。从以上梳理中可以看出，高层对股票发行注册制改革甚为关切，但股票发行注册制的改革工作可谓一波三折。

3. 注册制改革与市场风险

注册制实施一直是证券市场的头等大事。注册制何时推出，配套措施将如何落地，A 股市场“炒壳”等乱象能否得到有效抑制，市场对于注册制已经包含太多期待。目前注册制已成为首次公开募股乃至整个 A 股市场无法绕开的话题。首次公开募股通道不畅对实体经济的负面影响非常大。排队企业数量庞大，意味着每一家企业都要经历冗长的审批、昂贵的时间成本、巨大的不确定性，企业在最需要资金支持的时候得不到融资，上市周期延长。特别是当前实体经济比较差，企业的首次公开募股诉求比较强。实体经济对首次公开募股影响比较复杂，一方面，大部分行业景气度下降，企业业绩下滑，不再符合首次公开募股标准，错过最佳发展时期；另一方面，企业融资压力大，造假上市的动机会有所提升。注册制缓推直接催热 A 股的炒壳行情，市场发展对注册制改革提出迫切要求，等到市场达到理想状态时再推出注册制，不一定是理想的安排，但是条件是否成熟，还需要监管层做出判断。

注册制的实质是只要证券发行人提供的材料不存在虚假、误导或者遗漏，即使该证券没有任何投资价值，证券主管机关也无权干涉，上市成功与否、定价高低都交由市场决定。在注册制下，主管机构的职责主要在于事后控制，以信息披露为中心，大幅减少行政审查的环节，而不再为企业背书。

市场化必须与法治化并行。自 2015 年 4 月 20 日人大常委会第十四次会议审议《证券法》修订草案之后，由于六七月股市异常波动，给《证券法》修订工作提供了新的参考系。《证券法》一审修订草案中明确了股票发行注册制程序，取消发行审核制，修订的《证券法》能否成功决定于对投资者保护是否有力。在距初审近两年后，2017 年 4 月《证券法》修订草案提请人大常委会进行二审，但此前市场曾经希望的为新股发行注册制扫清障碍的相关内容却没有涉及。毋庸讳言，以中国证券市场目前的信用状况，注册制上市如果没有法律保障，没有严厉的事中事后监管将加剧市场风险，主要体现在：

（1）对市场趋势影响短期负面，中长期有望和市场形成良性互动。由于巨大的“堰塞湖”待泄，短期内供给压力增加是必然；而从中长期看，市场化国家密集发行期往往对应股市上涨期，随着未来更多优质企业获得融资，市场有望与首次公开募股形成良性互动，海外优质个股与新兴产业公司登陆A股将为市场长期走牛打下基础。

（2）注册制改革将带来市场估值体系的重构。短期内由于供给增加，当前小盘股溢价格局有望被打破，存量个股分化将加剧；中长期看，市场化改革将吸引更多优质公司回归A股平台，助力经济转型，市场估值结构有望改善。

（3）注册制改革中发行定价机制更趋“市场化”，新股行情将分化。供给增大与市场化定价将降低一二级市场之间的溢价水平，打新股、次新股行情将分化，更有利于优质上市企业与优质券商体现价值。

（4）注册制改革将深刻影响产业资本行为。首次公开募股作为推出机制的完善也促进了产业资本投资一级市场的积极性；注册制改革将使企业融资发行的主动权增加，市场过热时可能出现“闪电配售”等增大供给行为；作为首次公开募股替代路径的壳资源重组价值下降。

（5）注册制对投资者的专业化水平提出了更高的要求，机构投资者未来将更具优势。

（6）注册制需要有严格的退市制度作为后盾。只有将违法造假、经营不好的公司清出资本市场，净化资本市场环境，保证资本市场“出口”的畅通，才能更好地推进作为资本市场“入口”的注册制改革。

新股发行制度由核准制向注册制的改革是一个系统性工程，各国（地区）改革进程表明发行制度改进是一个渐进的过程，台湾从核准制迈向单一注册制走了近20年。参照实行注册制的欧美成熟资本市场可知，这些成熟的资本市场共同的特点包括：第一，健全的法律制度，良好的诉讼环境，为投资者提高了良好的维权渠道；第二，证券市场以机构投资者为主，理性投资行为占主导；第三，完善的退市机制，为没有投资价值的企业提供退出渠道。以此比对中国的证券市场，要实行注册制还需要一系列的改革，对监管机构的监管能力也提出了更高的要求，否则会使证券市场秩序混乱，为市场带来一定的风险。市场发展对注册制改革提出迫切要求，条件是否成熟，需要监管层做出判断。

（三）混合所有制改革提速带来政策机遇与挑战

国企改革是一项长期的任务，每一次国企改革都能够引起社会各界的关注。同时，因国企市值占据 A 股总市值达到很高的比例，所以每一轮国企改革都会对中国股市产生巨大的影响。

2015 年 9 月 25 日，国务院公布《关于国有企业发展混合所有制经济的意见》，国企混改顶层设计正式出炉。产权制度改革有四条路径：整体上市、民营企业参股、国有企业并购和员工持股。国有企业的混合所有制改革绝不仅是产权的简单混合，更主要的是治理机制的规范，为企业打造一个符合现代企业治理的有竞争力、能够培养竞争力和创新力的治理体系，让国企在改革中能够增加竞争力和活力。2016 年 9 月 28 日，发改委召开专题会议研究部署国企混改的相关试点工作，将东航集团、联通集团、南方电网、哈电集团、中国核建和中国船舶等中央企业纳入七大领域中的试点企业。2016 年 12 月 16 日，中央经济工作会议再次强调，混合所有制改革是国企改革的重要突破口，按照完善治理、强化激励、突出主业、提高效率的要求，在电力、石油、天然气、铁路、民航、电信和军工等领域迈出实质性步伐，加快推动国有资本投资运营公司改革试点。2017 年，混合所有制改革进入“突破”阶段，4 月发改委召开新闻发布会，表示前两批 19 家混改试点企业名单已经基本批复，第三批试点遴选工作正着手进行。6 月以来，国企改革再次加速。6 月 26 日，中央深改组审议通过《中央企业公司制改制工作实施方案》，强调 2017 年年底前基本完成国有企业公司制改制工作，以推进董事会建设为重点，完善公司法人治理结构，实现权利和责任对等。

与此同时，在“混合所有制改革”的大趋势下，市场保持相对乐观的态度。图 16 显示了近一年来国企混改指数走势。可以看出，在

2016年年底公布混合所有制改革的主要领域和政策后，迎来了市场的一波上涨行情。作为央企混改试点中唯一一家A+H股公司，中国联通在混改中具有“旗手”的地位。作为央企混改第一枪，中国联通于2017年8月16日公布混改方案后，次日万德混改指数大涨2.27%，列入首批混改试点名单的央企旗下上市公司股价更是纷纷大涨，随着8月20日混改方案的再次亮相，市场对于央企混改的预期升温。同时，在此次中国联通的混改方案中，腾讯、百度、阿里巴巴、京东四大互联网巨头作为战略股东的加入尤其引人注目，不少列入混改试点名单的央企也纷纷对互联网巨头抱以开放态度，“混改热+互联网”正成为当下央企混改的主要特征。中国联通混改方案的落地对央企混改起到了示范和推动作用。随着混改试点企业复牌的临近及混改方案的披露，市场对国企混改预期升温，混改题材刺激资金进场，其他行业的混改也会让人想象与炒作。国企重组改革领域可能会带来一大波新的投资机会。

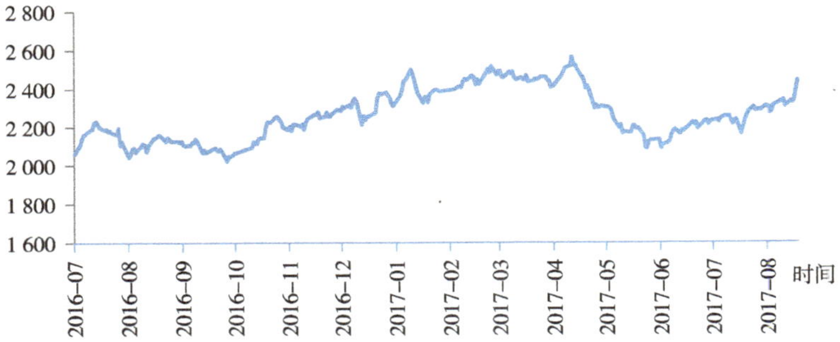

图16 国企混改指数时间序列

数据来源：Wind数据库。

然而，在历年的多次国企改革中，也暴露出不少的问题。更多的时候，因改革牵涉利益集团的切身利益，相关的改革工作往往举步维艰。以混合所有制改革为例，在党的十六届三中全会上被大力提及。然而，时隔多年，混合所有制改革工作的进程相当缓慢。相反，国企的垄断特权问题却愈发强烈。数年后，在党的十八届三中全会上，管理层再度提出“积极发展混合所有制经济”。其实，“混合所有制改革”本来可以在数年前落实，却被拖延至今。至此，即使混合所有制改革被再度提及，且落实的力度有所强化，但我们对国企改革的难度要有足够的认识。

多年来，国企拥有社会大量的优质资源，结合国家政策的大力保护，即使发生投资亏损等问题，都会有国家兜底救市。最终，国企逐渐形成了严重的依赖症。于是，长期以来，国企执行效率低下，严重浪费社会资源以及企业管理者腐败等问题逐渐浮现。值得一提的是，因国企长期存在政企不分等问题，企业的执行效率进一步降低。此外，因长期存在的利益集团的强力干预，任何具有影响力的国企改革措施均遭遇到顽固的抵抗，这也是国企改革迟迟无法落实到位的原因之一。因此混合所有制改革确实存在巨大的阻力。一方面，目前的改革仍然属于“摸着石头过河”的阶段，未来改革的进程能否顺利还很不确定。另一方面，因相关的体系尚未完善，民资也不敢盲目进入。开展混合所有制改革的障碍之一，在于如何界定国有资产流失的细则尚未发布，所以国有资产及国有股权定价在实务操作上仍缺少明确的依据，这个问题不解决，混改的推进必然是小心翼翼的试探局面。随着国企改革继续向“深水区”推进，混改的重要性虽然不断提升并且进入落地阶段，但是对于混合所有制改革还是不能盲目乐观，毕竟未来还有很长的路要走。

如何有效落实混合所有制改革的举措，无论对中国经济，还是对中国股市，都会起到举足轻重的作用。对经济而言，混合所有制改革将有效推进银行业务结构的优化及改革转型的进程。对股票市场而言，随着混合所有制改革的进一步落实，将会激活大盘蓝筹股的行情，市场将反复聚焦，对市场形成有力的政策红利刺激的同时，混改的成功与否也将牵动A股市场的神经。

（四）融资融券业务的不对称发展增加了市场风险

1. 融资融券业务现状

融资融券制度作为一项创新业务，自2010年3月31日正式启动以来备受关注。融资融券交易是中国资本市场推进基础性制度建设的一项重要举措，对完善证券交易机制、形成合理规范的资金、证券融通渠道建设，提高资本市场运行效率有着重要意义。两融业务最终是为反映上市公司的合理价格服务的，是为推动上市公司的资源配置服务的。因此，两融业务发展的可靠性和有效性，不应成为助涨助跌的市场工具，而应成为反映上市公司内在价值的价值体系。

2015 年上半年，伴随一轮迅速崛起的牛市行情，沪深两市融资融券余额规模的增长也如开闸泄洪，大有一发不可收拾之势，2015 年股灾以来，A 股持续调整，A 股流通市值大幅下滑，两融余额的下滑更为明显。2016 年 1 月以后未继续下滑，两融市场一直处于不温不火的状态，保持在 8 000 亿 ~ 9 000 亿元的水平，这也使得两融余额占流通市值的比例长期围绕在 2.5% 一线波动，较牛市高峰期已下降一半。2016 年 12 月，经中国证监会批准，沪深交易所对《融资融券交易实施细则》进行了修订，将静态市盈率在 300 倍以上或为负数的 A 股可充抵保证金折算率下调为 0%，也就是说，静态市盈率在 300 倍以上或业绩亏损公司的股票，将不能折算为融资融券保证金。此举可提高融资融券担保物质量，降低融资融券业务风险，有利于引导投资者理性投资、价值投资。同时，根据“新规”，两所还同步扩大了融资融券标的股票范围，将标的股票数量由 873 只扩大到 950 只，其中，上交所由 485 只增加至 525 只，深交所由 388 只增加至 425 只，拓宽标的股票的覆盖面有助于满足投资者多样化投资需求。图 17 显示了 2015 年股灾至 2017 年 7 月两融余额的变化。

目前，两融利率仍居高不下。据 Wind 数据，目前券商的融资利率普遍在 8.35% ~ 8.60%，融券利率为 8.35% ~ 10.60%，与 A 股融资融券业务几年前刚推出时相比并无明显变化，只有少数中小型券商为抢夺市场，将融资利率降至 8% 以下。这一格局与券商经纪业务佣金率逐年下滑的趋势形成鲜明对比。

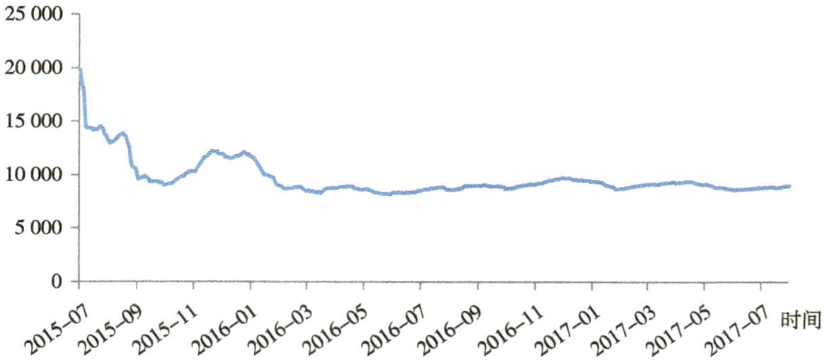

图 17　2015 年 7 月至 2017 年 7 月日融资融券总余额（亿元）

数据来源：Wind 数据库。

从各行业两融余额占比看，最近一年来，杠杆资金的偏好已发生了一定的变化。两融余额占比前 5 位的行业中，制造业和信息传输、软件行业的占比有所下降，金融业和房地产业有所提高。其中，制造业的占比下降最大，已从 2016 年 7 月 1 日的 48.13% 降至最新的 45.81%，下降 2.32 个百分点。与之相对应，房地产行业从 5.31% 升至 6.44%，提高了 1.13 个百分点。金融行业也提高了 1 个多百分点。批发和零售行业变化不大（见图 18）。

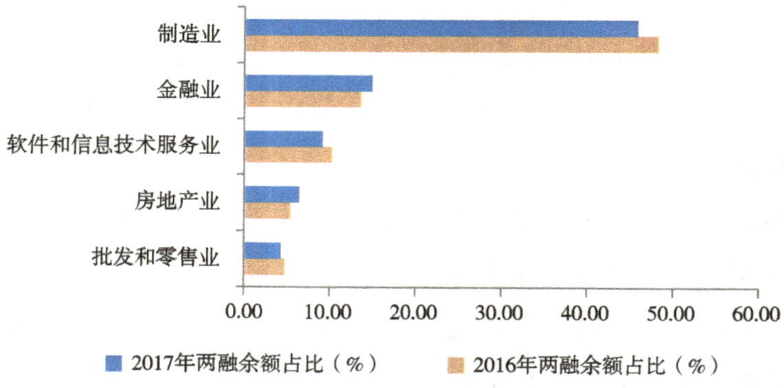

图 18　主要行业两融余额占比变化

数据来源：Wind 资讯。

2. 两融业务的不对称发展增加了市场风险

两融业务开展以来，对促进资本市场流动性，提高证券交易效率，形成有效的股票价格体系，推动资源优化配置方面，发挥了积极作用。但由于发展极不平衡，存在诸多不协调因素。两融业务发展陷入了窘境，而这凸显的并非两融业务本身的尴尬，而是资本市场发展过程中制度建设的滞后。2015 年上半年疯长的两融业务背后，不乏非理性因素的驱动。投资者和券商在操作和心理上都还未成熟，两融市场仍存在着很大的风险。主要体现在三个方面：

（1）券商违规风险。2015 年初，监管层取消了开设两融账户资产规模下限的窗口指导，两融业务具体资金门槛由券商依据市场情况及风险承受能力等因素自主决定。个别证券公司存在向不符合条件的客户融资融券，向风险承担能力不足的客户融资融券，未按照规定方式为部分客户开立融资融券信用账户等违规现象。允许投资经验不丰富的入市者参与两融业务，这些投资者所面临的风险是巨大的。

（2）两融业务发展不对称带来的市场风险。图 19 显示了近一年的融资与融券余额比，可见比率虽有所下降，但融券业务在整个融资融券业务中的占比仍然非常低。融资融券本身是一个双向业务，融资和融券可以相互制衡，现在的问题在于融资的功能比融券的功能发挥得更强大。无论是机构还是个人投资者，融券比融资相对困难，融券的制衡作用很难发挥出来。如果融资更便利，那么杠杆作用在市场上涨的时候可以起到更大的推动作用而缺乏与之匹配的制衡。2015 年股灾中融资盘对整个市场造成的难以估量的冲击是一个重要的例证。在股价上升时，融资交易的杠杆效应进一步刺激了股价的上涨；而在股价下跌时，融资交易的去杠杆效应则加剧了股价的下跌。因此，如果融资交易的比重显著高于融券交易，那么融资融券制度的实施不仅无助于股价崩盘风险的下降，相反会加剧股价崩盘风险。在经历了 2015 年的股灾风波后，沪深交易所对融资融券交易实施细则进行了修改，融券业务操作的 T+0 模式更改为 T+1 模式，限制了高频交易的风险以及回转交易的次数，对融券业务的发展起到了冲击影响。11 月交易所将“保证金比例不得低于 50%”的规定改为“保证金比例不得低于 100%”后，两融杠杆也由此显著降低。

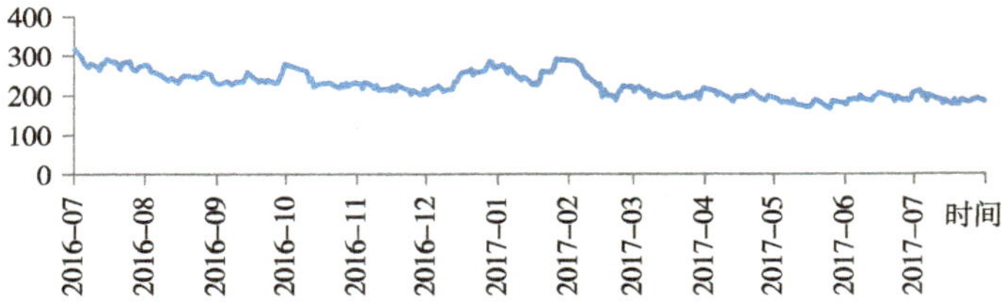

图 19　2016 年 7 月至 2017 年 7 月日融资与融券余额比

数据来源：Wind 资讯。

按照国外成熟市场的情况，融券业务约占融资融券业务规模 1/4 的水平。目前中国市场融券业务极低的占比对市场冲击影响非常有限，很难发挥制衡的作用，从某种程度上是中国两融交易结构发展失衡的真实写照。因此在现有的机制上，融券的机制还有待优先完善。

（五） 程序化交易飞速发展与监管政策选择风险

近年来，程序化交易不仅在海外市场蓬勃发展，而且也开始在中国市场尤其是期货市场崭露头角，越来越受到市场各方面的关注。随着大数据、云计算、人工智能等领域的发展，金融科技对市场的影响会越来越大。金融机构的投资会更加智能化，使用量化投资策略、统计套利策略进行交易，由经验决策级别逐渐发展到人工智能阶段，采用程序化交易的比率也会进一步提高。

程序化交易在欧美发达国家的金融市场上应用较为广泛，在日本、韩国以及中国香港等亚洲发达市场次之，在发展中国家的市场上使用则少一些。在 A 股市场，程序化交易总体上还处于起步的阶段。2005 年首批交易型开放式指数基金（ETF）上市后，由于套利交易的需要，程序化交易开始出现。在 2010 年股指期货上市后，主要应用于期货高频日内交易、交易型开放式指数基金套利/股指期货套利和算法交易。程序化交易虽在中国发展只有数年，但 2013 年光大证券“乌龙指”事件，令这种自动化交易模式在国内已有相当知名度；2015 年六七月的暴跌行情，则使程序化交易进一步进入监管层的视野。

程序化交易能够使资本市场各参与方受益，主要体现在三个方面：一是通常情况下，程序化交易可以降低交易冲击成本、增加市场流动性、平抑市场波动、提高价格发现效率；二是程序化交易可以拓展金融产品和服务的创新空间，使原来不可能的业务变为可能；三是程序化交易可以为直接投资者和理财机构提供更为丰富的盈利模式和机会，促进差异化竞争；同时在此过程中自然促进机构投资者队伍的壮大。

但是，在市场大幅波动的情况下，程序化交易更容易对市场和个股产生助涨助跌的效用。虽然大多数程序化交易使用的是中性策略（即同时通过构建多头和空头头寸以对冲市场风险），但这种策略需要通过大量买入或卖出一揽子股票，并配合做空或做多股指期货来完成。因此在一定时期内就会对市场产生较大影响。另外，在 2015 年六七月的行情中，市场尾盘出现的全市场共振的断崖式下跌，也与程序化交易有着密切关系。过于追逐短线趋势加大了市场波动，特别是市场异常波动如果与程序化交易形成循环反馈，会构成系统性风险。

随着中国上市公司越来越多，期货和期权等衍生品种不断丰富，发展量化对冲策略的条件已经成熟，程序化交易作为执行量化对冲策略的一种很好的技术手段，必将进入一个快速发展的阶段。与之相对应的，在技术和监管方面也会带来新的挑战。在个人投资者交易占比超过 80% 的中国股市尤应审慎，加强监管势在必行。程序化交易市场发展的风险主要体现在四个方面：

（1）相关法规仍处于征求意见阶段。2015 年 10 月，证监会发布了《证券期货市场程序化交易管理办法（征求意见稿）》（以下简称《办法》），《办法》明确列举了禁止的程序化交易，主要包括证券自买自卖、期货自成交、频繁报撤且成交较低、影响收盘价、误导他人交易、制造趋势以影响价格及其他等七类。《办法》首次将程序化交易定义为通过既定程序或特定软件，自动生成或执行交易指令的交易行为。但是，目前关于程序化交易的明确定义、源代码的知识产权保护、投资策略的保密、异常交易的界定标准等问题在业内仍有很大争议，监管范围尚有待明晰。由于上述监管规则限定诸多，在征求意见阶段业内人士对此意见颇多，证券、期货公司也面临操作和技术上难以实施的问题等，程序化交易管理办法一直处于暂缓出台状态。

（2）缺乏跨市场的综合价格稳定机制。程序化交易往往涉及期货、现货及相关联的证券品种，需要在监管部门、各证券/期货交易所等多个层面建立跨市场、跨品种联动的价格稳定机制；为防范高频交易所引发的市场系统性风险，考虑在中国股指期货市场中实施海外市场中逐步采用的价格波动带、熔断机制等新规则。

（3）技术风险。程序化交易高度依赖技术系统，交易所需要建立全仿真测试环境并提供完善的接入机制，为市场参与者进行完整的系统测试和模型验证提供支持，才能减少技术系统缺陷或算法策略缺陷带来的市场风险。

（4）证券公司的业务风险。证券公司需要在技术和业务层面重视程序化交易实时风险控制体系建设，及时发现、防范因模型缺陷、系统缺陷所导致的非预期交易订单；根据程序化交易的特点，针对程序化交易健全客户分类服务管理、适当性准入管理，使投资者充分了解程序化交易的风险特征；为高频程序化交易投资者配备独立的交易订单处理系统、交易报盘通道，防范高频程序化交易冲击影响普通客户的正常交易。

程序化交易是证券期货市场发展的大势所趋。目前期货市场已有接近三成的期货投资者采取程序化交易，其中有很多投资者利用程序化交易进行高频交易。但是，在当前投机炒作仍较明显和中小投资者比例居高的背景下，通过程序化交易完善价格发现机制还有很长的路要走。因此，对程序化交易仍需要加强监管，促进市场的健康发展。

（六）衍生品市场逐步发展，但品种有限、工具间缺少平衡

1. 期权市场热情逐渐点燃

自从2015年2月9日上证50交易型开放式指数基金期权正式上

市，中国证券市场进入期权时代，为对冲风险和资产保险方面提供了新的工具。图 20 反映了上证 50 交易型开放式指数基金期权上市以来的月成交量情况。2015 年股灾后，随着经济数据的表现以及人民币汇率企稳，上证综指已经触及低点反弹，不过比 2014 年 6 月份触及的高点仍有 20% 左右的跌幅，市场成交也持续萎缩，股指期货的成交量也有所回落。相比之下，交易型开放式指数基金期权的成交量在股灾后也一直稳步增长，2017 年 5 月开始期权的交易量更是有大幅上升的趋势，说明期权已经变成了杠杆和对冲交易的重要选择。2016 年下半年，交易型开放式指数基金期权总成交量 5 239. 2 万张，2017 年上半年，交易型开放式指数基金期权总成交量 6 862. 5 万张，同比增长 166. 3%。从认购和认沽两种类型的期权看，2017 年上半年认购期权合约成交量 3 933. 4 万张，认沽期权成交量 2 929. 1 万张，与前半年相比，认购与认沽期权成交量分别增加了 863. 9 万张和 759. 3 万张，涨幅分别为 28. 1%，35%。PCR 指标（认沽/认购期权成交量之比）一直处于短期震荡中，说明市场多空之势相互交替，市场趋于稳定，但是其数值大都维持在 70% ~90% 的水平变动，说明市场整体多头势力较强，市场情绪较为积极。

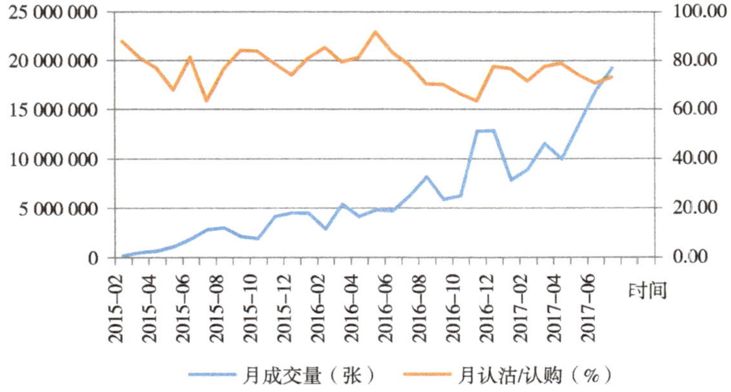

图 20　ETF 期权月成交情况及 PCR 指标

数据来源：上海证券交易所。

图 21 为交易型开放式指数基金期权的隐含波动率时间变化。总体

看，看跌期权的波动率要高于看涨期权。特别是在2016年11月底受交易型开放式指数基金分红的影响，两者的差值有所拉大。相比50交易型开放式指数基金期权2015年出现的高波动率水平，2016年开始隐含波动率水平整体稳定到比较低的水平。一方面隐含波动率反映了市场投资者的情绪和对于市场动向及预期，同时也反映出交易型开放式指数基金期权部分替代股指期货成为发挥杠杆和实现对冲交易的重要选择。期权的风险管理功能逐渐为市场及监管层认可。

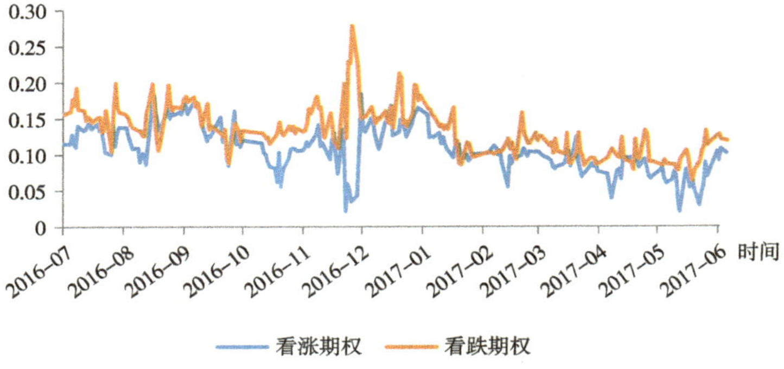

图21　ETF期权隐含波动率变化

数据来源：Wind数据库。

图22反映了自交易型开放式指数基金期权上市以来中国波指（iVX）与50交易型开放式指数基金价格的变化。中国波指是由上海证券交易所发布，通过对50交易型开放式指数基金期权价格的计算以衡量未来30日的预期波动的指数。从数据看，两者的走势有同时呈现上升或下降的阶段，特别是开通后的1年间存在一定的正相关性，交易型开放式指数基金期权的系统风险总体看为正。而对美国市场的S&P500指数与对应的股指期权的研究结果表明，两者之间存在很明显的负相关性，形成了对比。从2016年开始两者的相关性有所变化，呈现一定的负相关性，从定价的角度看，50交易型开放式指数基金期权从定价偏高逐渐趋向合理。

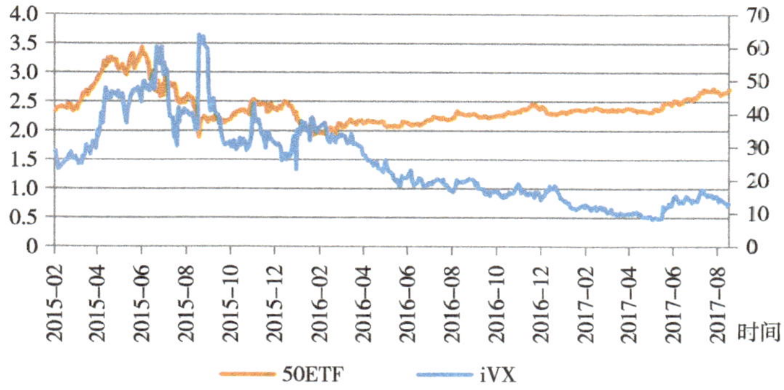

图 22　iVX 指数与上证 50ETF 价格的变化

数据来源：Wind 数据库。

2. 沪深 300 股指期权上市步伐有望加速

2017 年 5 月，上海衍生品市场论坛上，证监会副主席方星海表示将逐步扩大商品期权试点，继续推动股指期权上市。由于 A 股加入明晟公司围绕的两个条件之一是境外市场需要有基于中国股指的衍生品推出，而截至目前，豆粕、白糖期权已分别于 2017 年上半年推出，若按照 2018 年 6 月 A 股正式纳入明晟公司指数的时间表看，“中国版”的股指期权或有望在此之前推出。从已有的股指衍生品看，目前上线时间最长、运行最成熟的当属沪深 300 期指，同时也基本囊括了现有的大部分明晟公司成分股，未来股指期权试点或将其作为“首选”。

随着股指期权的推出，A 股市场的现指、期指、期权的“拼图”将得以完整。此外，对于机构投资者而言，风险管理工具将不会仅局限于期指，而可以通过期权、“期指 + 期权”的方式来对冲风险，这也有利于 A 股指数平稳运行。股指期权与股指期货虽然同为风险转移工具，但期权的回报结构与中国现有的金融产品比如股票、期货或掉期都不一样，因此对未来不同市场状态的风险分散能力迥异。后者的回报结构是纯线性的，未来标的物价格上涨或下跌直接对应着这些金融产品回报的上涨或下跌，使得它们的金融风险管理功能大打折扣。相比而言，股指期权的回报结构是凸形的，即在某些市场状态下期权的回报是不随标的物的价格变化而变化的。这个特性使期权在金融风险管理和投资策略上大有用武之地。比如，某投资者看多股指，但可能不太确定自己的判断或者只是想节约投资成本，那么他可以利用期权构造一份牛市价差策略，这个策略可以控制未来股指下跌的损失，同时如果股指上涨又会带来一定的正回报。又比如，某基金经理很担心未来一段时间内股指波动率会加大，因为这样会增加投资收益率的不稳定性，这时他可以通过构造一份跨式期权进行保险。跨式期权的好处在于未来股指无论上涨还是下跌，只要波动率加大就可以给投资者提供正回报。再比如，某投资者与上面的基金经理观点恰恰相反，他觉得未来一段时间内股指会比较稳定，这时他可以构造一份蝶式期权来实现投资目标。因此，由于回报结构呈现凸形，简单的看涨和看跌期权可以通过各种不同的组合形成非常丰富的投资和避险策略，拓宽投资人的风险管理工具选择范围，满足各种投资避险需要。而这些功能是其他现有任何金融产品所实现不了的。

同时，由于同一标的物的不同期权对应着不同的执行价格和到期日，期权价格中包含了丰富的有关标的物的信息含量，尤其值得一提的是这些信息含量都是市场投资者对于未来标的物的预期。比如，从一个月到期的期权价格中可以估计出投资者对未来一个月后标的物价格的整个分布函数，这对于了解市场情绪和投资者预期有非常重要的帮助。国内外学者也发现，从期权价格中倒推出来的隐含波动率可以用来预测标的物的未来波动率，而且隐含波动率中包含的信息量超过了基于历史数据的波动率预测指标。鉴于此，不少成熟的国外期权市场开发了被称为“恐慌指数”的市场波动性指数（VIX），用以衡量和实时监测市场投资者的情绪，对于把握市场动向和预期起到了积极的作用。

从上面可以看到，期权是功能与现有金融产品大不相同的新产品，因而对完善金融体系和扩大投资者的投资机会具有重要的意义。从现有国外成熟金融市场的经验看，股指期权的推出有利于改善现货市场的质量，提高流动性，降低系统性风险和波动率，促进股市的定价效率，它的功能是现有其他金融产品不可复制和取代的，尽快推出股指期权产品具有重大意义。

3. 监管政策调整后股指期货交易量有所恢复

2015 年股灾后，监管层加强了对股指期货的管理，为抑制过度投机，从 2015 年 8 月开始逐步加大对金融期货的管控，出台了最严管控措施，金融期货交易量大幅萎缩。2017 年 2 月为了提高投资者的热情，增强市场流动性，对相关政策进行了调整（见表 1）。

表 1　2017 年 2 月股指期货交易保证金标准调整表

股指期货相关政策	调整前	调整后
日内过度交易行为的监管标准	10 手	20 手
非套期保值交易保证金	40%	沪深 300、上证 50 股指期货为 20%，中证 500 股指期货为 30%
平仓交易手续费	万分之二十三	万分之九点二

图 23、图 24、图 25 分别反映了沪深 300 股指期货（IF）、上证 50 股指期货（IH）、中证 500 股指期货（IC）当月连续合约的成交量和走势。从三个图可以明显看出，三种合约在政策调整后，投资热情有一定的提高，成交量有所放大，但是成交量仍然未超过 2015 年 7 月、8 月股灾期间的 1/10。中证 500 股指期货（IC）在过去的一年中成交量呈现“V”字形，也部分反映了市场投资风格的转变。

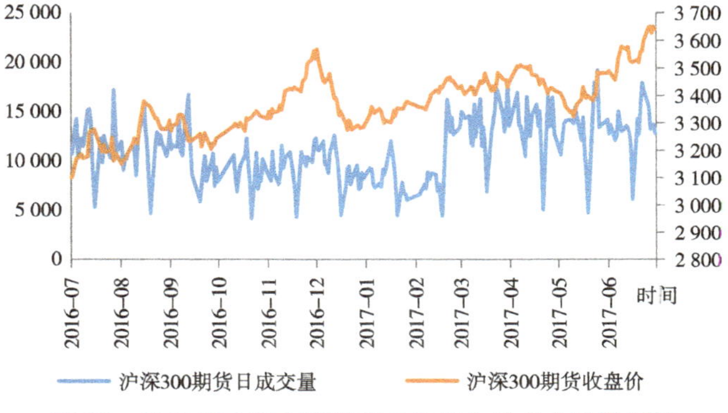

图 23　沪深 300 股指期货当月连续合约成交量及走势

数据来源：Wind 数据库。

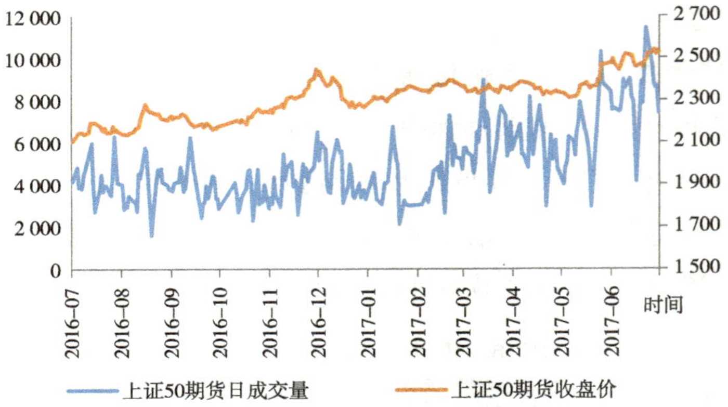

图 24　上证 50 股指期货当月连续合约成交量及走势

数据来源：Wind 数据库。

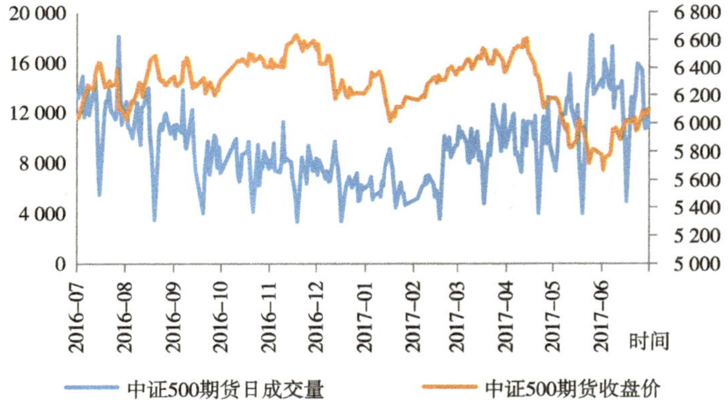

图 25　中证 500 股指期货当月连续合约成交量及走势

数据来源：Wind 数据库。

关于股指期货和现货之间的联动关系，我们采用动态条件相关模型（Dynamic Conditional Correlation，DCC）分析。DCC 模型能够简洁地刻画投资组合中资产相关性的动态结构。基本描述如下：

$$r_t \mid \Omega_{t-1} \sim N(0,H_t), H_t = D_t R_t D_t ,$$

$$\sigma_{i,t}^2 = \alpha_i + \beta_{i1} r_{i,t-1}^2 + \beta_{i2} \sigma_{i,t-1}^2 ,$$

$$D_t = \mathrm{diag}(\sigma_{1,t}, \sigma_{2,t}, \cdots, \sigma_{n,t}) ,$$

$$\varepsilon_{i,t} = r_{i,t}/\sigma_{i,t} ,$$

$$q_{ij,t} = \bar{\rho}_{ij} + \alpha(\varepsilon_{i,t-1}\varepsilon_{j,t-1} - \bar{\rho}_{ij}) + \beta(q_{ij,t-1} - \bar{\rho}_{ij}) ,$$

$$\rho_{ij,t} = q_{ij,t}/(\sqrt{q_{ii,t}q_{jj,t}}) ,$$

$$Q_t = (q_{ij,t}) ,$$

$$R_t = \text{diag}(1/\sqrt{q_{11,t}},1/\sqrt{q_{22,t}},\cdots,1/\sqrt{q_{nn,t}})Q_t\text{diag}(1/\sqrt{q_{11,t}}, 1/\sqrt{q_{22,t}},\cdots,1/\sqrt{q_{nn,t}})$$

其中，Ω_{t-1} 为至 $t-1$ 时期所有可能获取的信息集合；$\boldsymbol{r}_t=(r_{1,t},r_{2,t},\cdots,r_{n,t})^T$，为 n 个资产 t 时期的对数收益率向量，它服从具有时变方差的多元正态分布；$\sigma_{i,t}^2$ 为 $r_{i,t}$ 的方差，假设其服从 GARCH（1，1）过程；$\text{diag}(\sigma_{1,t},\sigma_{2,t},\cdots,\sigma_{n,t})$ 为以 $\sigma_{i,t}$ 为对角线上元素的对角阵；$\bar{\rho}_{ij}$ 为根据标准化残差ε_t所计算出的无条件相关系数，可以看成一个长期的均衡值；R_t为 r_t 的动态条件相关系数矩阵。注意到R_t同时也是ε_t的协方差阵。因此对R_t的时变结构刻画也使用一个 GARCH（1，1）过程描述。α，β 为待估参数。

模型的估计采用极大似然估计，平均对数似然函数可以写成：

$$L = -\frac{1}{2T}\sum_{t=1}^{T}(n\ln(2\pi) + \ln|H_t| + r_t^T H_t^{-1} r_t)$$

$$= -\frac{1}{2T}\sum_{t=1}^{T}(n\ln(2\pi) + 2\ln|D_t| + r_t^T D_t^{-2} r_t - \varepsilon_t^T\varepsilon_t + \ln|R_t| + \varepsilon_t^T R_t^{-1}\varepsilon_t)$$

$$= -\frac{1}{2T}\sum_{t=1}^{T}(n\ln(2\pi) + 2\ln|D_t| + r_t^T D_t^{-2} r_t)$$

动态条件相关系数是金融资产或金融市场趋同度的重要指标。动态条件相关系数高说明资产价格走势趋同程度大，市场一体化程度高。表明股指与股指期货收益率的相关系数受前期的影响较大，其相关性具有较强的持续性特征。表 2 为模型参数的估计结果。

表 2　动态相关系数表

现货期货种类	α	β
沪深 300 指数与沪深 300 股指期货（IF）	0.149 0	-0.130 0
上证 50 指数与上证 50 股指期货（IH）	0.147 0	-0.037 3
中证 500 指数与中证 500 股指期货（IC）	-0.027 7	0.946 6

图 26、图 27、图 28 分别描述了三种股指期货与股指现货的动态相关系数估计结果的时间路径。

从表 2 和图 26、图 27、图 28 可以比较直观地得出以下特点：一是在这段样本期间（2016 年 7 月至 2017 年 6 月），三个股指期货都与相对应的现货市场呈现正相关，动态相关系数也比较高，说明一个市场的波动能够传导到另一个市场。β 是反映相关系数受前期影响的指标，比较三种股指期货品种，中证 500 指数与中证 500 股指期货的相关系数受前期的影响最大。二是动态相关系数随时间变化的特征比较明显，具有比较显著的时变性。沪深 300 股指期货和上证 50 股指期货的动态相关系数整体比较平稳，但在交割日附近变化比较大。在保证金调整期间也有一定的波动幅度，这与市场交易规模的增加有着直接的关系。与之相对应，由于受前期影响比较大，中证 500 股指期货的动态系数呈现“锯齿”形状，波动并不限于交割日附近，并且在保证金调整前后没有明显的变化。

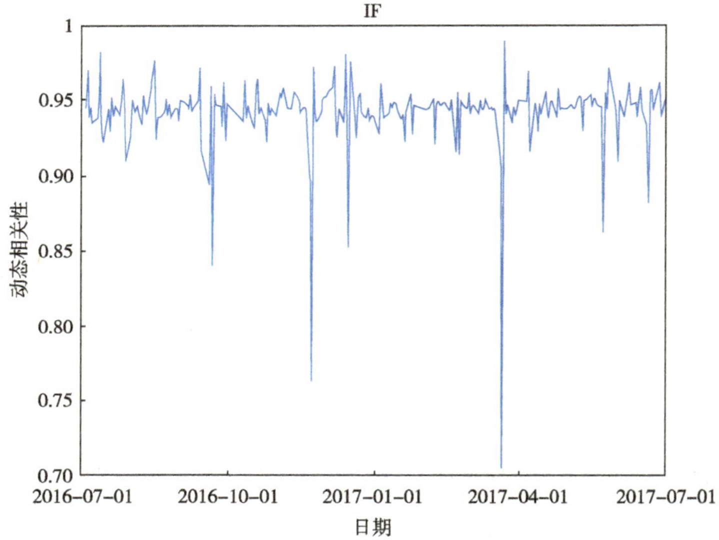

图 26　沪深 300 股指期货与现货动态条件相关系数

数据来源：Wind 数据库。

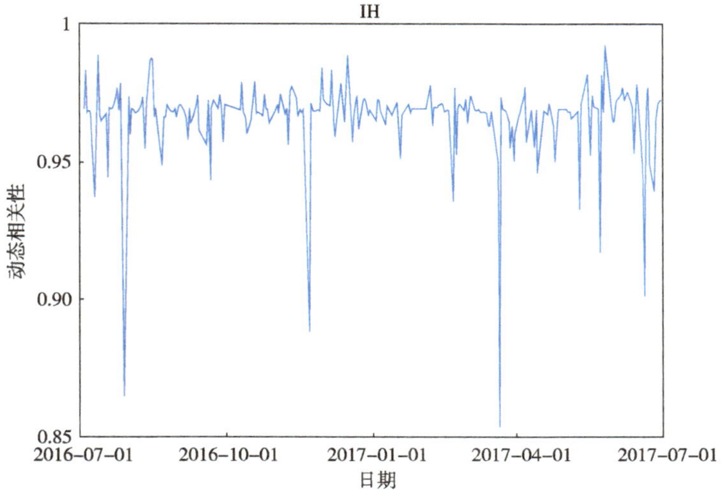

图 27　上证 50 股指期货与现货动态条件相关系数

数据来源：Wind 数据库。

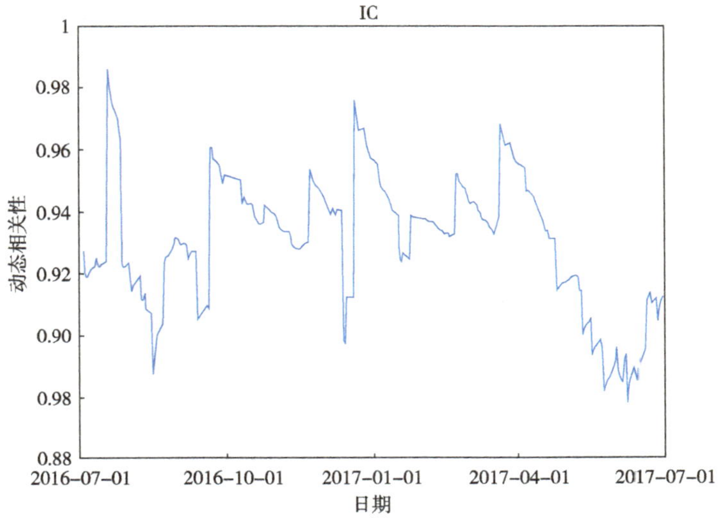

图 28　中证 500 股指期货与现货动态条件相关系数图

数据来源：Wind 数据库。

4. 衍生品市场的主要风险

新的股指期货和交易型开放式指数基金（ETF）期权上市之后，投资者在参与方式、持股结构、投资理念等方面迎来了变革，股市过度交易、高换手率的特征有所改善，风险管理理念开始普及，机构乃至个人投资者越来越多地使用股指期货和交易型开放式指数基金期权进行风险对冲，A 股市场投资进入对冲新时代。

然而，在新的衍生工具提供避险功能的同时，它们的高杠杆作用也带来很大的市场风险。特别是由于中国衍生品市场发展的历史还比较短，投资者缺乏风险意识和相应的风险防范措施。同时当前市场衍生工具不够丰富均衡，工具的作用还不能完全发挥。股指期货和交易型开放式指数基金期权促进了现货和期货市场的不断发展，促进了中国证券市场化的进程。同时，风险也是不容忽视的。

（1）投资主体风险。目前，中国股指期货市场个人投资者比例仍然很高，使得套期保值者远少于投机者。这些投资者中许多是由股票市场转入股指期货市场的，而中国的股票市场投机氛围浓厚，投资者不仅缺乏对期货市场的基本了解，而且缺乏必要的风险意识和控制手段，许多人都有重仓交易、忽视止损等不良投资习惯，这就造成中国股指期货市场投资主体风险十分严重。机构投资者是股指期货交易市场最为重要的主体，从西方成熟的股指期货交易市场看，只有机构投资者的队伍得到壮大，才能使得股指期货市场快速健康发展。

（2）跨市场的系统性风险。分析结果表明，股票市场与股指期货市场有很强的联动性，如果股票市场出现暴跌或暴涨，期货市场同现货市场之间的相关性就易破裂。如果期货市场同现货市场持续深度升水或贴水，价格走向偏离，说明两个市场的相关性破裂，否则，其中的价差可轻易地被套利者利用。在相关性破裂的情况下，期货市场的涨跌有可能从心理上加剧股市投资者对涨跌的预期。反过来，股票市场的涨跌也会影响到期货市场投资者对涨跌的预期。因为跨市场操作很可能加剧两个市场的波动，引发系统性风险。2015 年 6 月、7 月 A 股市场的股灾验证了这种风险的存在。

（3）监管风险。中国目前对金融市场的监管能力不足，相关的制度与法律法规还不够完善，尤其是股票现货市场更是存在着大量内幕交易、坐庄的行为，使得中国股指期货市场监管风险的隐患较为严重，一旦爆发操纵市场的恶性事件，不仅会使套利的有效性下降，而且极易引起逼仓。另外，800 多亿元的合格境外投资者额度，这些境外资金拥有丰富的金融期货交易经验，一旦大量投机于股指期货，必然会造成股指的异常波动。因此，提高监管能力，才有可能应对金融市场的风险。目前，中国关于期货的相关法律法规包括：《民法通则》《公司法》《合同法》《期货交易管理条例》等，但是作为期货市场位置最高的法律《期货法》目前尚缺位，只有加快推进立法工作，才能使得期货交易的权利与义务关系得以明确，为股指期货交易的健康发展保驾护航。

（4）产品发展的不平衡影响双向的工具发挥作用。中国股市的做空渠道一直是很有限的，除了融券之外，只有沪深 300 股指期货、上证 50 股指期货和中证 500 合约。从美国市场的发展看，因为在期货交易中加进了“断路闸”和涨跌停板，大量的机构投资者利用期权交易实现“投资组合保险”策略。事实上，期货在对冲风险方面更有效，期权则在资产保险方面更有效。目前，国内只有股指期货而没有相应的股指期权，上证 50 交易型开放式指数的期权参与者门槛比较高，而且只能化解部分超大盘股的风险，风险泄洪过于集中，很难满足投资者避险以及市场策略多样化的需求。因此现有的制度有两个方面需要完善：

第一，丰富金融衍生工具品种。品种的匮乏导致了在工具上的不均衡；当某一工具发挥单向作用时，有其他工具能够与之对冲制衡，市场就不会极端波动，丧失流动性。从国外市场发展的经验看，期货层面要有股指期货不同品种的合约，有大合约和小合约，小合约也可以让个人投资者通过股指期货的迷你（Mini）合约来实现仓位的对冲，而非卖出股票；需要尽快推出中小板和创业板指数期货，匹配中小创业板现货市场风险管理需求，缓解中证 500 股指期货单一工具过度使用压力。在期权层面上，需要股指期权和个股期权品种的丰富，创新避险机制。只有在金融工具上丰富了品种，在每一个品种制度的建立上完善成熟，这个市场才能够发挥有效的制衡作用，可以更好地保障在各种情况下流动性的有效释放。

第二，完善融券机制。融券机制完善后，市场的流动性也会得到相应的释放。因为融券就是释放流动性，很多获利策略会在市场下跌以后兑现收益，实现收益时需要通过买入股票，这样可以提供流动性。但是，目前国内融资需要支付 8% 以上的资金成本，融券同样需要支付 8% 以上的融券成本。就期权层面来讲也是一样的，如果利用期权实现对冲策略的话，也同样需要有一个完善的融券机制，在市场上做空股票买入期权后，在策略实现时同样需要买入股票和平掉期权头寸。从股指期货层面看，以阿尔法对冲策略为例，可以通过买入股票、做空股指期货来对冲套利；也可以卖出股票、做多股指期货来对冲套利。然而，目前国内由于买入股票做空股指期货没有持仓成本，而卖出股票融券做多股指期货要承担的是融券做空的资金成本，因此，中国绝大多数的对冲机构采用的是买入股票做空股指期货的策略。从市场的角度讲，这样的获利方式本身就会让市场丧失流动性。

三、 股票市场及股权类衍生品市场风险展望

当前，中国经济正经历“三期叠加”下的转型升级，中国经济与世界经济的高度融合是前几轮美国加息周期中所未有的。金融改革开放正在加快推进，改革的艰巨性、复杂性、关联性开始显现，资本市场肩负着“使市场在资源配置中起决定性作用”的重大使命，从外部的人民币国际化战略推进和资本账户开放，到内部的加快利率市场化步伐，无不透露出未来中国金融转型对资本市场的倚重。特别是随着资本市场行情的逐步回暖，如何在股市新常态中实现跨越，考验着决策者的智慧和勇气。在经济全球化和金融自由化进程中，金融工具越来越多，在这样一个资本对外开放与金融创新背景下，中国股票市场所面临的挑战和风

险也将越来越大。

（一）全球货币政策转向可能会带来流动性风险

自2015年12月美联储开启了近10年来的首次加息，2016年6月、2017年3月和6月三次分别再度加息。此外，美联储还于2017年6月发布了首份缩减4.2万亿美元公债和抵押贷款支持债券（MBS）组合计划的明确纲要。美国经济虽然仍有不确定性，但在美国基本面复苏为缩表提供支撑的背景之下，为了防止再次陷入“格林斯潘利率之谜”并使收益率曲线自然陡峭化，缩表似乎势在必行。作为全球货币，美联储的加息和缩表进程一直牵动着全球市场的神经。美联储历史上的多次加息和缩表，实际上是抽走市场美元流动性的渠道，因此流动性冲击的风险不排除会在未来几年进一步显现。与此同时，随着经济数据逐步向好，欧洲与日本国债逐渐脱离负收益率，在连续多年采取超宽松政策后，欧洲和日本已开始讨论货币政策正常化。

尽管各国经济复苏周期不同，金融周期不同步，但是货币政策分化所导致的资本收益率之差，势必导致大量套利活动的产生，最终势必导致新兴市场货币政策立场的逐步趋同与跟进。随着全球货币政策的转向，新兴市场国家面临的资本外流、货币贬值和股市动荡等诸多挑战将会日益加大。

中国作为最大的新兴市场国家，国际资本撤离将带来一定的风险。继2015年811汇率改革之后，人民币对美元汇率走势与股市存在越来越密切的联系，美元加息而引起的人民币汇率波动会诱发股市的下跌风险，给政策制定者和投资者带来挑战。

（二）人民币国际化带来资金的双向流动

伴随2016年10月1日人民币纳入国际货币基金组织特别提款权（SDR）正式生效，资本双向流动规模进一步增加，中国央行对汇率逐步减少了干预。一方面，人民币国际化能够促进货币资本的跨境流通，从而提高国内股票市场上的资金运作效率，提高股票市场的活跃和繁荣程度，对中国股市的发展将起到重要的推动作用。与此同时，伴随沪港通和深港通的进一步完善发展，以及A股被明晟公司纳入明晟公司指数，都会引入更多的国际资本。据估算A股纳入股明晟公司新兴市场指数若允许国际投资者完全投资A股，长期看将会促使国际资产管理机构、养老基金和保险机构逐步向中国大陆股市注入4 000亿美元资金。另一方面，人民币国际化步伐加快也会拓宽国内游资的投资渠道，居民和企业可能会增加其海外资产配置，同时未来人民币波动会对投资者风险偏好造成负面影响，从而可能使资本流出规模增加，对A股的长远流动性可能会有分流作用。

（三）市场投资者结构的变化会带来市场风格的转变

长期以来，以散户为主、机构投资者占比过低的投资格局，导致A股市场形成了交易频繁、换手率高、市场缺乏理性和长期投资理念不成熟等特征。根据国际成熟股市的经验，随着散户投资者的减少，机构投资者主导市场，市场投资风格会更加理性，公司股价的估值更合理。从长期看，A股市场上绩优股的投资回报是最好的，随着监管的不断完善，合格境外投资者、基金、社保等机构基金的不断壮大，在A股正式纳入明晟公司指数后，越来越多的外资机构进入A股市场，未来的机构投资者占比将不断增加，有助于市场向价值投资理念靠拢。随着蓝筹股地位的崛起和散户投资经验的积累，A股市场逐步迈向成熟值得期待。

同时，随着期货和期权等衍生品种不断丰富，衍生品市场在资产管理方面会发挥越来越重要的作用。与此同时，由于衍生品交易规定和策略较为复杂，大部分个人投资者受到知识面、交易工具、资讯及时性和资金量等因素的制约，无法有效地对冲风险，获取长期稳定的收益，很容易遭遇市场风险、操作风险等，在利用杠杆的情况下，损失有可能很严重。机构投资者有着较为强大的研究队伍，拥有全方位的优势，会优先成为使用衍生品者，这实际上也是促进金融衍生品更好发挥作用的关键点。随着未来新的股指期货品种和期权产品的推出，机构在投资者结构中会逐渐处于中坚地位，市场投资风格会逐渐理性。

伴随私募基金行业的爆发式发展，专业机构投资者队伍日益壮大。从 2014 年年初备案制实施到现在，私募行业仅用三年多时间，就走过了公募行业近 20 年的历史，发展速度惊人。中国基金业协会最新统计数据显示，截至 2017 年 6 月底，私募基金管理人已登记 19 708 家，已备案私募基金产品 56 576 只，实缴规模为 9.46 万亿元。其中，专注于二级市场的证券私募基金管理人 7 735 家，管理基金数量 28 559 只，基金实缴规模为 22 758 亿元。专业机构的壮大可以在一定程度上改变目前的个人投资者与政府间重博弈、轻投资的风格，政策制定和实施的效率会有所转变。

（四） 政策调整风险

与注册制改革相匹配，战略新兴产业板的设立与否也一波三折。战略新兴板定位于规模稍大、已越过成长期、相对成熟的企业，与主板、创业板形成衔接，同时也有适度交叉，对多层次资本市场的完善有重要影响。战略新兴板的推出由上交所筹划已久，曾被列为 2016 年证监会的五大重点工作任务之一。随着 2016 年 3 月设立战略新兴产业板的计划从“十三五”规划纲要草案中删除，这一板块还能否设立已成为一个问号。同时，证监会也对“暂缓中概股回归”做出回应，表示关注到境内外市场的明显价差、壳资源炒作等现象，正在对这类企业通过首次公开募股、并购重组回归 A 股市场可能引起的影响进行深入分析研究。2017 年 2 月，证监会主席刘士余在证券期货监管工作会议上讲话称，中概股在美国上市不回归也一样是服务国家战略，这意味着为中概股 2017 年的回归之路定了基调。对于上述三大政策变动，目前没有明朗预期，改革的进度可能被拖延。与此同时，国企混合制改革的推进力度与执行情况，也会影响市场的预期。

监管层对于金融创新产品的态度也会更趋于谨慎。导致 2015 年股市调整有各方面的原因，其中通过两融或场外配资等形式进行的杠杆交易及其在股价暴跌后的放大效应，以及做空方对于现货和期货市场工具的配合使用，一定程度上起到了推波助澜的作用。金融产品创新永远是一把双刃剑，增加了市场活跃度，也可能会加大市场的波动程度。有些时候，即使是交易量非常大的金融衍生产品也面临集中度过高等问题。一方面A股加入明晟公司指数客观上要求有更多的股指相关衍生品推出，但是监管层在股指期权、沪深300交易型开放式指数基金期权等新的衍生工具推出的时间上会趋于谨慎。

资本市场开放与A股的国际化不可逆转。只有有序推进资本市场双向开放，才能更好地服务“一带一路”倡议，深化区域金融监管合作，维护区域金融稳定。加快A股市场的国际化进程，首先需要加速推进A股市场化、法治化进程。金融创新与金融监管是一对矛盾体，两者之间总是呈现出此消彼长的关系。面对日益复杂的国际金融环境，只有与时俱进地完善监管机制，厘清政府与市场的边界、监管者的定位、市场参与者的权利和义务，才能有利于证券市场的长期稳定发展。

参考文献

[1]顾连书,王宏利,王海霞. 我国新股发行审核由核准制向注册制转型的路径选择[J]. 中央财经大学学报,2012(11).

[2]何德旭,周宇. 中国证券投资者保护机制的创新方向与实现路径[J]. 金融评论,2015(1).

[3]吴晓求,等. 中国资本市场2011—2020:关于未来10年发展战略的研究[M]. 北京:中国金融出版社,2012.

[4]邢会强. 证券期货市场高频交易的法律监管框架研究[J]. 中国法学,2016(5).

[5]褚剑,方军雄. 中国式融资融券制度安排与股价崩盘风险的恶化[J]. 经济研究,2016(5).

[6]张晓朴. 系统性金融风险研究:演进、成因与监管[J]. 国际金融研究,2010(7).

中国保险资金运用研究报告

李亚男　马丽娜

摘要： 本报告比较分析了2016年颁布的中国保险资金运用的新政策与以往相关政策的差异，梳理了2004—2016年保险资金运用规模的变迁，剖析了2004—2016年保险资金运用结构的演变，探讨了保险资金运用存在的突出问题，论述了新形势下应对保险资金运用风险的策略，为促进中国保险资金运用持续健康发展，更好地支持实体经济建设，提供数据支撑和决策支持。

关键词： 政策比较；保险资金运用；规模运用；结构风险

保险资金运用已成为现代保险企业生存和发展的重要支柱。截至2016年年末，中国保险行业资产总额达到15.12万亿元，资金运用配置结构逐步优化，保险投资收益稳步提升，已成为支持国民经济建设的重要力量。但在当前全球经济持续低迷，各国继续执行低利率甚至负利率政策，国际政治形势错综复杂，政治、经济形势的不确定性增加，国内经济出现新常态，人民币汇率波动加剧，利差逐步收窄，国内面临资产配置荒的背景下，中国保险资金运用将面临新的机遇和挑战。本报告

作者简介：李亚男，首都经济贸易大学金融学院保险系讲师，理学博士。
马丽娜，首都经济贸易大学金融学院保险系副教授，经济学博士。

将主要探讨中国保险资金运用情况、存在的问题和应对策略，主要内容包括：中国保险资金运用新政策与以往相关政策的差异、保险基金运用总规模的变迁、保险资金运用结构的演变、保险资金运用存在的主要问题以及保险资金运用风险的应对策略。

一、保险资金运用政策的比较

2016 年，中国保监会遵循“放开前端、管住后端”的总体思路，持续推进保险资金运用改革，陆续出台了十余项新政（见表 1），旨在进一步放宽保险资金运用的投资范围、规范保险资金的信息披露和加强保险资金运用的风险管控。

表 1　2016 年颁布的保险资金运用的相关政策

政策名称	发布时间	发布部门
保险公司资金运用信息披露准则第 4 号：大额未上市股权和大额不动产投资	2016 年 5 月 5 日	保监会
关于清理规范保险资产管理公司通道类业务有关事项的通知	2016 年 6 月 1 日	保监会
关于加强组合类保险资产管理产品业务监管的通知	2016 年 6 月 22 日	保监会
关于保险资金参与沪港通试点的监管口径	2016 年 9 月 12 日	保监会
关于促进创业投资持续健康发展的若干意见	2016 年 9 月 21 日	保监会
保险资金间接投资基础设施项目管理办法	2016 年 10 月 12 日	保监会
关于开展财政促进保险资金支持畜牧业融资试点工作的通知	2016 年 10 月 17 日	中国人民财产保险股份有限公司山东省分公司、山东省畜牧局
关于保险资金投资部分存款产品的监管口径	2016 年 11 月 2 日	保监会

资料来源：和讯保险网站。

（一）《关于加强组合类保险资产管理产品业务监管的通知》与《关于保险资产管理公司开展资产管理产品业务试点有关问题的通知》的主要差异

2013 年，保监会发布《关于保险资产管理公司开展资产管理产品业务试点有关问题的通知》（以下简称《试点通知》）。《试点通知》在个别操作细则方面阐述不够明确，为进一步明晰操作细则，保监会于 2016 年 6 月 22 日颁布了《关于加强组合类保险资产管理产品业务监管的通知》（以下简称《业务通知》）。《业务通知》中进一步明确的主要内容有四点。

一是具体化公司申请产品业务试点应当具备的条件，对公司内控管理、部门设置等提出具体要求，确保符合相关条件方可开展相关业务。

二是明确产品基础资产范围应当严格按照《试点通知》的规定执行。

三是细化产品发行与登记服务原则，通过保监会指定的资产交易平台为产品提供登记、发行等业务服务，以规范产品业务行为，有效保护相关当事人的合法权益。

四是明确产品业务具体监管要求，包括产品分类标准、产品业务的禁止情形等。

（二）《保险资金间接投资基础设施项目管理办法》与《保险资金间接投资基础设施项目试点管理办法》的主要差异

2006 年 3 月 23 日，中国保监会发布《保险资金间接投资基础设施项目试点管理办法》（以下简称《试点办法》），允许保险资金投资基础设施项目。为进一步放宽保险资金运用的限定条件、简化行政审批和加强风险管控，2016 年 10 月 12 日，中国保监会发布《保险资金间接投资基础设施项目管理办法》（以下简称《办法》）。《办法》对《试点办法》进行了修订，主要包括四个方面。

第一，拓宽投资空间。将可投项目范围拓展至一切基础设施项目，项目领域不再限于交通、通讯、能源、市政和环保，项目级别不再限于国家级重点项目。《办法》第十条规定：“投资计划可以采取债权、股权、物权及其他可行方式投资基础设施项目。”而《试点办法》第十条规定：“投资计划的投资范围，主要包括交通、通讯、能源、市政、环境保护等国家级重点基础设施项目。”《办法》第十条明确指出保险资金可投资政府和社会资本合作项目，并对拟投政府和社会资本合作项目提出要求。

第二，放宽拟投项目条件。《办法》删除了《试点办法》中有关“项目已投保险”“具有最高级别资质的专业机构出具可研报告”的要求，将“项目控股股东或实际控制人为大型企业，且无不良信用记录”的要求，更改为“融资主体最近2年无不良信用记录”（参见《办法》第十一条）。《办法》删除了《试点办法》中的以下内容：第十二条中有关“自筹资金”和“项目资本金”的要求；有关“项目方必须具备法人资格”的要求；禁投项目中“项目方不具备法人资格”的规定，改为“融资主体不符合融资的法定条件”。《办法》在委托人中增加“其他合格投资者”，而《试点办法》中规定基础设施投资计划的委托人仅限于保险机构，《办法》增加“其他具有风险识别和承受能力的合格投资者”的新主体，拓宽了基础设施债权计划、股权计划的投资主体范围。

第三，简化行政许可。《办法》删除了对委托人业务资质的审批，而《试点办法》的第二十四条要求保险机构作为基础设施投资计划委托人应报保监会批准。《办法》删除了对独立监督人业务资质的审批，而《试点办法》的第六十二条要求独立监督人的资质应报保监会批准。《办法》删除了监管机构对受托人业务资质和投资计划的审批（参见《办法》第二十七条），而《试点办法》第三十二条要求受托人将投资计划报保监会审批。

第四，强化风险管控。《办法》第二十六条规定：“受托人设立投资计划，应当具备相应的投资管理能力。具体规则由中国保监会另行制定。”删除了《试点办法》对受托人公司治理、内控制度、专业人员、注册资本、净资产和负债情况等资质的要求。《办法》删除了《试点办法》第七十七条至八十一条有关委托人风险控制、决策、评估机制的规定，仅要求委托人对投资风险进行实质性评估、合理制定投资策略，自主投资、自担风险。《办法》删除了《试点办法》对债权投资、股权投资、受益权转让的增信要求。《试点办法》第八十六条对债权投资提出了详细的担保要求，例如，担保主体为2A级以上企业、抵质押率不低于5折等；第八十七条要求股权投资取得项目决策权，至少一个董事席位等；第八十八条要求受让受益权、经营权的，应取得所有人连带责任担保承诺并取得2A级以上担保。而《办法》仅要求债权投资具有明确的还款安排，以股权、政府和社会资本合作模式投资的，应当选择收费定价机制透明，具有预期稳定现金流或者具有明确退出安排的项目。

二、 保险基金运用总规模的变迁

自2004年以来，保险行业迅猛发展，保险资金运用改革不断深化，保险资金运用持续健康发展，保费收入、保险行业资产总额和保险资金运用余额均高速增长，保险资金投资收益率总体上呈现波动式上涨态势。

（一） 保费收入

2004年以来，中国保险行业的迅速发展、保险观念的逐步形成，以及保险资金投资理念的建立，推动中国保险收入呈现高速增长态势。保费收入从2004年年末的4 318.13亿元攀升至2016年年末的30 959.1亿元，历史最高保费收入是历史最低保费收入的7.17倍，平均每年新增保费2 082.98亿元，年均同比增速高达17.76%。除2011年保费收入同比出现负增长（2011年保费收入较2010年减少188.86亿元）之外，其他年份保费收入均出现同比正增长。2008年保费同比增速创出历史新高，高达39.06%，2011年保费同比增速探底，创出历史新低，为-1.30%。2004—2010年，保费收入同比增速在11%~40%波动。2011年之后保费收入同比持续正增长且增速逐年加快。特别是在2014年高基数的情况下，2015年、2016年仍保持较快的增长势头（见图1）。

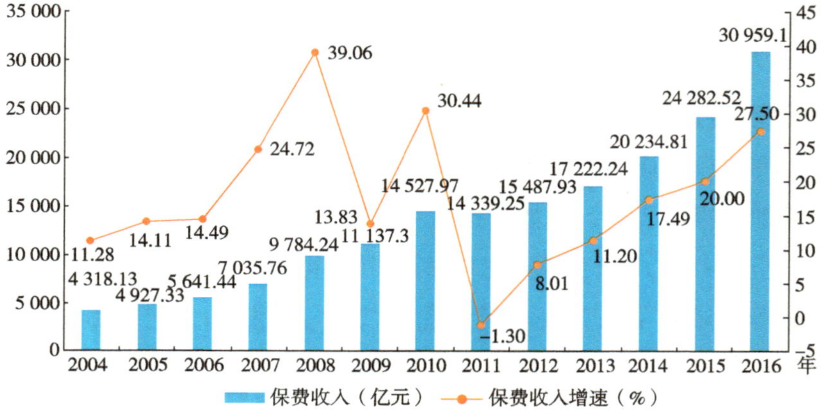

图 1　2004—2016 年保费收入及增速

数据来源：中国保险监督管理委员会网站。

（二）保险行业资产总额

中国保险行业作为重要的资产配置行业，保险资产规模不断攀升。中国保险行业资产总额从 2004 年年末的 11 953. 68 亿元持续飙升到 2016 年年末的 151 169. 16 亿元，平均每年新增资产 10 929. 31 亿元，2016 年年末保险公司总资产是 2004 年年末的 12. 65 倍，年均增速为 24. 39%。2004—2006 年，同比增速在 30% 附近波动，2007 年创出最高历史同比增速，高达 46. 73%。2008—2016 年，除 2013 年总资产增速为 12. 7% 外，其他八年的保险业总资产增速稳定在 20% 左右（见图 2）。伴随着保险资金投资渠道逐渐放开、保险业务整体稳健发展、监管政策的全面完善，保险作为“社会稳定器”“经济助推器”的作用日益凸显。

（三）保险资金运用余额

中国保险资金运用余额从 2004 年年末的 10 778. 62 亿元一路攀升至 2016 年年末的 133 910. 67 亿元，2016 年保险资金运用余额是 2004 年的 12. 42 倍，年均增加 9 628. 59 亿元，年均同比增速为 23. 65%。2007 年同比增速最高，为 49. 83%。2013 年同比增速最低，为 12. 15%，其余年份的同比增速在 23% 附近波动，特别是近三年同比增速稳定在 20%

附近。2016 年，中国保险资金运用余额首次突破了 13 万亿元大关（见图 3）。保险资金可运用余额的不断快速增长，将为保险行业的发展带来新的机遇和挑战。

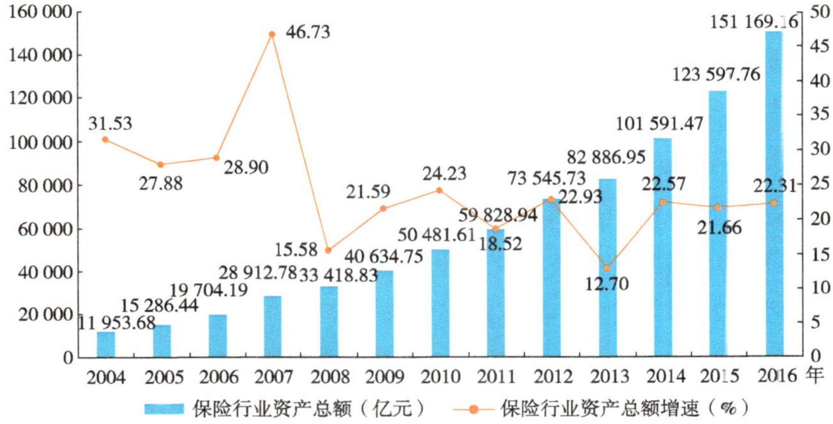

图 2　2004—2016 年中国保险行业资产总额及增速

数据来源：中国保险监督管理委员会网站。

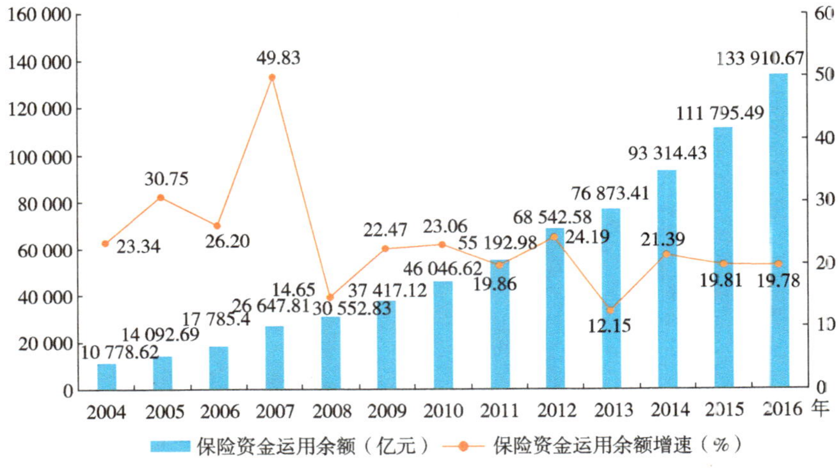

图 3　2004—2016 年保险资金运用余额及增速

数据来源：中国保险监督管理委员会网站。

（四）保险资金投资收益率

保险资金的收益率总体呈现上涨态势，但波动较大。随着保险资金投资资本市场开放程度的增加，保险资金的收益越来越受制于资本市场的兴衰。2007 年中国股市达到历史高点，保险资金投资收益率亦创出历史最高点，高达 12.17%。2008 年爆发全球金融危机，资本市场大幅下挫，保险资金的投资收益率狂跌至历史最低点，仅为 1.91%，低于银行定期存款利率。2012 年保监会进一步放宽了保险资金投资范围，允许保险资金投资于基础设施债权计划、股权、不动产、境外投资和金融衍生工具等领域，保险资金投资收益率在 2013 年、2014 年和 2015 年稳步上升，2015 年的平均收益率达到 7.56% 的历史次高位。保费收入增长迅速，保险资产总量加速积累，保险资金成为投资市场中越来越不可忽视的力量。但在全球经济低迷、复苏乏力的投资环境下，保险资金盈利能力随之下降。2016 年保险资金投资收益率为 5.66%，比 2015 年下降 1.9 个百分点（见图 4）。

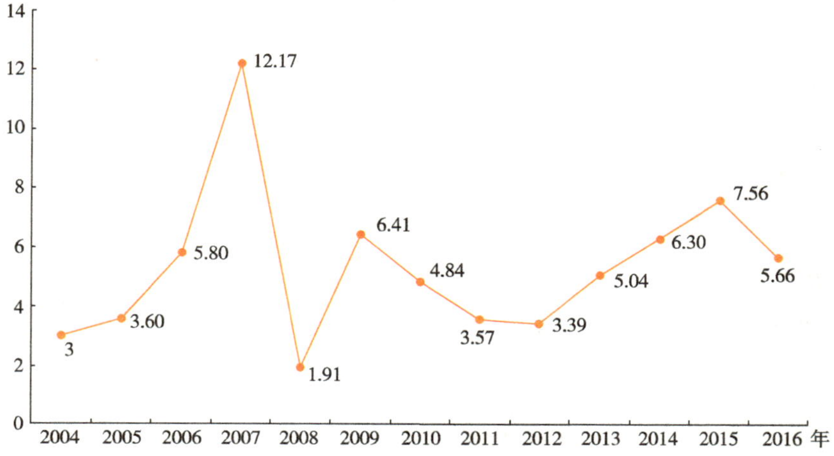

图 4　2004—2016 年保险资金投资收益率（%）

数据来源：中国保险监督管理委员会网站。

三、 保险资金运用结构的演变

自 2004 年以来，保险资金规模快速增长，为促进保险资金保值增值，提高其偿付能力，保监会大力推动保险资金运用的市场化改革，陆续颁布了一系列保险资金运用的规定。在资产配置方面，中国保险资金运用结构配置不断优化，坚持以固定收益投资为主，权益类投资为辅，保险资金运用结构发生了较大变化（见图 5），主要体现在五方面。

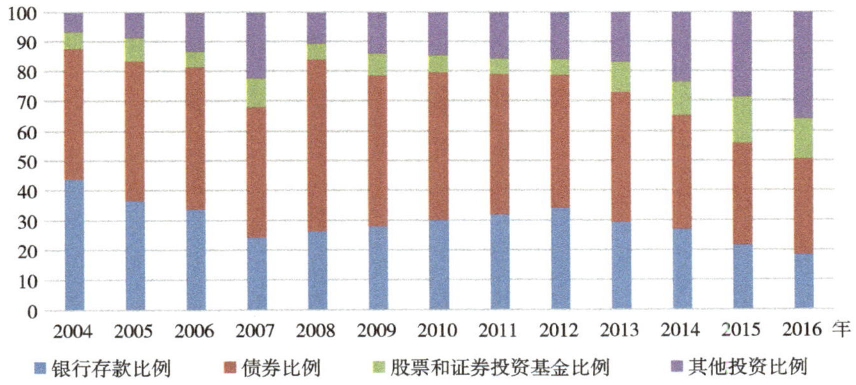

图 5 2004—2016 年保险资金运用结构（%）

数据来源：中国保险监督管理委员会网站。

（一） 固定收益投资占比呈波动式下降趋势

固定收益投资占比总体呈现波动式下降趋势，2016 年创出了历史新低，降幅明显。

2004—2016 年，银行存款和债券占比之和每年均超过 50%，固定收益投资在保险资金资产配置中占主导地位，体现出保险资金运用应以服务主业为目标，遵循安全性原则。但是，传统的固定收益投资占比总体呈下降趋势，从 2004 年的历史最高点 94. 1%，跌至 2016 年的历史最低点 50. 7%，减少了 43. 40 个百分点，降幅明显。这表明保险资金资产配置坚持以固定收益投资为主，但固定收益投资占比总体呈现波动式下降趋势，降幅明显。

（二）银行存款占比呈波动式下降趋势

银行存款占比总体呈现波动式下降趋势，2016 年创出了历史新低，降幅明显。

银行存款占比首先由 2004 年的 47.05% 降至 2007 年的 24.41%。2008 年全球爆发金融危机，导致投资收益降低、好的投资项目减少，保险资金选择回流为银行存款。银行存款占比由 2008 年的 26.47% 持续上升至 2012 年的 34.21%。随着 2012 年和 2013 年保险新政策的逐步实施以及投资市场的逐渐复苏，银行存款占比逐渐减少。2016 年银行存款占比降至 2004 年以来的历史最低点，仅为 18.55%，比 2004 年的历史最高点 47.05% 降低了 28.50 个百分点，比 2015 年降低了 3.23 个百分点。2004—2016 年，银行存款占比总体呈现波动式下降趋势，年均降幅约为 2.38 个百分点，降幅明显。

（三）债券占比总体呈下降趋势

债券占比总体呈现下降趋势，2016 年达到历史新低，降幅明显。

2004—2007 年，债券类资产占比稳定在 43% ~47%。2008 年债券占比创出 57.48% 的历史最高点，随后逐年回落，2016 年债券占比降至 2004 年以来的最低点，为 32.15%，比 2008 年的历史高点 57.48% 降低了 25.33 个百分点，比 2015 年降低了 2.24 个百分点。2004—2016 年，债券类资产占比总体呈现下降趋势，年均降幅为 1.24 个百分点，降幅明显。

（四）股票和证券投资基金占比呈增长态势

股票和证券投资基金占比总体呈现增长态势，2016 年创出历史次高位，但变动幅度不大，占比最低。

2004—2012 年，股票和证券投资基金占比在 6.5% 附近徘徊。2013 年出现明显上浮，首次突破 10%，此后一直在此历史相对高位徘徊，

2015 年达到历史最高点 15.18%。2004—2016 年，股票和证券投资基金占比处于 5.13% ~15.18%，占比最低，但总体呈现增加态势，年均增幅约为 0.59 个百分点。这表明保险资金资产配置坚持以权益类投资为辅，但权益类投资占比总体呈上升态势，变动幅度不大，占比最低。2016 年受股市波动的影响，股票和证券投资基金占比下滑为 13.28%，比 2015 年的历史最高点回落 1.90 个百分点，处于历史次高位。尽管比 2006 年的历史最低点 5.13% 高出 8.15%（增长了一倍多），但距离 30% 的监管比例上限尚存在较大的提高空间。

（五）其他投资占比呈快速增长趋势

其他投资占比总体呈现快速增长趋势，2016 年创出历史最高位，增幅明显。

2004 年保监会颁布了一系列保险资金运用的新政，进一步放宽了保险资金运用的投资范围，调整了保险资金运用的投资比例限定。保险资金的其他投资占比从 2004 年的 7.02% 持续增长到 2007 年的 22.41%。2008 年受全球金融危机的影响，保险资金的其他投资占比出现回落，下滑为 10.66%。2009—2016 年，其他投资占比持续增长，特别是近三年其他投资占比每年约以 5 个百分点的速度增加。2004—2016 年，其他投资占比总体呈现出快速增长趋势，年均增幅约为 2.4 个百分点，增幅明显。自 2013 年以来，中国保险资金主要通过基础设施投资计划、不动产投资计划、资产支持计划等工具对接具体融资项目，在保险资金资产配置中占比最高。2016 年其他投资占比创出自 2004 年以来的历史高位，为 36.02%，比 2004 年的历史最低点 7.02% 增长近 30 个百分点，比 2015 年的历史次高位还高出 7.37 个百分点。

四、保险资金运用存在的问题

随着保险业务的快速发展，可运用资金大量增加，特别是 2014 年 8 月 13 日，《国务院关于加快发展现代保险服务业的若干意见》（简称“新国十条”）发布，到 2020 年，要基本建成保障全面、功能完善、安全稳健、诚信规范，具有较强服务能力、创新能力和国际竞争力，与中国经济社会发展需求相适应的现代保险服务业，努力由保险大国向保险强国转变。新形势、新情况下，险资参与资本市场、服务实体经济发展、促进产业转型、改善经济金融体系效率作用日益显著，同时也意味着保险资金运用将面临新的风险和问题。

（一）保险资金资产与负债不匹配

从资产负债特点看，中国保险资金存在明显的期限错配问题，特别是寿险资金的期限错配问题较为突出。根据中国保监会的统计，20 年以上的资金占比接近 50%，而在保险可投资的金融工具中却缺乏与之相匹配的品种。在期限上，更是缺乏长期的投资品种，如国债、金融债以 3 年、5 年、7 年、10 年居多，超长期国债的规模较小，难以满足保险资金在期限上的需求，造成保险资金“长钱短用”，保险长期资金运用的压力较大。在市场上，存在着两种久期不匹配现象。中小保险公司销售短久期理财型保险产品，负债端和资产端的组合隐含着巨大的流动性风险；传统保险公司长负债和短资产结合会导致利率下行周期中的再投资风险。

（二）投资结构不合理，风险分散化程度较低

尽管近年来投资渠道在不断拓展，但是保险资金的投资结构仍不尽合理，投资集中度仍然较大，分散化程度不够，2016 年，仅银行存款和国债两项投资就占到整个资金运用总额的 50.70%。可见，目前中国保险资金运用结构相当单一。而更大的隐患是上述两项投资有很强的相关性，它们均暴露在利率风险之下，因此无法通过分散投资来规避风险、降低收益的波动性。

（三）保险资金的投资收益率仍然不高

随着经济的不断发展和市场的不断完善，中国保险资金运用的外部经济环境不断在发生变化。险资收益率从 2012 年的 3.39%，2013 年的 5.04%，提高到 2014 年的 6.30%，2015 年的 7.56%。受股票、债券市

场波动和低利率环境影响，2016 年年末保险资金投资收益为 5.66%。即使是目前，中国的保险资金投资收益率仍然是偏低的。有学者认为，中国保险公司投资收益率要达到 7% 才能够得到良性发展。而发达国家保险资金的投资年均收益率在 8% ~12%。这无疑给保险公司的经营带来较大的压力，也直接影响到保险公司偿付能力的提高。

（四）公司治理不透明、不合理

一些保险机构股权结构复杂，往往通过股权代持等形式，形成“一股独大”的局面，公司内部没有制衡大股东的力量。在这种情形下，大股东会以自己的利益为先，设立公司实际上是为了建立一个强大的融资平台。在产品设计时过于追求圈钱效应，随之而来的是激进的销售和投资。由于投资策略会尽可能地追求高收益率而忽视其存在的巨大风险，因此，很容易出现投资失败、偿付能力不足、资本流动性不足等问题。这一系列不合理的行为，使保险公司面临着更高的投资风险。此外，保险业规模的快速扩张和高风险资产投资都需要大量资本，对保险公司的消耗极大。这种少数一股独大的保险公司可能会利用保费收入形成的资金，通过复杂的投资组合和资产管理计划等，自我注资、循环利用资金，虚增资本。这样导致偿付能力的约束作用大打折扣，成为虚设，整个行业极易形成“激进产品、激进投资、虚增资本”的恶性循环，从而增加系统性风险。

（五）跨境大额投资和并购综合经营风险增加

随着经济全球化的加速发展，再加上中国金融市场发展放缓，保险公司开始将目光投向全球市场，相应的其投资渠道也慢慢全球化。有的保险机构“赶时髦”“一窝蜂”，在不熟悉国外经济、文化、政治和法律等环境情况下，盲目大规模投资，利用内保外贷的方式放大投资杠杆，盲目跨领域收购不相关、不熟悉的项目。这些行为存在着巨大的投资风险隐患，一旦出现问题极易产生关联交易和风险交叉传递，增加综合经营风险发生的可能。

（六）保险资金投资组合风险敞口加大，信用风险加剧

债券违约极大地影响了保险公司的融资功能，使其收益不确定性增加。一旦出现无序违约，规则的缺失与随意性以及发行人的道德风险等多种因素综合作用会产生金融危机。受经济周期影响，2015 年发生 22 起实质性违约事件，涉及金额 120 亿元。2016 年违约开始加快，仅前五个月就有 30 只债券违约，涉及本金超过 200 亿元。债券违约现象越演越烈。由于违约风险的传染性很强，违约现象开始由民企向国企、央企扩散，违约券种涵盖企业债券、公司债券、中期票据和短期融资券等，其发展呈蔓延趋势。此外，在利率下行的大环境下，信用敞口加大。保险机构为获取更高收益，不得不改变风险偏好，加大对高风险债券、债权和信托等资产的配置力度，这也是导致投资组合信用风险敞口提升的原因。

五、保险资金运用风险的应对策略

依据国外发达保险市场如美国、日本等国家的发展经验看，保险业产生危机的过程一般都是先盲目过度扩张从而造成成本上升，规模扩大后在保险资金运用方面又采取过于激进的投资战略，导致流动性风险增加甚至出现偿付能力不足的问题，最终导致公司破产。当前，中国保险市场已成为全球第二大主体市场，保险业应务必借鉴历史经验教训，避免重蹈覆辙，增强风险意识和责任意识。在当前错综复杂的国际政治、经济形势和国内经济风险隐患日益凸显的情况下，保险机构应采取积极有效的风险防范策略，把风险隐患化解在萌芽之中。

（一）要坚持保险姓保，提升防范系统性风险能力

在投资方面，保险公司应该在面对流动性风险和资产端普遍出现的高风险投资现状时，做到保险姓保，避免经营高收益、高风险的产品，从而打压激进的投资方式，降低投资压力。在资产负债管理方面，应强化资产负债管理经营理念，建立完善的风险监测体系，及时对潜在风险

做好预警，积极应对出现的突发事件。同时利用完善的预测体系，主动对资产负债进行匹配管理，努力兼顾资产端的收益性、安全性、流动性和负债端的合理性，使得资产端和负债端达到动态平衡。在产品设计方面，保险公司应从更长远考虑，逐步改善保险产品的结构，走出高度依赖“短钱长配”资产负债错配的循环。在经营方面，为了使保险资金运用以固定收益类或类固定收益类业务为主，股权、股票、基金等非固定收益业务为辅，保险公司应主营风险保障和长期储蓄类业务，辅助以短期理财类业务。

（二）要降低负债成本，减少对利差收益的依赖

利率下行会对保险行业和保险资金运用带来极大的挑战和压力。中国当前经济进入了低利率时期，保险资金尤其是寿险资金由于其长期性的特点，会使负债成本很难在短期内快速下降。综合来看，在长期低利率环境下，中国保险行业资产负债匹配呈现出“长负债、短资产”的特点，保险资金规模在快速增长，大量资产到期资金再投资的需求在不断增加，这些都给保险公司资产配置带来了巨大的压力，同时也蕴含着大量的利差损失风险隐患。因此，保险机构应积极借鉴国际经验，采取更科学、更精细化的经营管理手段，积极改变以利差收益为主导的盈利模式，减少对利差收益的过度依赖，降低负债成本，减少风险隐患。

（三）要拓宽保险投资渠道，加大另类投资力度

当前保险资金主要投资在股票、债券、银行储蓄等方面，投资渠道偏窄。政府一方面应该进一步放宽对保险公司的投资限制，允许寿险公司投资房地产和中长期股权。大力发展债券市场，积极帮助保险公司开拓投资渠道。另一方面，通过降低税收，给予一些奖励等激励措施，政府也应引导保险业向健康的长期债券投资，提升寿险公司的盈利能力，促进行业回归长期储蓄和保障功能。

此外，在资产荒大背景下，另类投资很大程度上提高了保险资金运用的回报水平。2017 年保险业继续实行其资金多元化配置战略，另类

投资仍是重点投资项目，对另类投资的风险管理就成为保险公司风险管理的重点。首先，应建立完善的投资管理组织架构和制度体系，形成制度化和规范化的投资管理框架。需要先对不同另类投资的风险特性进行有差异的分析并区别对待，以便抓住不同另类投资的不同风险因素，采取不同的计量和管理手段各个击破，切忌一刀切、一把抓。针对投资后的管理和独立的风险监控职能的不完善、不系统，要明确多层次相关部门在投资执行、投资风险管理、投资后评价、资金运用稽核等投资风险管理中的职责，理清相互关系，从而建立起完善的投资风险管理体系。其次，需要将投资风险评价模型有效地应用到投资管理的整个过程中，提高投资管理的量化程度。再次，还要关注利用非正常关联交易进行利益输送等问题。

（四） 要强化合规经营， 降低运营成本

监管机构应尽量防止一股独大的情形出现，注意审核保险公司经营背景。对一些不合理的公司结构和经营方式，要强化合规经营，减少与杜绝恶性竞争。保险公司应调整好自己的投资模式，尽量向较为长期、固定收益类资产投资，以形成合理健康的资产组合，促进保险业的可持续发展。保险公司要在优化合规管理的基础上杜绝同业诋毁，保险行业内部应做到资源共享、规范竞争，从而提高整个行业的运营效率，降低经营风险与成本。

（五） 要稳健审慎境外投资， 量力而行

境外投资会受到各国政治、法律、文化因素的影响，投资环境更加复杂，不确定性因素较多。面对海外投资不确定因素的增多，保险机构首先要实行海外企业本地化战略，要做好对投资所在国政治、经济形势的评估。企业应在投资前通过实地考察、参考大型国际投资咨询公司的专业分析等方式，对投资所在国的经济发展状况、政府经济政策偏好和对外国投资的优惠政策进行深入了解。境外企业设立后应继续关注当地政策动向和情报，并进行细致的分析，指导投资决策。其次，要改变投

资方式。尽量采用合资形式投资，既可以取得本国企业身份，又可以使合资方分担一部分投资风险。对一些风险较高，敏感度较强领域的投资可以以债务形式出资，避免直接取得控股权所带来的更高风险。

（六）要密切关注债券市场，防止信用风险敞口加大

大约有80%的保险资金配置于固定收益类资产，债券市场对保险资金影响巨大。面对债券市场违约频发，一方面，保险机构应充分掌握债务方公司的财务状况，建立一套合理的审查机制；另一方面，必须建立严厉的违约处理办法，以约束债务人的行为，协调债权人和股权人的权益，减少冲突发生，减轻违约带来的破坏性影响。具体而言，保险机构在购买债券时，应通过信用评级公司，充分解读公司年报等途径吃透债务方公司的财务状况，并达成一些有利于债权人的特殊保护条款。在违约发生后，应采取包括债券展期兑付、债务重组、债转股以及破产清算等措施，尽可能地挽回损失。

“2017年可能是保险资金运用非常困难的一年”。“当前金融领域风险积聚，保险资金运用领域也出现非理性举牌与一致行动人非友好投资、跨境跨领域大额投资和并购、激进经营和激进投资、产品多层嵌套和监管套利等问题。面对经济下行和‘资产荒’，要积极支持和引导保险资金更好地服务实体经济，充分利用保险资金长期性和‘逆周期’投资优势，把握国家供给侧结构性改革和财富管理中的重要战略机遇，开展价值投资和长期投资”。2017年2月，保监会副主席陈文辉对保险业投资给出上述判断。

保险业从来是承保和投资两轮驱动。2016年年末，中国保费规模已达到3.09万亿元，保险深度达到4.16%，保险密度2 258元，已成为世界第三大主体。但是，2016年保险资金运用余额13.4万亿元，2016年年末保险资金投资收益为5.66%，不仅与世界发达国家8% ~ 12%的投资收益率有很大差距，也直接影响到保险公司偿付能力的提高。面对投资中出现的各种问题，保险业要想更好地实现金融资本与实体产业互补，服务国家发展战略，“保险业要切实增强风险意识、责任

意识和底线意识，对于风险问题要保持高度警惕和敏感，牢牢守住制度红线和风险底线”。

参考文献

[1]陈文辉. 深化保险资金运用市场化改革[J]. 中国金融,2017(3):9-11.

[2]史本山,张耀杰. 债务结构、违约点宽容和贷款保险定价的改进[J]. 保险研究,2016(4).

[3]王稳,张阳,赵婧,石腾超. 2015 年全球主权信用风险评级研究[J]. 保险研究,2016(4):3-17.

[4]孙佳美,刘志鹏. 动态死亡率下寿险公司的准备金风险分析[J]. 保险研究,2014(9):42-50.

[5]章伟程. 保险资金投资运作及风险管理分析[J]. 现代商贸工业,2012(15):122-123.

[6]中国保险年鉴编委会. 中国保险年鉴[J]. 北京:中国保险年鉴社,2016.

[7]和讯保险网,http://insurance.hexun.com/bxzjyy/index.html.

[8]中国保险监督管理委员会网站,http://www.circ.gov.cn/web/site0/.

全球外汇市场风险报告

余颖丰

摘要： 本报告从中期视角首先回顾了全球外汇市场发展及现状，对目前全球外汇市场的基本“形态”进行了分析和解读，重点研究和分析了2016年6月至2017年6月全球外汇市场的主要动向；最后，对未来外汇市场的走势和发展进行了研判。

关键词： 特朗普；英国脱欧；人民币国际化；一带一路

一、 全球外汇市场发展概论

国际清算银行（Bank for International Settlements，BIS）主持的《三年期央行调查》（Triennial Central Bank Survey）是全球最权威的关于外汇市场、利率市场以及场外交易（Over - the - Counter，OTC）市场的调研报告。该报告从1986年开始统计和调研全球外汇市场，并从1995年开始统计和调研全球利率及场外交易市场。该报告每隔三年发布一次，2016年9月发布了最新的报告。其后，国际清算银行在2016年11月对数据进行了修正。基于修正后的数据，国际清算银行于2016

作者简介：余颖丰，首都经济贸易大学金融学院投资系副教授，硕士生导师，经济学博士。

年12月在《季度评论》（BIS Quarterly Review）上向全球汇报了过去三年（2013—2016年）的全球外汇市场发展情况。总体而言，过去三年全球外汇市场的发展颇令人意外。在过去的30年间，全球外汇市场的日平均交易量总是呈现不断增长的态势，即使在2007—2008年全球金融危机肆虐期间，全球外汇市场虽然增速有所放缓，但整体规模，包括日均换手率等指标数据仍在增长，但是在过去三年（2013—2016年）中，全球外汇市场的日均换手率首次出现减少。与上次国际清算银行调查（2010—2013年）相比，此次调查（2013—2016年）发现，在上次调查时间区间内，全球外汇日平均交易量①为5.40万亿美元；而本次调查时间区间内，全球外汇日平均交易量为5.10万亿美元，减少5.56%。从外汇市场交易品种来看，外汇掉期（FX swaps）仍然是全球外汇市场上最主要的交易品种，其比重大于40.00%；现货市场外汇交易也是外汇市场上最重要的交易品种，其重要性仅次于外汇掉期，在过去10年间，其比重大于30.00%；外汇远期是全球外汇市场的第三大交易品种，在过去十余年间，其比重始终大于10.00%；货币互换（currency swaps）和外汇期权始终分别是全球外汇市场的第四和第六大交易品种，在过去十余年中，货币互换占全球外汇市场交易品种的比例介乎于5.00%上下，而外汇期权虽然名列全球外汇市场交易品种的第六位，但在全球外汇市场中的比重非常小，仅在1.00%～2.00%左右。在外币币种的使用上，美元仍然是全球最重要的国际货币，在国际贸易、国际投资和国际外汇资产储备中扮演最重要的角色，国际清算银行调查的数据显示，美元的全球使用份额占87.60%，比上一次调查时间区间增长了0.60%。人民币在全球货币中的地位不断提升，从上一次调查时间区间的2.20%增长到4.00%。美元兑欧元仍然是全球最重要的货币兑换。外汇市场的参与者仍然以金融机构为主，而金融机构中又

① 以下不再特意区分“日均换手率交易量”“日均交易量”“日交易量”“日换手率”，这些称谓都表示同一个意思。

以大型国际金融机构为主①。在此次调研时间区间内，金融机构外汇交易②占到全球外汇交易市场的91.00%。美国纽约、英国伦敦、新加坡、中国香港以及日本东京仍然是全球五个外汇交易中心，但是因为欧洲受困于难民问题以及受2016年英国“脱欧公投”的影响，英国以及欧洲的老牌外汇交易中心（瑞士苏黎世、德国法兰克福）的交易量在持续下降，外汇资金正在持续流出欧洲转而流向亚洲。

（一）全球外汇市场规模

外汇市场作为全球金融市场重要的组成部分之一，其重要性不言自明，日平均换手率（turnover）是统计外汇市场发展规模的重要指标。从1998年以来，外汇市场的发展经历了两次收缩期：第一次出现在1998—2001年，因为在此期间内全球经历了东南亚金融危机，东南亚各国在之后几年持续经受危机爆发后复苏的阵痛，而美国又在千禧之年经历了“IT泡沫”破灭。此外，当时拉美国家经济形势差强人意，货币与经济危机频发。第二次“收缩期”出现在2013—2016年。而全球外汇市场大发展时期出现在2001—2007年。1996—1999年，全球外汇市场日平均换手率为1.53万亿美元；1999—2001年，全球外汇市场日平均换手率为1.24万亿美元；2001—2004年，全球外汇市场日平均换手率为1.93万亿美元，年化增长率高达16.00%；2004—2007年，全球外汇市场日平均换手率为3.32万亿美元，年化增长率高达20.00%。值得注意的是，2007—2010年，全球外汇市场日平均换手率为3.97万亿美元，年化增长率为6.00%；2010—2013年，虽然全球经历了大规模的经济衰退，经济复苏艰难，全球主要经济体经济增长乏力，经济、金融、政治风波等不确定因素较多，且集中爆发，2011年11月还爆发了“欧债危机”，但全球外

① 国际清算银行称这些大型跨国金融机构为“报备做市商（reporting dealers）”。

② 根据国际清算银行的统计口径，将金融机构分为报备做市商和非报备做市商，其中非报备做市商中又细分为非报备的银行、机构投资者、对冲基金以及自营基金（PTFs）、官方性质机构（主要指各国央行、主权基金以及诸如IMF、亚投行等国际性组织）以及其他。

汇市场日平均换手率仍突增 1.38 万亿美元，达到日平均换手率 5.36 万亿美元，年化增长率为 10.00% 的水平。国际清算银行对此给出的官方解释是，在统计期期末，因为受到“安倍经济学”的影响，全球日元交易激增，出现大量的日元套息交易（carry trade）现象①（见图 1）。

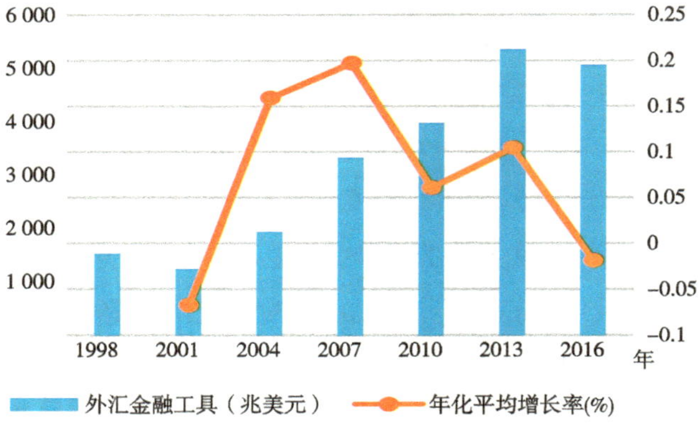

图 1　全球外汇市场日均换手率规模以及年化增长率

数据来源：国际清算银行，《三年期央行调查》。

（二）全球主要外汇交易品种

在过去 20 多年里，现货外汇产品、外汇远期、外汇掉期以及外汇期权始终是全球外汇市场主要的交易品种，此外从图 2 可以看出，外汇

① 日本利率持续维持低位，使得投机者有极大的冲动获得日元贷款，利用极低的日元资金成本，通过外汇市场换汇后，在全世界购买各式金融商品（比如，购买以美元计价的金融产品），但是这种套利方法极容易受到日元汇率波动的影响，一旦日元升值，投机者需买回日元偿还贷款，导致日元融资成本上升，如果日元升值过快，投资者来不及退出，日元升值幅度超过日本利率与其他国家利率的幅度，则套息交易的套利方法将失效。因此，外汇市场上，往往一旦出现有日元汇率走强的迹象，投机者可能因担心日元贷款到期无充裕的日元进行还款，则可能急于抛售手中的非日元计价的金融产品（比如，以美元计价的在美国本土发行的股票），而导致美国股市下跌，因为市场突然出现日元的货币需求，日元反而进一步升值，美国股市下跌又进一步助推了投资或投资者抛售美国股票，导致股市价格进一步下跌，非美元计价的金融市场和外汇市场不断出现“自实现预言效应”（self - fulling prophecy effect）。

资产品种间彼此占比变化并不大。外汇掉期始终是全球外汇市场中交易最活跃的外汇金融交易品种，在2001年的调查中，外汇掉期在全球外汇交易中的占比达到最大比例，为52.92%，日平均换手率达到0.66万亿美元。2013年的调查中，外汇掉期在全球外汇交易中的占比达到最小比例，为41.82%，日平均换手率为1.76万亿美元。现货外汇交易仍然在全球外汇交易中扮演重要角色，过去20多年现货外汇交易始终在全球外汇交易份额中占比超过30.00%，在2007年的调查中，外汇现货产品的比率最低，但也超过30.00%，而在2010年、2013年的调查中外汇现货交易占比分别高达37.48%和38.21%。从表1可见，外汇掉期和现货外汇产品占全球外汇市场超过80.00%的比率，将外汇远期、外汇期权甩在了后面。此外还需要注意的是，除外汇期权属于交易所交易品种外，其余外汇金融品种都属于场外交易市场（OTC）金融品种，由此可以说明全球外汇市场一直以场外交易市场交易为主导。

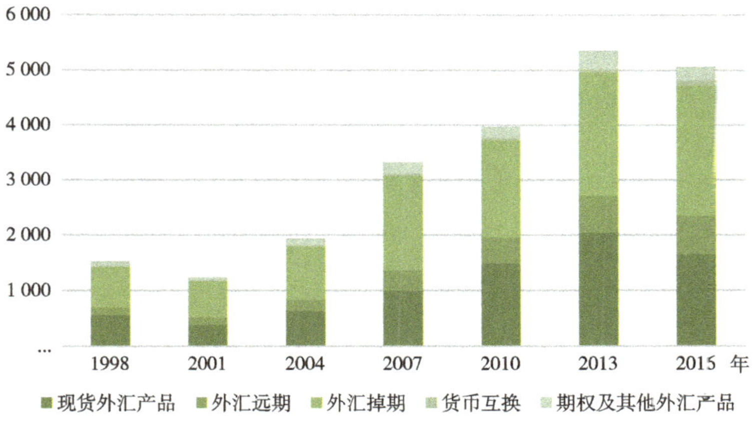

图2　外汇市场主要交易品种构成（兆美元）

数据来源：国际清算银行，《三年期央行调查》。

表 1　1998—2016 年全球外汇市场金融产品占比（%）

年份	1998	2001	2004	2007	2010	2013	2016
现货外汇产品	37.19	31.16	32.62	30.23	37.48	38.21	32.61
外汇远期	8.36	10.52	10.80	10.88	11.95	12.68	13.81
外汇掉期	48.07	52.92	49.33	51.57	44.28	41.82	46.94
货币互换	0.65	0.58	1.09	0.95	1.08	1.01	1.62
外汇期权及其他外汇产品	5.73	4.82	6.16	6.37	5.21	6.29	5.02

数据来源：国际清算银行，《三年期央行调研》。

从全球外汇产品的增长来分析，外汇掉期的增长幅度在 2004—2007 年增长迅猛，其后进入缓慢增长期，主要原因是外汇掉期规模已十分庞大，再有大的增长极为困难。一般而言，所有的外汇交易产品都在 2004 年和 2007 年两个调查时间节点出现两位数的增长，与此间全球金融自由化思潮蔓延，全球金融衍生品行业进入“疯狂增长”发展期有关，这段时期海外资本流动也更为频繁。表 2 中还有一个事实值得关注，即在过去 20 年，每种外汇金融产品的年化增长幅度变化都非常大，数据并不平稳，年化增长率的波动幅度巨大。

表 2　1998—2016 年全球外汇市场金融产品年化增长率（%）

年份	2001	2004	2007	2010	2013	2016
现货外汇产品	-12.06	17.78	16.78	14.01	11.18	-6.89
外汇远期	0.69	17.01	20.10	9.48	12.67	1.01
外汇掉期	-3.67	13.31	21.57	0.86	8.39	2.02
货币互换	-10.12	43.19	14.27	10.74	8.08	15.01
外汇期权及其他外汇产品	-11.97	25.91	21.14	-0.74	17.60	-8.92

数据来源：国际清算银行，《三年期央行调研》。

国际清算银行经过多年跟踪调查发现（见表 3），外汇掉期的主要交易期限集中在七天及小于七天，占到 2/3 的比例，外汇掉期一般期限都集中在一年期内，仅有极少的外汇掉期期限超过一年，根据历史经验发现，一般仅占 1.00%，唯一例外的时间区间发生在 2013 年，2010—2013 年，外汇掉期超过一年期限的品种达到了 3.90%，国际清算银行的解释是在“安倍经济学”的刺激下，外国投资人有了充分的“息差交易”的预期。市场纷纷预测，为实现投机套利需锁定超过一年的日元兑主要国际货币的汇率，套利策略才可实现，因此超过一年期外汇掉期合同激增，这种效应也体现在外汇远期上。根据国际清算银行多年的调查数据，外汇远期的合同期限主要集中在多于七天小于一年，比例占到超过50%；其次是期限在七天及以下的外汇远期合同，占到接近或超过40%，除2010—2013年时间区间外，超过一年的外汇远期合同在整体中的占比都介于2.5%的水平上下。在2010—2013年时间区间内，超过一年的外汇远期合同在整体中的占比激增到4.6%左右，根据国际清算银行的解释，主要原因还是因为受到“安倍经济学”的影响（见表4）。

表3　主要外汇衍生品品种期限调查　　兆美元

年份		2001	2004	2007	2010	2013	2016
外汇远期	七天及小于七天	50.61	92.44	154.16	218.81	269.87	269.97
	多于七天小于一年	76.10	111.07	200.41	244.56	377.63	412.20
	多于一年	3.51	5.37	7.13	11.33	31.46	17.50
外汇掉期	七天及小于七天	450.74	700.43	1 328.91	1 299.67	1 573.21	1 635.02
	多于七天小于一年	196.26	241.71	364.64	442.44	579.40	713.08
	多于一年	8.05	9.89	17.66	14.52	87.44	30.20

数据来源：国际清算银行，《三年期央行调研》。

表4　主要外汇衍生品品种期限占比调查（%）

年份		2001	2004	2007	2010	2013	2016
外汇远期	七天及小于七天	38.83	44.27	42.62	46.09	39.75	38.58
	多于七天小于一年	58.39	53.19	55.40	51.52	55.62	58.91
	多于一年	2.69	2.57	1.97	2.39	4.63	2.50
外汇掉期	七天及小于七天	68.72	73.41	77.52	73.88	70.23	68.75
	多于七天小于一年	29.92	25.33	21.27	25.15	25.87	29.98
	多于一年	1.23	1.04	1.03	0.83	3.90	1.27

数据来源：国际清算银行，《三年期央行调研》。

表5分析了外汇远期和外汇掉期的不同期限合同的增速，主要的趋势是外汇远期的超短期（指小于等于七天）的交易品种正在收缩，从2004年的22.24%的增速持续减少，到2016年调查年度，几乎没有增长，全球外汇市场对超短期的外汇远期产品的需求在持续收缩。综合而言，目前，全球外汇市场已出现较为稳定的交易“模式”，在超短期内，外汇市场参与人习惯于买卖外汇掉期，而在中短期（指大于一周但小于一年），总体而言，外汇市场参与人会选择外汇掉期或外汇远期，但更倾向于选择外汇掉期。而就大于一年的交易品种而言，外汇市场参与人会选择外汇掉期或外汇远期，但仍然更倾向于选择外汇掉期。

表5　主要外汇衍生品品种期限的年化增长率调查（%）

年份		2004	2007	2010	2013	2016
外汇远期	七天及小于七天	22.24	18.59	12.38	7.24	0.01
	多于七天小于一年	13.43	21.74	6.86	15.58	2.96
	多于一年	15.30	9.88	16.68	40.57	-17.75
外汇掉期	七天及小于七天	15.83	23.80	-0.74	6.57	1.29
	多于七天小于一年	7.19	14.69	6.66	9.41	7.17
	多于一年	7.12	21.33	-6.32	81.93	-29.84

数据来源：国际清算银行，《三年期央行调研》。

（三）全球外汇交易情况

美元作为全球最重要的国际货币，其霸主地位在过去20年没有受到太大冲击，欧元于1999年1月1日登上人类历史舞台，因为国际清算银行统计的时间节点，所以1998年的统计结果没能反映欧元，但从欧元登上人类历史舞台，便迅速地占据全球第二大货币的宝座，在欧元出现之前，日元为全球第二大货币（见表6）。目前，国际清算银行最新的调查排名显示，全球前十大主要货币为：美元、欧元、日元、英镑、澳大利亚元、加拿大元、瑞士法郎、人民币[①]、瑞典克朗和新西兰元。需要注意的是，从欧元出现后，全球前四大货币之间的地位没有发生任何变化，但排名第五到第十的货币之间发生了较大变化，最引人瞩目的是人民币的出现（见表7）。2009年，中国开始在沿海地区试点实行跨境人民币贸易结算，人民币国际化征程的序幕正式拉开。八年过去了，人民币国际化进程不断提速，尤其是伴随着香港离岸人民币中心在2010年建立，全球人民币离岸中心在全球开花，跨境人民币结算业务的发展如火如荼，海外人民币结算系统逐步建立。2013年9月和10月，习近平在出访中亚和东南亚国家期间，先后提出共建“丝绸之路经济带”和“21世纪海上丝绸之路”的倡议，得到国际社会高度关注。2015年3月28日，国家发展改革委员会、外交部、商务部联合发布了《推动共建丝绸之路经济带和21世纪海上丝绸之路的愿景与行动》。伴随着“一带一路”，人民币国际化进入新篇章，有了全新的内涵与外延，“一带一路”也为人民币国际化进程赋予了更多可操作、可发展的实质性内容和思路。

表6 过去二十年全球外汇场外交易市场主要币种占比（%）

货币币种	1998年	2001年	2004年	2007年	2010年	2013年	2016年
美元	86.80	89.86	88.01	85.60	84.86	87.04	87.58
欧元	0.00	37.91	37.41	37.04	39.04	33.41	31.39
日元	21.72	23.53	20.83	17.25	18.99	23.05	21.62
英镑	11.02	13.05	16.50	14.87	12.88	11.82	12.80
澳元	3.03	4.32	6.02	6.62	7.59	8.64	6.87
加拿大元	3.53	4.49	4.20	4.29	5.28	4.56	5.14
瑞士法郎	7.06	5.98	6.03	6.82	6.30	5.16	4.80
人民币	0.01	0.01	0.10	0.45	0.86	2.23	3.99
瑞典克朗	0.33	2.50	2.19	2.70	2.19	1.76	2.22
新西兰元	0.22	0.56	1.06	1.90	1.59	1.96	2.05

数据来源：国际清算银行，《三年期央行调研》。

---

① BIS统计口径不包括离岸人民币。

表7 过去二十年全球外汇场外交易市场主要币种排名

货币	1998 年	2001 年	2004 年	2007 年	2010 年	2013 年	2016 年
美元	1	1	1	1	1	1	1
欧元		2	2	2	2	2	2
日元	2	3	3	3	3	3	3
英镑	3	4	4	4	4	4	4
澳元	6	7	6	6	5	5	5
加拿大元	5	6	7	7	7	7	6
瑞士法郎	4	5	5	5	6	6	7
人民币	30	35	29	20	17	9	8
瑞典克朗	11	8	8	9	9	11	9
新西兰元	17	16	13	11	10	10	10

数据来源：国际清算银行，《三年期央行调研》。

从外汇交易对看，美元兑欧元仍然是全球最主要的外汇交易对，在2016年的国际清算银行调研中，美元兑欧元外汇交易对首次出现负增长，主要的原因是人民币与美元货币交易对占比急升。这说明过去8年间，人民币国际化进程取得的成果不容小觑。美元与欧元的外汇交易对、美元与日元的外汇交易对、美元与英镑的外汇交易对、美元与澳大利亚元的外汇交易对、美元与加拿大元的外汇交易对是全球主要的五种外汇交易对。特别需要说明的是，在国际清算银行2016年的调查中发现，美元与人民币的外汇交易对已跃居全球第六大外汇交易对，说明随着人民币国际化的有效推进，加之“一带一路”的辐射效应，中国国力不断增强，2016年的“G20”杭州峰会的胜利举行，周边国家逐渐与中国形成“中国共识”，大国影响力不断提升，也说明人民币在国际舞台扮演起更重要的角色。

此外，人民币国际地位不断提高的另外一个里程碑事件是2016年10月1日，国际货币基金组织（IMF）将人民币的特别提款权（SDR）纳入新货币篮子。人民币纳入特别提款权是人民币国际化进程中里程碑式的事件，是国际社会对中国经济发展成就和金融业改革开放成果的肯定，有助于增强特别提款权的代表性、稳定性和吸引力，有利于建立一个更强劲的国际货币金融体系，维护区域乃至全球货币与金融体系安全，也有利于国际货币体系改革向前推进。国际清算银行的调研数据也支持了这一结论。在2010年的调查中，美元与人民币外汇交易对已达31.28兆美元的规模；2013年的调查显示，美元与人民币外汇交易对的规模达到112.68兆美元，年增长高达53.30%；2016年的调查显示，美元与人民币外汇交易对的交易规模虽然增速放缓，进入正常增长轨道，但规模仍然在不断增加，增加到190.35兆美元的日平均交易规模。从外汇交易对的份额分析中可以明显看出人民币国际地位在不断提升。2010年的调查显示，美元与人民币外汇交易对在全球外汇市场中占比仅为0.80%，2013年的调查显示，美元与人民币外汇交易对全球外汇市场占比提升到2.10%，而在2016年的调查中，美元与人民币外汇交易对在全球外汇市场中占比已提升到3.79%。此外，还需要注意的是2014年9月，中国央行宣布人民币可与欧元直接交易，欧元成为中国第六个可以直接交易的币种。2013年和2016年国际清算银行的调查发现，虽然欧元与人民币外汇交易对在国际外汇市场的份额不足1%，但预期会有更优良的表现。2013年的调查显示，欧元与人民币外汇交易对日平均换手率约为1.25兆美元，而到2016年，欧元与人民币外汇交易对日平均换手率约为2.08兆美元，年化增长率高达18.55%。2016的调查显示，欧元与人民币外汇交易对在全球外汇交易对中排名第34位（见表8、表9、表10）。

表8　2001—2016年全球主要外汇交易对日平均换手率

10亿美元

年份	2001	2004	2007	2010	2013	2016
美元/欧元	371.88	541.22	891.65	1 098.63	1 291.85	1 171.85
美元/日元	250.43	327.87	438.44	566.98	979.89	900.78
美元/英镑	129.29	259.08	384.13	359.85	472.63	469.82

续表

年份	2001	2004	2007	2010	2013	2016
美元/澳大利亚元	50.82	106.89	185.21	248.44	364.29	262.04
美元/加拿大元	53.61	77.34	126.47	181.79	199.93	218.35
美元/在岸人民币	—	—	—	31.28	112.68	192.21
美元/瑞士法郎	58.98	82.54	150.50	165.93	184.22	180.35
欧元/在岸人民币	—	—	—	—	1.25	2.08

数据来源：国际清算银行，《三年期央行调研》。

表 9　2001—2016 年全球主要外汇交易对日平均换手率年化增长率（%）

年份	2004	2007	2010	2013	2016
美元/欧元	13.32	18.11	7.21	5.55	-3.20
美元/日元	9.40	10.17	8.95	20.01	-2.77
美元/英镑	26.07	14.03	-2.15	9.51	-0.20
美元/澳大利亚元	28.12	20.11	10.29	13.61	-10.40
美元/加拿大元	13.00	17.81	12.86	3.22	2.98
美元/在岸人民币	—	—	—	53.30	19.48
美元/瑞士法郎	11.85	22.17	3.31	3.55	-0.71
欧元/在岸人民币	—	—	—	—	18.55

数据来源：国际清算银行，《三年期央行调研》。

表 10　2001—2016 年全球主要外汇交易对日平均换手率

全球外汇交易市场规模占比（%）

年份	2001	2004	2007	2010	2013	2016
美元/欧元	30.01	27.98	26.82	27.65	24.12	23.13
美元/日元	20.21	16.95	13.19	14.27	18.29	17.78
美元/英镑	10.43	13.40	11.56	9.06	8.82	9.27
美元/澳大利亚元	4.10	5.53	5.57	6.25	6.80	5.17
美元/加拿大元	4.33	4.00	3.80	4.58	3.73	4.31

续表

年份	2001	2004	2007	2010	2013	2016
美元/在岸人民币	0.00	0.00	0.00	0.79	2.10	3.79
美元/瑞士法郎	4.76	4.27	4.53	4.18	3.44	3.56
欧元/在岸人民币	0.00	0.00	0.00	0.00	0.02	0.04

数据来源：国际清算银行，《三年期央行调研》。

（四）全球外汇交易中心现状

根据国际清算银行的跟踪报告，过去18年①中，全球外汇交易（以场外交易市场口径）中的大部分交易仍然以跨境交易为主（见表11），全球境内和跨境外汇交易日换手率都在增加，在2010年和2016年两次调查时间节点，全球迎来跨境外汇交易的峰值，分别达到64.9%和64.5%，在2001年和2013年的两次调查时间节点，跨境外汇交易占全球场外交易市场外汇交易的比例为57.5%和57%~58%。

表11　场外交易市场口径下全球外汇产品日换手率规模　兆美元

年份	2001	2004	2007	2010	2013	2016
本地	525.29	743.02	1 273.53	1 393.78	2 259.38	1 798.16
跨境	713.17	1 184.67	2 050.61	2 578.89	3 097.19	3 268.74

数据来源：国际清算银行，《三年期央行调研》。

从全球外汇金融交易中心发展看，在最新的国际清算银行调查中，目前全球五大外汇交易中心分别是：英国伦敦、美国纽约、新加坡、中国香港和日本东京。五个城市的日均外汇换手率分别为：2.406兆美元、1.272兆美元、0.517兆美元、0.437兆美元和0.399兆美元，全球占比分别为：36.9%，19.5%，7.9%，6.7%和6.1%。

过去18年，英国伦敦始终是全球外汇交易的中心，其龙头地位从没有被动摇过。在最近的一次调查中，以场外交易市场的交易口径统计数

① 国际清算银行2001年的调查覆盖了时间为1999年、2000年、2001年，截至2016年，跨度为18年。

据为例，英国伦敦日换手率为 2.406 兆美元，主导了全球 36.94% 的外汇交易，该占比较为稳定。在过去 18 年间，英国伦敦在 2001 年主导了全球 31.8% 的外汇交易，英国伦敦的外汇交易份额在全球的比重逐年增大，在 2013 年达到峰值，英国伦敦外汇交易量约占全球 40.77%。过去三年，其全球外汇交易占比有所下降，主要原因是亚洲外汇交易量的增加。美国纽约作为全球第二大外汇交易中心的地位在过去 18 年间也没有受到任何挑战，但其交易量规模约为英国伦敦的一半。在最近的一次调查中，以场外交易市场口径统计数据为例，美国纽约的日换手率为 1.272 兆美元，主导了全球 19.53% 的外汇交易。该全球占比也较为稳定，在过去 18 年间，美国纽约在 2001 年主导了全球 16.0% 的外汇交易，美国纽约的外汇交易份额在全球的比重增幅不大，经过缓慢增长后，又经历市场份额下滑，国际清算银行的调查数据显示，美国纽约在 2013—2016 年的全球外汇交易占比份额为 19.53%，是美国纽约的“最好成绩”。

而全球外汇交易中心的第三至第五的位置，在过去 18 年间，却几易其主。2001 年的调查显示，日本东京位居全球第三大中心，在繁荣时期，日本东京的外汇交易量一度占到全球的 8.96%，但到 2016 年，日本东京滑落至第五位。中国香港一直位列第五或者第六位，长期仅仅占据全球外汇交易份额的 4.0% 左右，但在 2013—2016 年，外汇交易量份额加大，2016 年占全球外汇交易份额的 6.70%。而老牌全球外汇交易中心的“颓势”一直不减，以德国法兰克福外汇业务为例，18 年前，其外汇交易量约占全球的 5.4%，而现在仅占全球的 1.5%（见表 12、表 13）。

表 12　全球主要国际外汇交易中心日换手率规模　　兆美元

年份	2001	2004	2007	2010	2013	2016
英国伦敦	541.70	835.28	1 483.21	1 853.59	2 725.99	2 406.30
美国纽约	272.58	498.64	745.20	904.36	1 262.80	1 272.12
新加坡	103.68	133.64	241.78	265.98	383.08	517.20
中国香港	68.35	105.99	180.96	237.57	274.60	436.56
日本东京	152.70	207.41	250.22	312.33	374.21	399.03

数据来源：国际清算银行，《三年期央行调研》。

表 13　全球主要国际外汇交易中心日换手率全球占比（%）

年份	2001	2004	2007	2010	2013	2016
英国伦敦	31.78	32.03	34.65	36.74	40.77	36.94
美国纽约	15.99	19.12	17.41	17.92	18.89	19.53
新加坡	6.08	5.12	5.65	5.27	5.73	7.94
中国香港	4.01	4.06	4.23	4.71	4.11	6.70
日本东京	8.96	7.95	5.84	6.19	5.60	6.13

数据来源：国际清算银行，《三年期央行调研》。

全球外汇市场寡头垄断现象明显，“英国伦敦 + 美国纽约”双寡头模式长期存在于外汇市场中，而全球前五大外汇交易中心（虽然成员排名有变化）始终占到全球七成的交易量。

二、2016 年 6 月至 2017 年 6 月全球外汇市场分析

（一）2016 年 6 月至 2017 年 6 月全球重大事件回顾

2016 年是“黑天鹅”之年，是充满变数的一年，叙利亚战事持续，欧洲持续受到难民问题困扰。2016 年下半年美国大选搅动了全球金融市场的神经，而英国脱欧公投也是 2016 年重要的“黑天鹅”事件之一。进入 2017 年，全球各国政治与经济风险激增，政治风险不确定性在全球各国暗流涌动。外汇市场作为最能反映全球政治、经济、军事、社会信息的市场，在 2016 年 6 月至 2017 年 6 月中，可以说是极为动荡的一年，其间，外汇市场投资人经历和体会了一波又一波极度“惊心动魄”的行情。表 14 汇总了 2016 年 6 月至 2017 年 6 月全球的重要事件。

表 14　2016 年 6 月至 2017 年 6 月全球重要事件

主题	主要时间节点	事件及影响
英国脱欧	2016 年 6 月 24 日	英国脱欧公投
	2016 年 6 月 24 日	首相卡梅伦宣布辞职，全球金融市场引发“大地震”
	2016 年 7 月 13 日	英国迎来史上第二位女首相特雷莎梅
	2017 年 6 月 9 日	首相特雷莎梅“政治豪赌”失败，英国议会选举结果揭晓，执政党保守党遭受重创、失去多数席位

续表

主题	主要时间节点	事件及影响
美国大选	2016 年 7 月 19 日	共和党提名特朗普为总统候选人
	2016 年 9 月 27 日	美国总统候选人希拉里和特朗普进行首场电视辩论。其间，特朗普“反向指标”墨西哥比索大涨
	2016 年 11 月 8 日晚	特朗普击败民主党总统候选人希拉里赢得大选，成为第 45 任美国总统
	2017 年 1 月 21 日	新总统特朗普举行就职典礼
“特朗普时代”以及后续影响	2017 年 1 月 23 日	签署行政命令，决定退出“跨太平洋伙伴关系协定”（TPP）
	2017 年 1 月	受特朗普言论以及白宫人事安排的影响，华尔街一改特朗普上台前的嘴脸，极度乐观地认为特朗普上台会放松金融管制，股市、汇市一度出现“特朗普行情”
	2017 年 6 月 1 日	特朗普宣布美国将退出《巴黎协定》
	2017 年 4 月末	特朗普表示，已经开始重新协商北美自由贸易协定（NAFTA）①
全球主要央行决议	2017 年 2 月 14 日	美联储主席耶伦在国会作证时表示应加息
	2017 年 5 月	“缩表”再次成为关键词，几乎所有美联储官员都表示应在 2017 年对美联储的资产负债表进行收缩，4.5 万亿美元资产规模才是合理规模。2017 年年底开始大规模缩表，有序允许债券到期，并不再进行投资
	2017 年 6 月 14 日	欧洲央行突然宣布在保持其总外汇储备规模不变的情况下，增持价值 5 亿欧元的人民币作为外汇储备，将逐渐抛售等值美元资产，也就是价值 5 亿欧元的美元资产

① 特朗普在竞选期间曾表示让美国退出北美自贸区协定，2017 年 4 月拟让美国退出协定，但受多方阻力，最终放弃，并同意开启重新谈判。8 月 14 日至 21 日，美、加、墨三国在华盛顿举行了北美自贸协定首轮重新谈判，并在 9 月初开始第二轮谈判，但在第二轮谈判前，特朗普又发表了关于退出协定的声明。加元、墨西哥元外汇市场急剧动荡。

续表

主题	主要时间节点	事件及影响
地缘政治风险与恐怖袭击	2016 年 6 月 28 日	土耳其伊斯坦布尔机场遭到自杀式袭击，造成至少 36 人死亡
	2016 年 7 月 14 日	法国尼斯，一名突尼斯男子开着卡车冲进观看国庆节烟花表演的人群，造成 84 人死亡
	2016 年 7 月 16 日	土耳其未遂政变，造成两百多人死亡，1 000 多人受伤
	2016 年 10 月 27 日	韩国前总统朴槿惠亲信门事件曝光
	2017 年 7 月 26 日	中国外交部发言人陆慷就中印对峙事件答问
	2017 年 3 月—9 月	英国遭受五次恐怖袭击
中国贡献	2016 年 9 月 4—5 日	20 国集团（G20）领导人峰会在中国杭州召开，这是中国首次主办 G20 峰会，形成“杭州共识”
	2016 年 10 月 1 日	人民币正式纳入特别提款权。人民币与美元、欧元、日元和英镑一起构成特别提款权新的货币“篮子”
	2016 年 7 月 12 日	菲律宾南海仲裁案仲裁庭公布所谓“最终裁决”。中国郑重声明“不接受、不承认”，得到国际社会的高度支持
	2017 年 5 月 14 日	习近平出席“一带一路”国际合作高峰论坛开幕式，并发表题为《携手推进“一带一路”建设》的主旨演讲，强调坚持以和平合作、开放包容、互学互鉴、互利共赢为核心的丝路精神，携手推动“一带一路”建设行稳致远，将“一带一路”建成和平、繁荣、开放、创新、文明之路，迈向更加美好的明天
	2017 年 5 月起	人民币开始走强，人民币兑美元中间价升值，8 月 14 日为 6.660 1，创下 2016 年 9 月以来人民币兑美元的最低汇率

资料来源：互联网。

（二）美元汇率与人民币汇率

2016 年，因受美联储政策意见影响，全球市场认为美联储将不断加息，并让美国的利率进入利率上行通道，进而可能引发美元大量回流本土，引发美元走强的预期。特朗普上台后，尤其是 2017 年年初至今，美元走势再次成为全球关注的焦点。美元指数一直是反映全球外汇市场行情的重要指标性数据，因为美元始终是全球唯一重要的国际货币，在全球政治、经济、贸易、投资以及国家外汇储备层面都有极度重要的作用（见图 3）。

图 3　过去十年美元指数走势

数据来源：Wind 数据库。

2017 年年初开始，美元指数狂泻 8%，尤其是美元相对于欧元贬值超过 10%。主要是两个原因导致：第一个原因是欧元区经济增长超预期，压低了美元汇率；第二个原因是特朗普上台后，受特朗普言论以及白宫人事安排的影响，华尔街一改特朗普上台前的态度，极度乐观地认为特朗普上台会放松金融管制，金融业或可恢复 2008 年美国金融危机前的监管时代，股市、汇市一度出现“特朗普行情”（Trump Rally）或“特朗普通胀”（Trump flation）的市场预期。2016 年与 2017 年欧元兑美元汇率走势对比可见图 4。

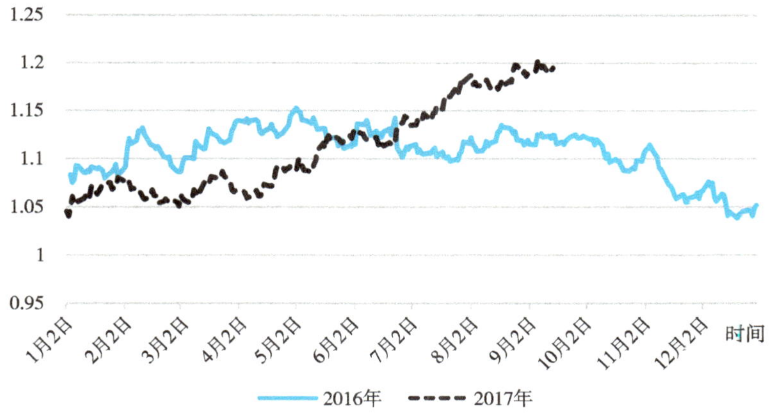

图4　2016 年与 2017 年欧元兑美元汇率走势对比

数据来源：Wind 数据库。

随着人民币国际化进程的稳步推进，以及中国在过去 30 年中不断展现出来的“大国担当”，尤其是在 1997 年东南亚金融危机期间，2007—2008 年美国金融危机期间，人民币作为区域性重要货币成为区域金融稳定的定盘星，发挥了稳定区域金融的积极作用，其“负效应”就是在区域内以及区域外有了极好的口碑，为后来的人民币国际化奠定了人脉与人气基础。随着习近平提出的“一带一路”倡议得以在全球生根落地，人民币在国际贸易、国际投资以及国际储备中的地位不断提高。

因此，人民币汇率也逐渐成为全球关注的焦点。因目前中国采用的是有管制的浮动汇率制度，每日汇率波动区间有一定限制，但不乏灵活性，因此人民币兑美元汇率仍然是全球最关注的金融数据指标之一。过去 17 年间，人民币兑美元汇率中间价走势可见图 5。

纵观 2016 年，人民币兑美元都处在一个人民币走弱的通道中，全年人民币相对于美元贬值超过 7.28%，市场一再出现若干危言耸听的言论，诸如：人民币出现大幅贬值基础。甚至有华尔街基金经理押注（甚至豪赌）中国国内经济出现问题，并散布“做空中国”等言论。而进入 2017 年，市场谣言不攻自破，人民币相对于美元的汇率走势一扫 2016 年的“贬值雾霾”，目前人民币兑美元汇率中间价已恢复到2016年年初水平。其实，目前中国经济已经出现“多元化+稳定性”的新经济结构模式，在这种“新结构”模式下，中国经济有很强的内部危机修正能力，也有很强的抗外部中短期经济波动冲击的能力，自稳定性极强。因此，不管人民币升值还是贬值，其实都是全球市场资源配资的自然结果，对中国经济的发展既有挑战也有机遇，而且往往都是利大于弊，机遇大于挑战（见图6）。

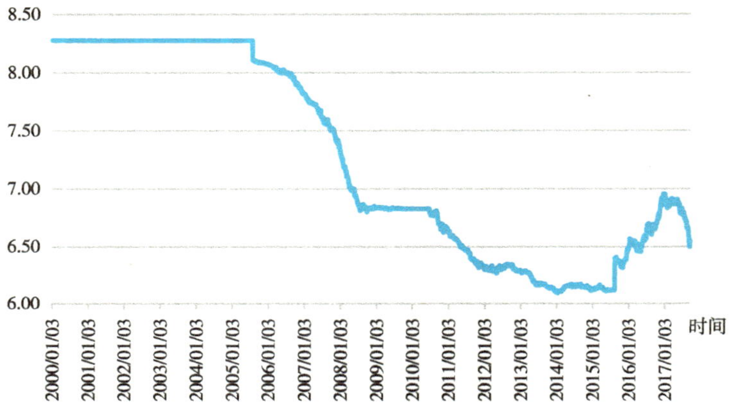

图5　2000年1月至2017年1月人民币兑美元汇率中间价

数据来源：Wind数据库。

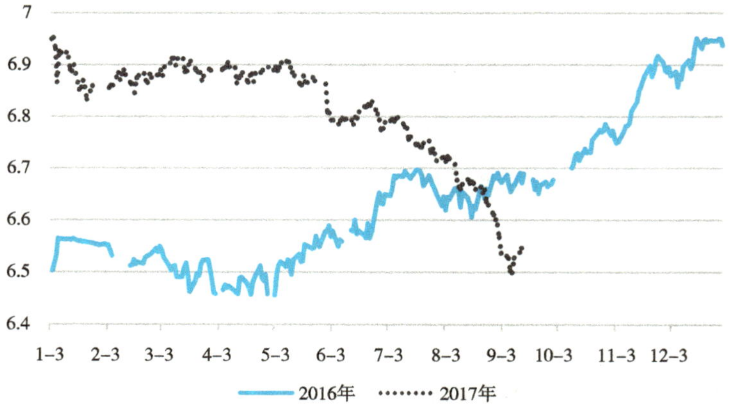

图6　2016年与2017年人民币兑美元走势对比

数据来源：Wind资讯。

三、 全球外汇市场未来展望

在2017年结束前，仍有几大国际事件值得全球投资人关注，首先是中国即将召开的中国共产党第十九次全国代表大会（以下简称“十九大”）。其次是美联储在2017年剩下的美国联邦公开市场委员会（FOMC）会议，市场需重点关注美联储关于“缩表”的最新政策动向以及美联储实现路径对外汇市场的影响。

党的十九大是在中国全面建成小康社会决胜阶段召开的一次十分重要的会议，是党和国家政治生活中的一件大事。随着党的十九大的召开，中国会向全世界进一步表明内部深化改革的决心，在全球时局波谲云诡的大背景下，中国发展好自己，走好自己的路就是对世界经济稳定与发展，乃至全世界人民福祉最大的贡献。有理由相信，从长期看，人民币兑美元汇率并无贬值基础，此外随着人民币新的中间价形成机制的建立，人民币国际化进程与“一带一路”形成正向促进作用，呈现良性促进态势，这种“态势”，“对外”能为中国获得更大的经济合作空间，“对内”能利用好国内资本市场，倒逼国内金融机构与金融市场改革。有理由相信，新的汇率形成机制，能更好地反映中国经济基本面情况，也能更好地反映国际外汇市场的变化，增强人民币兑美元的双边弹性。此外，人民币国际化进程在未来应会有更多的内涵和外延，人民币会进一步扮演区域货币定盘星的作用，为周边国家或地区输送以“稳定”为标的物（underlying）的公共物品。

就全球外汇市场发展而言，政治因素将在未来一年成为影响全球外汇市场的最大因素，其重要性会超过经济因素对全球外汇市场的影响。

政治因素包括三个方面。

第一，美国特朗普时代下产生的政策不确定因素，极端政治政策事件发生概率增大。中美关系、美欧关系、美俄关系是全球重要的国际关系，在特朗普上台前，已形成的大国间几乎趋近动态均衡的博弈格局正在被特朗普所打破，虽然“实质性”的、“本质性”的大国博弈关系格局仍未改变，但政治精英们彼此间的，基于以往所达成的大国国际关系中的“默契预期”或“默契共识”正在被打破。大国之间的国际关系共识与预期的变化，将直接短期内反映到各国货币兑美元的汇率上，也有可能改变美元指数走势。美国总统特朗普在国际贸易领域的政策也具有极大的不确定性，甚至这种不确定性本身也存在极大的不确定性。美国国际贸易政策战略定位的不确定性，将改变中长期汇率走势的系统格局。

第二，地缘政治风险加剧。叙利亚战争走势仍然不明确，背后的大国博弈更是直接影响叙利亚战争的走向。特朗普对阿富汗战争的态度和政策，再次改变了当地区域和平发展的路径。地缘政治与石油安全等问题都对外汇市场有直接或间接冲击。地缘政治与恐怖袭击也密切相关，而欧洲等地区恐怖袭击事件的发生也会短期内冲击外汇市场，打击投资人信心。而印度在亚洲的军事动向也扰动区域内各国神经。朝鲜最近在区域内一系列的“动作”也给全球外汇市场走势和市场发展注入了太多不可预知因素。

第三，在老牌发达国家内部，由于 2007 年美国金融危机后，进行的若干经济改革成效并不明显，又因为超过十年采取宽松型货币政策，随着美联储“加息”和“缩表”进入实质化阶段，都导致老牌发达国家所面临的问题逐步从经济问题升级为政治问题。这些老牌发达国家还可能因为难民问题，增加国内经济问题变质为政治问题的风险。

综上所述，全球外汇市场的走势和发展主要受经济、政治因素影响，过去十年外汇市场还是更多受到经济因素影响，但进入 2018 年，影响外汇市场走势与发展的因素可能有本质的变化，投资人应更关注政治风险对外汇市场走势和发展的影响。此外，我们认为，中国在未来将成为最重要的向区域乃至世界输送“政治安全与金融稳定”的“公共物品出口国”。也许，在不远的未来，人民币以及以人民币计价的金融产品会成为全球重要的避险货币或避险投资品。

参考文献

[1] BIS. International Banking and Financial Market Clevelopments [R]. BIS Quarterly Review,2017(3).

[2]BIS. Foreign Exchange Turnover in April 2013:Preliminary Global Results[R]. Triennial Central Bank Survey,2013.

[3]BIS. Foreign Exchange Turnover in April 2016:Preliminary Global Results[R]. Triennial Central Bank Survey,2016.

权威论文

管理者水平能降低企业银行贷款成本吗？

——来自中国中小企业的实证分析

高杰英　吴　雨　尹志超

摘要： 银行信贷是中国中小企业最为倚重的融资渠道，但是银行在大力支持实体经济发展的同时也面临信贷风险。如何甄别实体企业、实现“扶优限劣”成为银企关系良性发展的核心问题。国内已有研究中考虑管理者水平异质性对银行贷款成本影响的相关成果不多，尤其以非上市中小企业为对象的研究更为少见。本文运用某大型国有银行的65 293笔中小企业贷款数据，研究了管理者水平对中小企业贷款成本的影响。实证结果表明，高水平的管理者有利于降低企业的贷款成本，但是其作用是非线性的，银行会综合考虑管理者水平、担保条件、企业规模、企业信用等级等因素。对中型高信用等级、中型低信用等级、小型

作者简介：高杰英，首都经济贸易大学金融学院教授，硕士生导师，副院长。
吴雨，西南财经大学，中国家庭金融调查与研究中心博士研究生。
尹志超，首都经济贸易大学金融学院教授，博士生导师，院长。

基金项目：国家社科基金项目“金砖银行互利共赢合作模式及风险防范机制研究”（15BJL077），中组部首届青年拔尖人才支持计划，国家自然科学基金面上项目“流动性约束与中国家庭金融行为———基于CHFS数据的研究”（71373213）。

高信用等级和小型低信用等级企业的子样本研究表明，管理者水平对中小企业的银行贷款利率、贷款担保要求影响显著。总之，优秀的管理者有利于降低银行贷款利率和减少贷款担保要求。上述研究结论意味着，金融支持实体经济的发展绝不是盲目地“放水”，而是有所选择地“滴灌”。对于中小企业来说，管理者应当努力提升自身水平，进而提供更多的“硬信息”，才能有效获得贷款融资并不断降低贷款成本。对于银行来说，不断提高信贷风险管理技术，完善信贷风险识别、分担和转移机制，才能建立银企关系的良性循环，更有效地支持实体经济的发展。

关键词： 管理者水平；贷款成本；担保要求；贷款利率浮动

一、问题提出

银行贷款在中国企业融资尤其是中小企业融资中发挥着重要作用。2016年年底，中国社会融资总规模155.99万亿元，其中银行贷款107.82万亿元，占比高达69%[①]。但是，“融资难、融资贵”一直是困扰中小企业融资的问题。斯蒂格里茨等（Stiglitz和Weiss，1981）以信息不对称下的道德风险解释了“融资难”的原因。阿克洛夫（Akerlof，1970）指出：“担保是降低信息不对称的有效工具”，中国高达74%的银行担保贷款比重表明担保已经成为中国企业融资增信的重要方式[②]。但是，担保增加了企业的融资成本，从而使“融资难”在利率市场化改革背景下一定程度上表现为“融资贵”。如何化解中小企业的“融资难、融资贵”成为大众创业、万众创新过程中银行支持实体经济发展亟待研究解决的问题。

国内外对降低中小企业融资成本的研究主要从三个方面展开。第

① 中国人民银行调查统计司2016年统计数据：社会融资总规模［EB/OL］。http：//www.pbc.gov.cn/diaochatongjisi/116219/116319/3013637/3013639/index.html，最后一次访问2017－03－12.

② 根据中国15家上市银行2014年年度报告统计计算得出。

一，企业内部因素方面，包括财务状况、治理特征和信息披露三个维度。企业的财务表现越好、信用评级越高，则企业债务成本越低（Menz，2010）。公司治理的特征，如董事会和审计委员会特征、社会责任等都对融资成本产生影响。董事会和审计委员会规模越大、独立性越高、活动越频繁，则债务成本越低（Anderson，2004）。菲尔茨等（Fields 等，2012）对董事会的研究表明，董事会质量越高的企业所贷款项有担保要求的可能性越低，贷款合约中的附属条件也越少。蒋琰（2009）的研究表明，较好的公司治理结构有利于企业债务成本的降低。第二，企业外部因素方面，如企业所处环境、银企关系等对融资成本产生影响。瓦尔塔（Valta，2012）对竞争和成本的研究表明，企业所处外部市场竞争程度越高，银行对企业的贷款利率浮动越大。汪平等（2015）对中国企业的研究表明，国家股东控股企业的资本成本低于非国家股东控股企业的资本成本。银企关系有利于降低银行与企业间的信息不对称从而降低贷款成本（苏灵等，2011）。同时，财政补贴有助于降低银行风险评估级别，从而降低企业债务融资成本（申香华，2014）。第三，抵押担保视角方面，包括抵押物改变均衡条件、抵押物对利率的影响等。贝斯塔（Bester，1985）建立了利率、抵押物和信贷的分离均衡条件。毕特等（Boot 等，1991）研究表明，银行初期对借款者实行抵押且高于市场的利率，贷款项目成功后则不需要抵押且实行低于市场的利率。银企关系越长，则抵押要求越低而且可抵押的范围越广（Degryseand Cayseele，2000）。中国满足抵押担保要求的大部分小微企业比银行拥有更强的利率决策主导权（霍源源等，2015）。

以上研究大部分假定企业管理者水平是同质的。而现实中企业的管理者由于性别、年龄、教育背景、工作经历等方面的差异使得他们的管理水平有着很大的不同。管理者水平高低决定了公司的运转效率和公司所承担的成本（Feng，2009）。高管层过度自信会造成企业过度投资从而增加企业权益资本成本（于富生等，2011）。国内考虑管理者水平异质性的企业贷款成本相关研究不多，尤其以非上市中小企业为对象的研究更为少见。因此，本文的贡献在于：第一，以非上市中小企业为对象的研究更能切合大部分中国企业的现状；第二，实证揭示了企业管理者水平高有利于降低企业贷款融资成本；第三，分析了不同规模、不同信用等级企业中管理者水平对贷款利率和担保要求的不同影响。

本文后续部分安排如下：第二部分是人力资本对企业贷款成本的影响机制与研究假设；第三部分对数据、模型设定以及变量的选取进行详细说明，并实证分析了管理者水平对企业贷款担保和贷款利率浮动的影响；第四部分为稳健性检验；第五部分是结论及政策建议。

二、人力资本对企业贷款成本的影响机制与研究假设

（一）人力资本对企业贷款成本的影响机制

影响银行贷款信用评估的基本要素，不论是5C、5P还是5W要素分析法都涉及对借款人品德和能力的评价，表明管理者能力对信贷融资产生直接或间接的影响①。

1. 优秀的管理者有助于提高管理质量，树立良好信誉，从而降低银行贷款成本

企业管理质量可以降低银行贷款利率、扩大外部融资（Rahaman and Zaman，2013）。优秀的管理者有利于企业持续经营、树立企业品牌、秉承社会责任。认真履行社会责任的企业往往风险较低、估值更高，债务成本会降低（Ghoul 等，2011）。基姆等（Kim 等，2014）对12 545笔银团贷款的实证研究表明，社会责任强的借款人银行贷款息差率下降24.8%。

---

① 5C要素分析法包括借款人品德（Character）、经营能力（Capacity）、资本（Capital）、资产抵押（Collateral）、经济环境（Condition），都以英文“C”开头。5P要素分析法包括个人因素（Personal Factor）、资金用途因素（Purpose Factor）、还款财源因素（Payment Factor）、债权保障因素（Protection Factor）、企业前景因素（Perspective Factor），都以英文“P”开头。5W要素分析法包括借款人（Who）、借款用途（Why）、还款期限（When）、担保物（What）及如何还款（How），都含有英文“W”。

2. 优秀的管理者有助于提高公司治理水平，从而降低银行贷款成本

有良好教育背景的管理者有利于提升企业业绩（Jalbert 等，2010）。大公司大董事会、小公司小董事会对提升公司托宾 Q 值都是有效的（Naveen，2008）。小企业中公司治理结构往往是受管理者影响的内生变量，而公司治理优化能够提升企业绩效，降低企业贷款成本（Brick 等，2006；Aldamen and Duncan，2011）。

3. 优秀的管理者有助于提高企业多方融资能力，建立良好的银企关系

银企关系对中小企业信贷可得性和贷款成本都会产生有利影响。当融资利率对客户相对不敏感时，客户关系直接影响信贷配给水平（Petersenand Rajan，1994）。银企关系越长，越有可能降低抵押品要求和利率，增加信贷可得性（Berger and Udell，1995）。银企间广泛深入的客户关系会导致较高水平的信贷可获性（Cole，1998）。

4. 优秀的管理者有助于提高会计报表透明度，降低贷款成本

管理者是企业财务报告质量的首要监管者，管理者水平是决定企业财务报表数据真实性的重要因素（Anderson，2004）。大企业由规范财务报表体系披露的易于量化和传递的信息称作“硬信息”，而那些缺少规范信息披露的中小企业的模糊信息称作“软信息”。大多数中小企业的所有权和管理权集中于少数人，管理者水平越高，其篡改报表数据以掩盖企业负面信息的动机越弱。雅菲等（Jaffee 和 Modigliani，1969）从银行信贷利率配给视角的研究表明，风险大的企业贷款利率高。小企业财务报表质量与银行贷款利率负相关（Bauwhe 等，2015）。

（二） 研究假设

通过以上管理者人力资本对企业贷款成本影响机制的分析，可以做出以下假设：

假设 1：管理者水平高可以降低中小企业贷款成本。管理者可以通

过提高企业的经营质量从而

使其“硬信息”质量更高，同时也可以通过完善公司治理、稳定银企关系、提高透明度等来完善“软信息”以减少信息不对称，从而降低企业银行贷款成本。

假设2：管理者水平对贷款成本下降的作用是非线性的，受企业异质性的影响。银行对信贷过程中的逆向选择和道德风险会结合企业的规模、信用等级和企业管理者水平等因素进行综合考虑。银行对担保需求存在一定的阈值。当企业信用低、风险大的时候，银行不会以提高抵押担保或提高贷款利率的方式来抵补风险，而是选择拒绝贷款。

三、 实证分析

（一） 样本、 数据及描述性统计

本文所使用的数据来源于某国有银行省分行的中小企业贷款数据，样本区间为2002—2008年。此段时间样本在中国银行业信贷管理中具有代表意义。第一，银行业在此阶段开始增强授信管理、落实信贷责任。银行开始施行信贷责任制、内部信用评级制度以及加强信贷管理等。由图1可见，此阶段中国银行业不良贷款和不良贷款率呈现“双降”。第二，2008年后的信贷政策受到宏观经济政策影响，信贷增幅迅猛上升，相对宽松的信贷环境下授信审核可能有所放松，企业管理者作用可能相对不明显。如图2所示，2009年银行信贷规模迅速增长并一直持续至今，每月新增贷款从2008年之前的5 000亿元以下跃升至5 000亿元之上，不少时间甚至升到10 000亿元以上。而不良贷款则在2011年后开始凸显。

数据处理方面，剔除了管理者素质存在缺失的样本，并对贷款利率浮动、贷款规模、企业年龄使用Winsorization进行了极端值处理，用1%和99%的样本取值替代两侧极端值。同时，未评级、评级未成功和免评级的企业也不在我们的分析样本中。斯凯诺内（Schenone，2010）

研究发现，企业上市有利于企业贷款成本的降低，因此我们将上市企业剔除。经过筛选，用于分析的样本有 4 300 家企业的 65 293 笔贷款数据。管理者水平及其他关键解释变量选取如下：

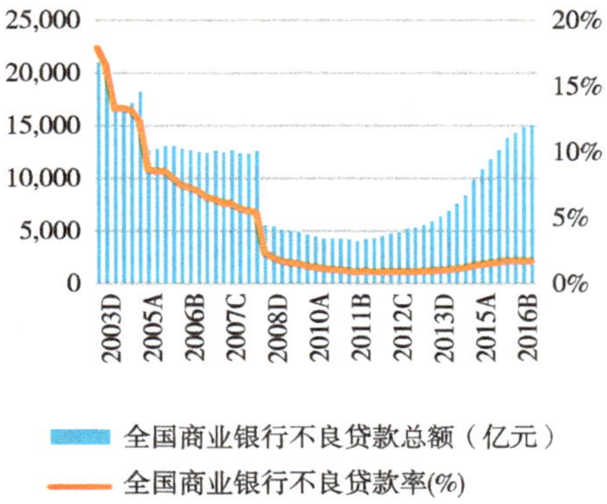

图 1　中国银行业不良贷款情况

（2003—2016 年）

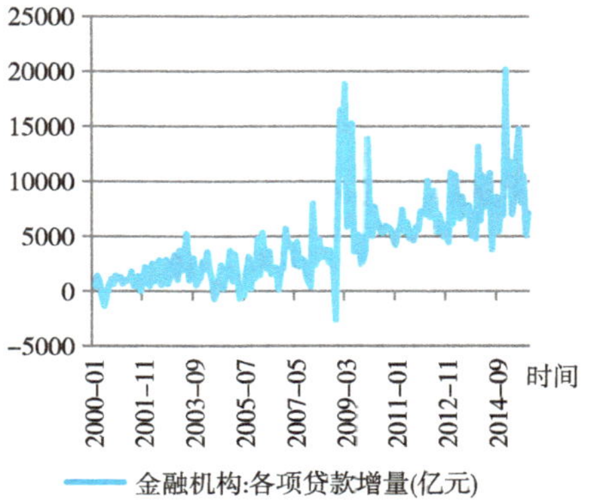

图 2　中国银行业贷款增量

（2000—2015 年）

1. 管理者水平

商业银行分别依据企业领导者和管理者的品质、经历、能力、健康状况和业务等进行了客观综合评定打分，将领导者/管理者素质分别划分为优秀、好、中、差四个等级。据此我们将打分为中和差的定义为“领导者/管理者素质低”，将打分为好的定义为“领导者/管理者水平中等”，将打分为优秀的定义为“领导者/管理者素质高”，并以“领导者/管理者水平低”的企业作为对照组，引入“领导者/管理者素质高”和“领导者/管理者素质中等”两个虚拟变量①。

① 数据库对管理者的概念界定为负责企业日常业务运营，执行战略目标与计划的管理层。对领导者的概念界定为负责企业长远发展规划，制定战略目标并落实战略的管理层。两者对管理才能的侧重稍有不同，但都是管理企业必不可少的才能。本文以管理者素质进行实证分析，以领导者素质进行稳健性检验。

2. 贷款特征变量

贷款特征变量为贷款合同中的信息，主要包括基准利率、贷款规模、贷款期限、是否专项贷款、还款方式、担保方式、贷款行业、借款日期等。基准利率（base rate）表示贷款发生时中国人民银行规定的贷款基准利率。贷款期限（maturity）折算为以年为单位引入回归。贷款规模（loan - size）即为贷款金额，以万元为单位并在回归中取对数。专项贷款（special - loan）是由银行办理的具有某种特殊用途的贷款，属政策性贷款，按照国家规定享受优惠利率，因而与普通贷款相比，专项贷款的贷款利率浮动要小。还款方式（repay - way）分为一次性利随本还、一次性还本按月还息、自定计划分期还款、其他等。企业贷款担保方式（collateral）分为信用、保证、抵押、质押、票据贴现等。

3. 企业特征变量

除贷款特征外，企业特征也可能对银行贷款产生影响，因而我们控制了企业的经济类型、管理特征、经营规模、信用等级、银企关系等变量。在本文使用的数据中，经济类型分为国有企业、集体企业、股份合作企业、联营企业、有限责任公司、股份有限公司、私营企业、港澳台企业、外商投资企业、其他企业等。管理特征分为优良客户、一般客户、限制客户、淘汰客户。商业银行将经营规模分为大型、中型、小型和其他等。本研究剔除大型企业，中型企业组包括中型企业，小型企业组包括小型和其他企业。商业银行对企业的内部信用等级分为 AAA +，AAA，AA +，AA，A +，A，B，D 等。本研究高信用等级组包括 AAA +，AAA，AA +，AA，A + 和 A；低信用等级组包括 B 和 D。此外，我们还使用银企关系持续时间即贷款时点与该企业第一次在该行贷款的时间间隔来衡量银企关系。为了控制宏观变量与时间趋势，我们引入了年份哑变量；为了控制地区固定效应的影响，引入了地区哑变量。

表 1 给出了主要变量的描述性统计，主要包括贷款利率浮动幅度、领导者/管理者素质、贷款担保方式、基准利率、贷款期限、企

业年龄等。

表 1　变量描述

变量名	观测值	均值	标准差	最小值	最大值
利率浮动幅度（%）	65 293	17.30	12.26	-10	60
管理者水平					
领导者素质高	65 293	0.333	0.471	0	1
领导者素质中等	65 293	0.460	0.498	0	1
领导者素质低	65 293	0.207	0.405	0	1
管理者素质高	65 293	0.367	0.482	0	1
管理者素质中等	65 293	0.442	0.497	0	1
管理者素质低	65 293	0.191	0.393	0	1
贷款特征					
贷款规模（万元）	65 293	333.09	516.47	5	5 000
贷款期限（年）	65 293	1.03	1.05	0	18.01
基准利率	65 293	6.01	0.72	4.86	7.83
信用贷款	65 293	0.016	0.126	0	1
保证贷款	65 293	0.135	0.341	0	1
抵押贷款	65 293	0.656	0.475	0	1
质押贷款	65 293	0.040	0.197	0	1
票据贴现	65 293	0.153	0.360	0	1
企业特征					
公司年龄（年）	65 293	9.67	8.11	0	59.84
高信用等级	65 293	0.674	0.468	0	1
低信用等级	65 293	0.326	0.468	0	1
中型企业	65 293	0.587	0.492	0	1
小型企业	65 293	0.413	0.492	0	1

从表 1 可以发现，样本中企业贷款利率平均高于同期基准利率 17.3%，且对于不同企业贷款利率的浮动幅度差异明显，最小可比同期基准利率低 10%，最大则比同期基准利率高 60%。管理者素质划分为高、中等和低，分别占比 37%，44% 和 19%。领导者素质划分为高、

中等和低，分别占比 33%，46% 和 21%。贷款类型包括信用、抵押、保证、质押和票据贴现，其中信用贷款仅占比 2%，说明银行对中小企业的贷款担保要求高，尤其是抵押贷款，占比达 66%。公司年龄平均为 9.67 年，样本中有 67% 的企业为高信用等级企业。

（二）实证检验

基于以上分析，我们对企业管理者水平与贷款成本的关系进行实证检验。设定检验方程如下：

$$Collateral = 1\ (\alpha + \gamma_1 Management - level + \gamma_2 Loan - control + \gamma_3 Company - control + \mu) \quad (1)$$

$$Float - range = \alpha + \beta_1 Management - level + \beta_2 Loan - control + \beta_3 Company - control + \varepsilon \quad (2)$$

其中，Collateral 是虚拟变量，用来衡量担保要求带来的贷款成本，等于 1 表示贷款有担保，即该笔贷款类型为保证、抵押、质押、票据贴现等；等于 0 表示贷款无担保，即该笔贷款为信用贷款。Float - range 表示贷款利率的浮动幅度，定义为（贷款利率 - 基准利率）/基准利率，用来衡量直接贷款成本。Management - level 表示企业的管理者水平；Loan - control 为贷款特征变量；Company - control 为企业特征变量。

1. 管理者水平与担保要求

我们首先考察管理者水平对贷款担保要求的影响。表 2 给出的是 Probit 模型估计结果。第（1）列报告了全样本的估计结果，第（2）（3）列按信用等级分组，分别报告了高低信用等级组的估计结果。

表 2　企业管理者水平与担保要求

	全样本	高信用等级	低信用等级
	(1)	(2)	(3)
管理者素质高	0.004**	-0.034***	-0.002
	(0.001)	(0.008)	(0.002)
管理者素质中等	0.002	-0.041***	0.010***
	(0.001)	(0.008)	(0.002)

续表

	全样本 (1)	高信用等级 (2)	低信用等级 (3)
Ln(贷款金额)	-0.004*** (0.001)	-0.006*** (0.001)	-0.001 (0.001)
贷款期限	-0.002*** (0.000)	-0.004*** (0.000)	0.002 (0.001)
企业年龄	0.001*** (0.000)	0.001*** (0.000)	-0.000 (0.000)
企业年龄平方	-0.000*** (0.000)	-0.000*** (0.000)	-0.000 (0.000)
基准利率	0.008*** (0.000)	0.007*** (0.000)	0.013*** (0.002)
中型企业	0.002** (0.001)	-0.004*** (0.001)	-0.002 (0.001)
信用等级高	-0.005*** (0.001)		
N	65 293	44 033	21 260
$pseudoR^2$	0.137	0.189	0.141

注：***，**，*分别表示在1%，5%，10%的置信水平下显著，括号内为异方差稳健标准差（Robust Standard Er－ror）。回归中均控制了企业管理特征、企业信用等级、贷款投向行业、贷款还款方式、企业经营规模、经济类型，此外也控制了地区固定效应和时间固定效应。表中报告的是各变量的边际效应（Marginal Effect）。

第（1）列估计中，与管理者水平较差组相比，管理者素质高组的估计系数显著为正，表明管理者水平高的企业贷款的担保要求也越高，管理者水平中等组估计系数不显著。这似乎与事实并不相符，可能与企业的异质性有关。从两个方面可以看出企业的异质性，首先从（1）中可以看出，中型企业的贷款担保要求显著低于小型企业贷款担保要求；信用等级高的企业贷款担保要求显著低于信用等级差的企业。其次，（2）和（3）按信用等级进行分组的估计显示，高信用等级企业中，企业管理者水平越高贷款担保要求越低；低信用等级组中，管理者水平高降低企业贷款担保要求作用不显著，而管理者水平中等显著增加了贷款担保要求。为了进一步分析不同信用等级组中管理者作用不同的现象，下文再按企业规模进行分组估计。表3给出了不同规模企业在不同信用等级下管理者水平与担保要求。

表3　不同规模不同信用等级企业管理者水平与担保要求

	中型企业		小型企业	
	高信用等级	低信用等级	高信用等级	低信用等级
	(1)	(2)	(3)	(4)
管理者素质高	-0.034***	-0.018***	-0.073***	0.013***
	(0.009)	(0.003)	(0.005)	(0.005)
管理者素质中等	-0.037***	-0.002	-0.091***	0.026***
	(0.009)	(0.003)	(0.004)	(0.004)
Ln（贷款金额）	-0.013***	-0.001	0.002**	0.001
	(0.001)	(0.001)	(0.001)	(0.001)
贷款期限	-0.004***	0.006**	0.007*	-0.001
	(0.000)	(0.003)	(0.004)	(0.001)
企业年龄	0.001***	-0.001	0.002***	-0.001***
	(0.000)	(0.001)	(0.000)	(0.000)
企业年龄平方	-0.000***	0.000**	-0.000***	0.000**
	(0.000)	(0.000)	(0.000)	(0.000)
基准利率	0.005***	0.013***	0.004**	0.013***
	(0.002)	(0.003)	(0.002)	(0.003)
N	29 442	8 890	14 591	12 370
pseudo R^2	0.238	0.216	0.383	0.233

注：***，**，*分别表示在1%，5%，10%的置信水平下显著，括号内为异方差稳健标准差（Robust Standard Error）。回归中均控制了企业管理特征、贷款投向行业、贷款还款方式、经济类型，此外也控制了地区固定效应和时间固定效应。表中报告的是各变量的边际效应（Marginal Effect）。

第（2）列估计结果与第（1）列基本一致，但第（3）列估计结果与前两列有较大差异，表明低信用级组的企业贷款成本呈现不同的特征。为分析其中的原因，下文我们进一步分析不同规模企业在不同信用等级组中的情况。

表3 显示，对于中型高信用等级企业而言，管理者水平越高，担保要求越低。对于中型低信用等级企业而言，管理者水平高则能帮助企业降低担保要求，但是如果管理者水平中等则对降低企业贷款担保要求作用不显著。表3 同时显示，对于小型高信用等级企业而言，管理者水平能显著影响银行贷款担保要求。而在小型低信用等级企业里，管理者水平提高了企业的担保要求，这可能是管理者以个人能力争取到了银行授信的机会，但同时要求企业提供更多的担保才能够获得贷款。表2 和表3 的实证结果一致表明：管理者水平降低了高信用等级企业的担保要求，从而降低了企业贷款成本，由此验证了假设1。造成这种现象的原因是企业信用等级高和管理者水平高在授信审核阶段能够较好地获得银行的信任，因此银行可能愿意发放较为便捷的信用贷款或减少担保要求，尤其是在竞争的信贷市场环境下银行要争取较为优质的信贷客户。在低信用企业中管理者水平的作用因企业规模不同而不同，对于中型企业倾向于降低担保要求，而对于小型企业则提高了担保要求，由此验证了假设2。造成这种现象的原因在于银行在对中小型企业信贷管理中，银企关系尤其是企业管理者与银行的关系发挥较大的作用，在中型企业中可以降低贷款担保的要求，而在小企业中提高了贷款的获得性，银行提高担保要求基于其需要强化贷后管理的需求，将信贷管理成本转嫁给企业。

从表2 和表3 的估计结果可以看出，不论何种情况下，基准利率越高贷款担保要求越高，都说明了紧缩的货币政策会使得贷款供给减少，从而增大贷款难度。

2. 管理者水平与利率浮动

表4 给出了管理者水平对企业贷款成本的 OLS 估计结果。表4 第（1）列报告了全样本下企业管理者水平与利率浮动的估计结果，第（2）（3）列按信用等级分组，分别报告了高、低信用等级组企业管理者水平与利率浮动的估计结果。

表4　企业管理者水平与利率浮动

	全样本 (1)	高信用等级 (2)	低信用等级 (3)
管理者水平高	-2.085*** (0.140)	-2.445*** (0.269)	-2.273*** (0.260)
管理者水平中等	-0.961*** (0.125)	-0.991*** (0.264)	-1.577*** (0.181)
Ln（贷款金额）	-1.948*** (0.040)	-0.523*** (0.054)	-0.446*** (0.086)
贷款期限	-0.728*** (0.041)	0.068 (0.073)	0.069 (0.116)
企业年龄	0.093*** (0.014)	0.181*** (0.020)	0.375*** (0.028)
企业年龄平方	-0.002*** (0.000)	-0.002*** (0.000)	-0.007*** (0.001)
基准利率	0.551*** (0.117)	2.130*** (0.146)	3.908*** (0.380)
中型企业	-1.239*** (0.086)	-2.798*** (0.118)	-1.960*** (0.180)
信用等级高	-0.725*** (0.098)		
N	65 293	44 033	21 260
R^2	0.391	0.184	0.167
adj. R^2	0.391	0.184	0.166

注：***，**，*分别表示在1%，5%，10%的置信水平下显著，括号内为异方差稳健标准差（Robust Standard Error）。回归中均控制了企业管理特征、企业信用等级、贷款投向行业、贷款还款方式、企业经营规模、经济类型，此外也控制了地区固定效应和时间固定效应。

在第（1）列估计中，管理者水平高的估计系数为-2.085，在1%水平上显著；管理者水平中等的估计系数为-0.961，同样也在1%水平上显著。可以看出，管理者水平越高企业获得银行贷款利率越低。贷款金额在1%水平上显著为负，即贷款规模越大贷款利率越低。这说明商业银行贷款存在规模经济（economies of scale），可能是由贷款规模增大所带来商业银行单位管理成本降低导致的。贷款期限同样显著为负，贷款期限越长贷款利率越低。企业特征方面，企业年龄对贷款利率浮动的影响是非线性的，呈先上升后下降趋势，拐点在 23 年左右①。这可能是因为，在企业成立早期对资金的需求较强，但由于企业年轻又很难获得贷款，因而贷款成本较高。这一点从中型企业估计系数显著为负，也可以看出。从估计结果可以看出，中型企业贷款利率浮动幅度要比小型企业低 1.24 个百分点。基准利率估计系数显著为正，说明紧缩的货币政策会使得贷款供给减少，从而增大贷款成本。此外，信用等级高的企业贷款成本更低，贷款利率浮动幅度比小型企业要低 0.73 个百分点。相比贷款成本低而言，信用等级对贷款可得性的影响更重要。

为了进一步观察管理者水平对不同规模、不同信用等级企业的影响，将第（2）和（3）列按企业规模进行分组估计。

表 5 显示，对于中型高信用等级企业，管理者水平越高，企业向银行申请到的贷款利率越低。对于小型低信用等级企业，管理者水平也能显著降低企业银行贷款成本。只有在小型高信用等级企业，管理者水平作用不显著。

表 5　不同规模不同信用等级企业管理者水平与利率浮动

	中型企业		小型企业	
	高信用等级	低信用等级	高信用等级	低信用等级
	(1)	(2)	(3)	(4)
管理者素质高	-3.925*** (0.369)	-1.756*** (0.350)	0.199 (0.399)	-2.475*** (0.395)

① 拐点年限的计算方法：根据模型 Float - range = $\alpha + \beta_1$ Management - level + β_2Loan - control + β_3 ge + $\beta_4 \text{Age}^2 + \varepsilon$，有 $\frac{\partial \text{Float - range}}{\partial \text{Age}} = \beta_3 + 2\beta_4 \text{Age} = 0$，则 $\text{Age} = -\frac{\beta_3}{2\beta_4} = -\frac{-0.093}{2 \times 0.002} = -23.25$。

续表

	中型企业		小型企业	
	高信用等级	低信用等级	高信用等级	低信用等级
	(1)	(2)	(3)	(4)
管理者素质中等	-1.731*** (0.370)	-1.205*** (0.283)	-0.275 (0.375)	-1.793*** (0.237)
Ln（贷款金额）	-0.799*** (0.065)	-0.478*** (0.141)	-0.024 (0.097)	-0.416*** (0.108)
贷款期限	-0.267*** (0.071)	-0.599*** (0.145)	1.039*** (0.226)	0.404** (0.158)
企业年龄	0.105*** (0.024)	0.537*** (0.048)	0.371*** (0.035)	0.266*** (0.035)
企业年龄平方	-0.002*** (0.001)	-0.009*** (0.001)	-0.005*** (0.001)	-0.005*** (0.001)
基准利率	2.589*** (0.198)	1.909*** (0.602)	3.189*** (0.322)	9.635*** (0.726)
N	29 442	8 890	14 591	12 370
R^2	0.188	0.152	0.179	0.206
adj. R^2	0.187	0.149	0.177	0.204

注：***，**，*分别表示在1%，5%，10%的置信水平下显著，括号内为异方差稳健标准差（Robust Standard Error）。回归中均控制了企业管理特征、贷款投向行业、贷款还款方式、经济类型，此外也控制了地区固定效应和时间固定效应。表中报告的是各变量的边际效应（Marginal Effect）。

四、稳健性检验

为了检验上文估计结果的稳健性，我们以领导者素质作为管理者水平的代理变量，对样本分别进行回归分析。表6给出了中小型企业样本中领导者素质对贷款担保要求的估计结果；相应地，表7报告了不同规模、不同信用等级企业样本中领导者素质对企业贷款担保要求的估计结果。

表 6　企业领导者素质与担保要求

	全样本 (1)	高信用等级 (2)	低信用等级 (3)
领导素质高	0.002 (0.001)	-0.043 *** (0.009)	-0.001 (0.002)
领导素质中等	0.004 *** (0.001)	-0.044 *** (0.009)	0.010 *** (0.002)
N	65 293	44 033	21 260
pseudo R^2	0.137	0.186	0.141

注：***，**，* 分别表示在 1%，5%，10% 的置信水平下显著，括号内为异方差稳健标准差（Robust Standard Error）。回归中均控制了企业管理特征、企业信用等级、贷款投向行业、贷款还款方式、经济类型，此外也控制了地区固定效应和时间固定效应。表中报告的是各变量的边际效应（Marginal Effect）。

表 7　不同规模不同信用等级企业领导者素质与担保要求

	中型企业		小型企业	
	高信用等级 (1)	低信用等级 (2)	高信用等级 (3)	低信用等级 (4)
领导者素质高	-0.038 *** (0.011)	-0.013 *** (0.003)	-0.059 *** (0.006)	0.013 *** (0.004)
领导者素质中等	-0.042 *** (0.011)	-0.004 (0.003)	-0.065 *** (0.006)	0.025 *** (0.004)
N	29 442	8 890	14 591	12 370
pseudo R^2	0.238	0.201	0.360	0.237

注：***，**，* 分别表示在 1%，5%，10% 的置信水平下显著，括号内为异方差稳健标准差（Robust Standard Error）。回归中均控制了企业管理特征、贷款投向行业、贷款还款方式、经济类型，此外也控制了地区固定效应和时间固定效应。表中报告的是各变量的边际效应（Marginal Effect）。

表 6 和表 7 报告了企业领导者素质对贷款担保影响的估计结果，与表 2 和表 3 列示的结果一致。表 7 第（1）列中领导者素质高和领导者素质中等的边际效应分别为 -0.038 和 -0.042，均在 1% 水平上显著。第（2）列低信用中型企业中，领导者素质高时边际效应为 -0.013，

在1%的水平上显著，有利于企业降低担保要求，但是领导者素质中等的此项作用不显著。第（3）列高信用小型企业中，领导者素质仍然有显著的边际效应，领导者素质高和中等都能够显著降低企业的担保要求。第（4）列低信用小型企业中，领导者素质有显著的边际正效用，即领导者素质提高了企业的担保水平，表明本来可能无法获得银行贷款的企业，因为领导者高水平加上更多的担保从而得到了贷款，实现了基本的融资目标。

下面，进一步分析企业领导者素质对直接贷款成本的影响。对中小型企业样本中领导者素质对贷款利率浮动的估计结果，以及不同规模、不同信用等级企业样本中领导者素质对企业贷款利率的估计结果表明，企业领导者水平降低了企业银行贷款利率浮动，与表4和表5列示的结果一致①。

不同规模、不同信用等级企业样本中领导者素质高和管理者素质中等的估计系数分别为 -3.716 和 -2.189，均在1%置信水平下显著。这表明领导者水平的提高有利于企业以更小的利率浮动幅度获得贷款。

以上检验结果表明本文的估计结果是稳健的，分析表明无论是中型企业还是小型企业，管理者水平高都能够显著降低企业贷款的融资成本。

五、 结论与政策建议

本文选取2002—2008年4 300家中小企业65 293笔银行贷款作为研究样本，分析了企业管理者水平对银行贷款成本的影响。结果表明：企业管理者水平高能够有效降低企业银行贷款成本，不同规模不同信用等级企业中管理者的作用不同。表8总结了企业异质性条件下管理者水平对企业银行贷款成本的作用。第一，对于中型规模高信用企业，管理者水平显著降低了企业的贷款担保水平和贷款利率，验证了假设1。第

① 受篇幅所限未列出具体估计结果。

二，对于中型规模低信用企业，管理者水平降低了企业的贷款担保水平和贷款利率，但是如果管理者水平不够高，降低担保水平的作用不显著。第三，对于小型规模高信用企业，管理者水平降低了企业担保要求，但是对贷款利率的作用不显著。第四，对于小型规模低信用企业，管理者水平提高了企业担保要求，降低了贷款利率。第二至第四的结果验证了假设 2 的非线性假设。银行会综合考虑管理者水平、担保条件、企业规模、企业信用等级等因素，从而管理者水平对企业贷款成本的影响呈非线性。

表 8　不同规模不同信用等级下管理者水平对企业贷款成本的作用

		中型高信用企业	中型低信用企业	小型高信用企业	小型低信用企业
管理者素质高	担保水平	↓***	↓***	↓***	↑***
	利率浮动	↓***	↓***	↑	↓***
管理者素质中等	担保水平	↓***	↓	↓***	↑***
	利率浮动	↓***	↓***	↓	↓***

注：***，**，*分别表示在1%，5%，10%的置信水平下显著。

我们认为，对于“硬信息”质量高的企业，银行在贷款发放的时候更关注其贷款发放后的道德风险，管理者水平高意味着管理者能够有效控制贷款发放后的道德风险从而银行可以降低贷款担保和贷款利率。对于“硬信息”质量中等的企业（规模稍大或者信用等级较高），银行在贷款发放的时候既考虑逆向选择又考虑道德风险，管理者水平不会与贷款成本形成简单的线性关系。表现为只有管理者水平够高才能显著降低担保水平，而在其他情况下对担保、利率都没有一致的影响，有时候有助于利率优惠，有时候有助于贷款担保要求降低。对于“硬信息”较弱的企业，银行在贷款发放的时候既关注道德风险又关注逆向选择，因此只有较高的担保才能够保证企业获得贷款以防止信息不对称风险，企业提供担保的目的是彰显自己的信用并改善自身在贷款市场中的劣势地位，而管理者在此基础上有利于企业以较为优惠的贷款利率获得贷款，减小银行贷款加价。

中小企业经济实力的竞争，归根结底是高素质经营管理人才的竞争。本文的研究结论表明，中小企业要想有效降低贷款成本，很重要的一点是应当努力提升管理者水平。管理者水平除了有助于提高企业“硬信息”的质量，而且在企业条件既定的情况下有助于企业以更优的贷款条件获得贷款。在企业信用等级较高的情况下，管理者水平可以显著降低企业的担保水平，在担保的基础上可以显著降低企业贷款利率，从而解决“融资贵”的问题。同时，对于信用较低或是规模较小的企业，高素质的管理者有助于企业通过提供担保等条件来获得贷款，解决融资难的问题。因此，一方面，中小企业自身应把好管理者选拔关，建立合理的考核选拔监督退出机制；另一方面，中小企业及相关部门应重视针对企业管理者的系统培训工作，学习新的管理知识和管理方法，在适应企业生存发展需要的同时提高企业的竞争力。

参考文献

[1]霍源源，冯宗宪，柳春. 2015：抵押担保条件对小微企业贷款利率影响效应分析——基于双边随机前沿模型的实证研究[J]. 金融研究，2015(9).

[2]蒋琰. 权益成本、债务成本与公司治理：影响差异性研究[J]. 管理世界，2009(9).

[3]申香华，银行风险识别、政府财政补贴与企业债务融资成本——基于沪深两市2007—2012年公司数据的实证检验[J]. 财贸经济，2009(9).

[4]苏灵，王永海，余明桂. 董事的银行背景、企业特征与债务融资[J]. 管理世界，2011(10).

[5]汪平，邹颖，兰京. 异质股东的资本成本差异研究——兼论混合所有制改革的财务基础[J]. 中国工业经济，2015(9).

[6]于富生，张胜，李岩. 管理者过度自信与权益资本成本——来自我国证券市场的经验证据[J]. 审计与经济研究，2011(1).

[7]Akerlof G A. The Market for “Lemons”: Quality Uncertainty and the Market Mechanism [J]. Quarterly Journal of Economics, 1970, 84(3): 488 - 500..

[8]Aldamen H M and Duncan K. DoesAdopting Good Corporate Governance Impact the Cost of

Intermediated and Non – Intermediated Debt? [J]. Accounting&Finance, 2011, 52(S1): 49 –76.

[9] Anderson R C, Mansi S A and Reeb D M. Board Characteristics, Accounting Report Integrity, and the Costof Debt[J]. Journal of Accounting and Economics, 2004, 37(3): 315 –342.

[10] Bauwhede H V, Meyere M D and Cauwenberge P V. Financial Reporting Quality and the Costof Debt of SMEs[J]. Small Business Economics, 2015, 45(1): 149 –164.

[11] Berger A N and Udell G F. Relationship Lending and Lines of Credit in Small Firm Finance[J]. The Journal of Business, 1995, 68(3): 351 –381.

[12] Bester H. Screening vs. Rationing in Credit Markets with Imperfect Information[J]. American Economic Review, 1985, 75(4): 850 –855.

[13] Boot A, Thakor A V and Gregory U F. Secured Lending and Default Risk: Equilibrium Analysis: Policy Implications and Empirical Results" [J]. Economic Journal, 1991, 101 (5): 458 –472.

[14] Brick I E, Palmon O and Wald J. CEO Compensation, Director Compensation, and Firm Performance: Evidence of Cronyism[J]. Journal of Corporate Finance, 2006, 12(6): 403 – 423.

[15] Cole R A. The Importance of Relationship to the Availability of Credit[J]. Journal of Banking and Finance, 1998, 22(6 –8): 959 –977.

[16] Degryse H and Cayseele P V. Relationship Lending Within a Bank – Based System: Evidence from European Small Business Data[J]. Journal of Financial Intermediation, 2000, 9(1): 90 –109.

[17] Feng M, Li C and Mac Vay S. Internal Control and Management Guidance[J]. Journal of Accounting and Economics, 2009, 48(2 –3): 190 –209.

[18] Fields L P, Fraser D R and Subrahmanyam A. Board Quality and the Cost of Debt Capital: The Case of Bank Loans[J]. Journal of Banking and Finance, 2012, 36(5): 1536 –1547.

[19] Ghoul S E, Guedhami O, Kwok C C Y and Mishra D R. Does Corporate Social Responsibility Affect the Cost of Capital[J]. Journal of Banking and Finance, 2011, 35 (9): 2388 –2406.

[20] Jaffee D M and Modigliani F A. Theory and Test of Credit Rationing[J]. American Economic Review, 1969, 59(5): 850 –872.

[21] Jalbert T, Furumo K and Jalbert M. Does Educational Background Affect CEO Compensation and Firm Performance? [J]. The Journal of Applied Business Research, 2010,27(1):15-40.

[22] Kim M, Surroca J and Tribo J A. Impact of Ethical Behavior on Syndicated Loan Rates [J]. Journal of Banking & Finance, 2014, 38(1):122-144.

[23] Menz K. Corporate Social Responsibility: Is It Rewarded by the Corporate Bond Market? A Critical Note[J]. Journal of Business Ethics, 2010, 96(1):117-134.

[24] Naveen L B. Does One Size Fit All? [J]. Journal of Financial Economics, 2008, 87(2): 329-356.

[25] Petersen M A and Rajan R G. The Benefits of Lending Relationships: Evidence from Small Business Data[J]. The Journal of Finance, 1994, 49(1):3-37.

[26] Rahaman M M and Zaman A A. Management Quality and the Cost of Debt: Does Management Matter to Lenders[J]. Journal of Banking and Finance, 2013, 37(3):854-874.

[27] Schenone C. Lending Relationship and Information Rents: Do Banks Exploit Their Information Advantages? [J]. Review of Financial Studies, 2009, 23(5):282-295.

[28] Stiglitz J E and Weiss A. Credit Rationing in Markets with Imperfect Information[J]. American Economic Review, 1981, 71(3):393-410.

[29] Valta P. Competition and the Cost of Debt[J]. Journal of Financial Economics, 2011, 105(3):661-682.

金融发达地区是否存在金融排斥？

——来自北京市老年人口的证据

朱　超　宁恩祺

摘要： 现有文献普遍支持金融服务相对落后的农村地区存在金融排斥，但在金融发达地区是否会明显改善？本文选取2006—2013年北京市16个区县全部的面板数据，运用空间计量方法探究金融发达地区老年人口金融排斥的普遍性。我们发现，在北京市样本范围内，老年人口占比与金融排斥程度显著正相关，老年人口金融排斥在金融发达地区依旧存在。收入与财富、金融认知、风险厌恶和健康支出是可能的影响路径。金融排斥很难随地区金融发展而消失，这一发现对于确定普惠金融政策的范围和力度具有借鉴意义。

关键词： 普惠金融；金融排斥；老龄化；空间计量

作者简介：朱　超，首都经济贸易大学金融学院教授，博士生导师。

宁恩祺，首都经济贸易大学金融学院研究生。

基金项目：教育部新世纪优秀人才支持计划（NCET－13－0914）、北京市属高等学校青年拔尖人才培育计划（CIT&TCD201404132）和首都经济贸易大学特大城市经济社会发展研究协同创新中心项目（TDJD201512）。

一、 引言

金融排斥指特定人群享受金融服务的可能性很小或几乎没有，社会弱势群体由于缺少足够能力获取金融服务，例如，老年人口容易受到金融排斥（Leyshon et al.，2008；Kempson & Whyley，1999）。金融排斥是社会排斥的子集，它不仅加剧居民贫富差距以及社会福利失衡，还会影响国家经济增长速度和金融市场稳定（Smyczek & Matysiewicz，2014）。

文献发现，金融欠发达地区更易出现金融排斥，金融发达地区这一现象可能会不明显。现有文献普遍支持收入水平低、经济落后、地理位置偏僻、教育认知不足等原因导致金融服务落后的农村地区普遍存在金融排斥（Panigyrakis et al.，2002；Devlin，2005；Leyshon et al.，2008），甚至已形成金融空洞（许圣道和田霖，2008）。而金融发达地区往往不存在上述原因，城市经济水平发展较高，社会保障体制更为完善，居民的金融认知程度和收入水平更高，同时金融基础设施完善，地理集中导致交易成本较低。因此，城市金融排斥现象应比农村明显缓和。田霖（2011）证实了这一点，并发现中国东部地区金融排斥最不明显。照此推理，金融发达地区，尤其是特大城市的金融排斥现象应更不显著。但现实情况符合我们的推断吗？本文特以北京市为数据样本，聚焦老年人口的金融排斥。

本文基于北京市各区县宏观面板数据，通过空间计量模型研究老年人口的金融排斥。我们发现，北京市老年人口占比与金融排斥程度呈显著正相关。这说明，即使在金融发达地区老年人口依然被排斥在金融服务体系之外。本文的证据指向了金融排斥的普遍性，很难随地区金融发展而消失。金融发达地区一般不具备造成金融排斥的主要因素，所以金融排斥现象可能不会存在。但本文研究表明，即使像北京市这样的金融发达地区金融排斥仍然存在，很难随地区金融发展而消失。这一发现对于确定普惠金融政策的范围和力度具有一定的借鉴意义。本文的样本和数据存在一定价值。北京市金融资源集中，相对全国金融发展水平具有领先地位，以其为样本研究金融发达地区的金融排斥问题具有较强的代表性。本领域文献主要使用微观数据（Devlin，2005；李涛等，2010；Johnson& Nino－Zarazua，2011；Smyczek & Matysiewicz，2014）。我们收集整理了散见于各处的北京市区县级宏观数据，为这一领域补充了宏观层面的证据。

后文结构安排如下：第一部分为事实分析：以北京市为金融发达地区的代表，描述北京市老年人口和金融服务分布特征。第二部分为研究设计：主要为模型设定、数据描述与处理。第三部分为实证结果分析与讨论。最后为结论与政策含义。

二、 北京市老年人口与金融服务现状

北京市老年人口数量和占比逐年增加，且区域间表现不一致。北京市 60 岁以上人口从 2006 年的 202.4 万人（占比 16.9%），上升至 2013 年的 279.3 万人（占比 21.2%）。其中 80 岁以上人口从 2006 年的 26.3 万人（占比 2.2%），上升至 2013 年的 47.4 万人（占比 3.6%）。80 岁以上人口的上升趋势更加明显（见图 1）。中心城区 60 岁以上老年人口占比较其他区域平均高出 2.4 个百分点，80 岁以上老年人口中 27% 定居于东城区和西城区。总体上，北京市老年人口分布以中心高度聚集、郊区逐步分散为特征（见图 2）。

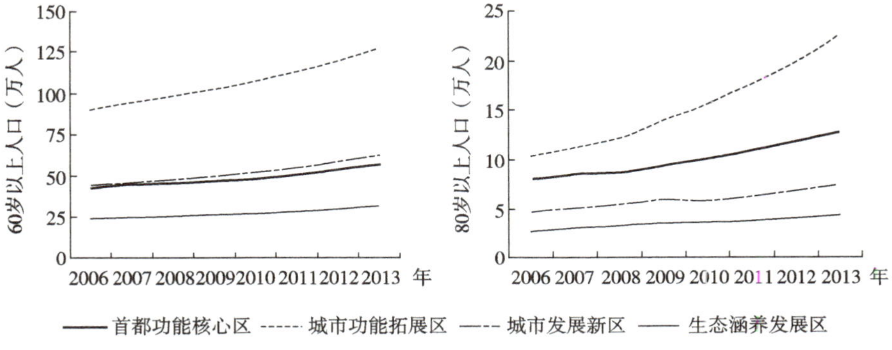

图 1　北京市老年人口数量

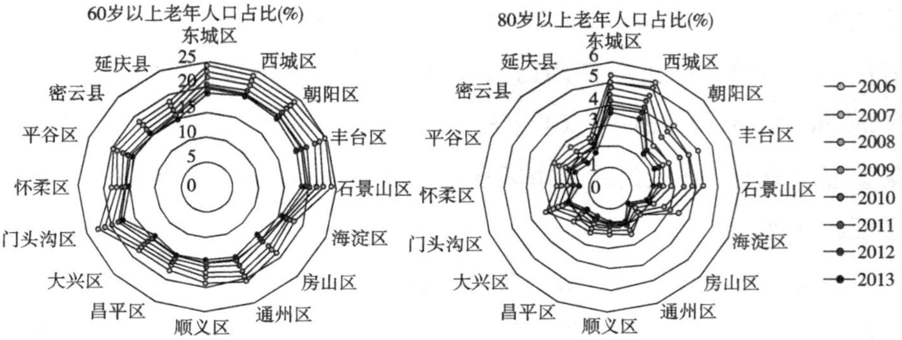

图2　北京市老年人口占比

北京市金融服务最突出的特征在于资源分布过于集中。图3描述了北京市16个区县的金融服务分布状况，用2006年和2013年各区县金融机构存贷款总额代表。四幅存贷款额分布图均显示，北京市金融服务最发达地区为东城区、西城区、海淀区和朝阳区，均为北京市的中心区域。北京市金融服务水平呈现辐射和发散的趋势特征。图3（c）和图3（d）将北京市金融机构贷款额按高低水平分为四个等级，金融资源大量聚集在以东城区、西城区、海淀区和朝阳区为首的北京市中心城区，并且在丰台区、大兴区、通州区、顺义区和昌平区逐渐衰减，直至密云县、延庆县、平谷区和门头沟区水平最低。北京市金融服务的辐射现象体现在空间地理分布、各区金融机构存贷款量高低与距离城市中心远近呈相反关系，金融服务水平高的地区最靠近地区中心，而金融服务水平低的区域位于边缘地带。

无论用金融机构实力，还是金融业务规模衡量地区金融服务水平，北京市均为中国金融发达地区之一。北京市凭借金融监管优势吸引了大量金融机构，全国金融监管机构、央行等金融管理部门、国有商业银行总行，以及各大证券基金总部均设立于此，金融机构实力优势突出。同时，北京市金融业务规模全国领先，存贷款量在全国占有较高比例。因此，选择北京市为样本研究金融发达地区老年人口金融排斥问题具有较强的代表性。

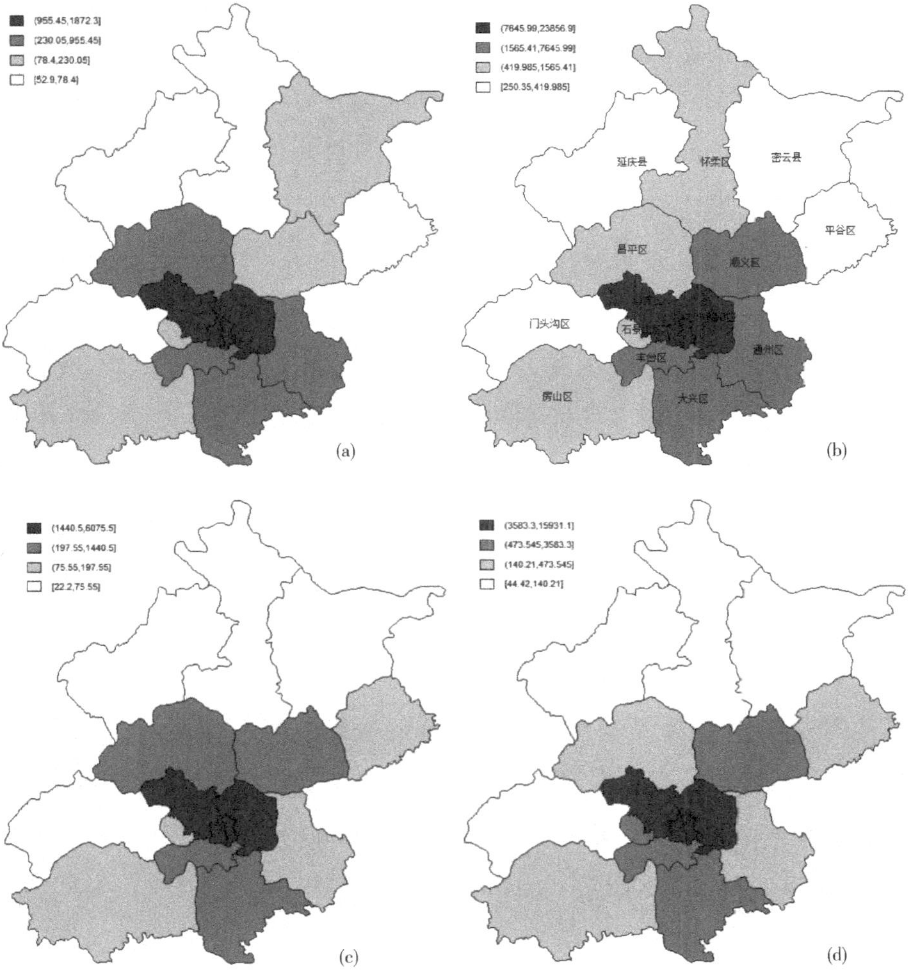

（a）2006 年北京市各区县金融机构存款额　（b）2013 年北京市各区县金融机构存款额

（c）2006 年北京市各区县金融机构贷款额　（d）2013 年北京市各区县金融机构贷款额

图 3　北京市金融机构存贷款分布

三、 研究设计

本文运用 2006—2013 年北京市 16 个区县全部的宏观数据探究金融发达地区老年人口金融排斥问题，以金融机构、从业人员和存贷款额指标作为金融排斥的代理变量，60 岁以上老年人口占比为解释变量，并考虑其他因素对金融排斥的影响。本文利用面板空间计量方法进行实证回归，使用空间自回归、空间杜宾和空间误差模型，“车式”、k 最近邻居和地理距离空间权重，获得北京市老年人口与金融排斥的实证结果。

（一）模型设定

本文模型设定如下：

$$\text{Exclusion}_{i,t} = \alpha + \beta_1 \text{Old}_{i,t} + \beta_2 X_{i,t} + \varepsilon_{i,t} \tag{1}$$

其中，β 为回归参数；i 为截面变量，代表北京市 16 个区县；t 为时间变量，代表 2006—2013 年样本期间；$\varepsilon_{i,t}$为随机误差项。金融排斥程度 $\text{Exclusion}_{i,t}$作为被解释变量，用银行二级支行数量 Institute、二级支行员工人数 Staff、储蓄所数量Institute_agency、储蓄所员工人数Staff_agency，以及金融机构存款额 Deposit 和金融机构贷款额 Loan 表示，数值越大表明金融排斥程度越小。老年人口 $\text{Old}_{i,t}$作为解释变量，通过 60 岁以上老年人口占比 Age_60 衡量，是模型中的核心关注变量。影响金融排斥的其他因素 $X_{i,t}$作为控制变量，包括各区县生产总值（GDP）、职工年平均工资（salary）、职工就业人数（employee）、政府管制（fsgdp）、固定资产投入（invest）、商品房销售面积（estate）、普通高中毕业人数（education）和医院病床数（medical）。

（二）变量选取

1. 被解释变量：金融排斥

金融排斥的测度分为宏观和微观两种途径：微观形式是通过调查问卷收集家庭金融产品使用状况，宏观形式是通过地区金融指标构建金融排斥评价体系。田霖（2007）选取金融机构存贷款等指标，建立金融综合竞争力指数刻画各省金融排斥程度。许圣道和田霖（2008）、董晓林和徐虹（2012）对金融排斥的衡量基于金融机构网点分布。查克拉瓦蒂和帕尔（Chakravarty & Pal，2010）从“金融包容”的视角，选取银行业渗透性、服务可获得性和使用率构建金融排斥指数。金融包容全球合作伙伴组织（GPFI）和国际货币基金组织（IMF）也对金融包容进行多方测度，通过可获得性和使用情况衡量金融包容指标。

本文采用宏观方法衡量金融排斥程度，通过两个维度衡量：一是金融服务可获得性，包括金融机构和从业人员，具体用到银行二级支行数量 Institute、储蓄所数量 Institute_agency、二级支行员工人数 Staff 和储蓄所员工人数 Staff_agency；二是金融服务使用率，用金融机构存贷款额表示，金融机构存款额记作 Deposit，金融机构贷款额记作 Loan。

2. 解释变量：老年人口

本文选取的老年人口变量为 60 岁及以上老年人口与总户籍人口占比，记作 Age_60。

3. 控制变量

（1）国内生产总值。考虑到经济水平与金融发展的相互影响，本文引入各区地区生产总值（GDP）作为控制变量。

（2）职工年平均工资。已有文献证实收入水平影响金融排斥。低收入人群无法提供充分的信用担保，不符合金融服务准入门槛，容易受到金融排斥（Goyal，2008）。金融机构在成本收益考量下，关注高收入人群的专业化服务，忽视低收入人群的公益性服务，从而造成对低收入人群的金融排斥（Kempson & Whyley，1999；Alama & Tortosa - Ausina，2012）。

（3）就业人口。就业状态与金融排斥的关系已被大量研究证实（Kempson & Whyley，1999；Devlin，2005；Johnson & Nino - Zarazua，2011；Smyczek & Matysiewicz，2014）。

（4）政府管制。政府管制（FSGDP）用财政支出占 GDP 的比重表示。政府管制反映政府对市场的干预力度，具有双重作用。高效的政府管理能够减轻金融排斥程度，但过度的政府管制又会扼杀金融主体的自主性和能动性，造成金融排斥的扭曲反映。田霖（2007）、许圣道和田霖（2008）、董晓林和徐虹（2012）加入政府规管变量，控制政府管理对金融排斥的不确定效应。

（5）固定资产投入。固定资产投入（invest）变量用来代表商业环境。有研究认为，优质的商业环境可以为金融创新和金融发展提供外部条件（田霖，2007），此变量可以控制商业环境对金融服务发展的影响。

（6）房屋状态。德夫林（Devlin，2005，2009）研究发现，房屋状态对金融排斥具有显著影响。当个人居住在出租屋或政府提供的房屋，不拥有房屋所有权，说明个人资产积累较少；当个人房屋位于贫困区域，周边环境以及治安状况较差，说明个人收入水平较低。这两种房屋状态都会导致居住者受金融排斥影响。本文用商品房销售面积（estate）代表。

（7）教育水平。受教育程度低且缺乏对金融相关知识了解的人群易受金融排斥（李涛等，2010；Devlin，2009）。本文以各区县高中毕业人数作为人口教育水平的代理变量。

（8）医疗健康。本文将医疗健康水平（medical）纳入模型，通过医院病床数量指标表示。因为老年人口进行金融决策时最关心的两个因素是收入和身体健康状况（Cutler，2007）。老年人口的健康支出占比加大，健康状况越好的老年人口，其总体财富的消耗越小（Berkowitz & Qiu，2006）。健康状况越好的居民对风险的态度越容忍，更偏向于投资风险性金融产品和进行借贷活动（李涛等，2010）。因此，健康水平可以从财富持有和风险偏好两种途径影响老年人口金融排斥。

（三）数据来源

老年人口占比是根据北京市各区县老年人口总数和各区县户籍人口数计算而得。老年人口数据摘自北京市老龄工作委员会办公室2006—2013年发布的《北京市老年人口信息和老龄事业发展状况报告》。该报告统计了北京市户籍老年人口信息，其中各区县60至89岁老年人口数据为市公安局户籍人口监测系统2006—2013年年底时点数据，90岁及以上老年人口数据来源于市老龄办高龄津贴发放工作统计系统。各区县户籍人口从《北京市统计年鉴》中选取。金融服务数据来源包括以下两个途径：2006—2013 年北京市各区县金融机构人民币存贷款数据摘自《中国区域经济统计年鉴》。2011—2013 年北京市各区县的银行二级支行和银行储蓄所数据来自《北京市统计年鉴》，主要侧重北京市各区县的相关数据统计。控制变量数据主要来自于《中国区域经济统计年鉴》，并且通过线性插值法处理少量缺失数据。

由于北京市在 2010 年将崇文区归入东城区、宣武区归入西城区，本文在整理 2006—2009 年数据时，把东城区和崇文区、西城区和宣武区数据合并考虑，保证 2010 年前后数据口径一致。表 1 给出了主要变量的统计分析结果。

表 1　变量描述性统计

变量	均值	标准差	最小值	25%	50%	75%	最大值	含义
1. 被解释变量（金融服务可获得性）								
Institute	81.02	62.141	24	47	65.5	76.5	242	银行二级分行（个）
Staff	703.6	664.530	129	284.5	502.5	799.5	2568	银行二级分行员工（人）
Institute_agency	29.5	26.0613	7	11	20	33	102	银行储蓄所（个）
Staff_agency	218.9	201.01	36	74.5	137	258	728	银行储蓄所员工（人）
（金融服务使用效率）								
Deposit	3 525	5 521	92.7	333.16	924.26	4361.5	26 220	金融机构存款（亿元）
Loan	1 627	2 945	22.2	103.44	293.11	2091.5	15 931	金融机构贷款（亿元）
2. 解释变量								
Age_60	18.14	2.698	13.8	15.9	17.7	20	25	60 岁及以上人口占比（%）
3. 控制变量								
GDP	744.2	920.6	46.9	149.13	340.3	981.35	3 730.3	GDP（亿元）
Salary	52 732	22 465	20 514	36 450	48 108	63 940	132 717	职工工资（元）
Employee	37.44	37.40	4.44	9.39	21.485	55.86	158.5	就业人口（万人）
FSGDP	0.244	0.170	0.0554	0.1066	0.1933	0.3795	0.7801	政府管制（%）：财政支出/GDP

续表

变量	均值	标准差	最小值	25%	50%	75%	最大值	含义
Invest	305.4	277.9	22.66	113.17	192.89	414.36	1 230.7	固定资产投资（亿元）
Estate	118.9	139.6	3.1	27.45	80.85	145.35	753.6	房屋所有权：商品房销售面积（万平方米）
Education	1.054	0.701	0.2246	0.56	0.89	1.375	3.16	教育水平：普高毕业人数（万人）
Medical	5 729	4 432	982	2 184.5	3 700	9 458	18 252	医疗健康水平：医院病床数（张）

本文在选取数据时对金融排斥、医疗健康和教育资源指标分别进行了精细化处理。考虑到银行体系中各部门的功能设立，衡量金融服务可获得性的变量确定为银行二级支行、储蓄所的机构和工作人员数量。而对于医疗健康和教育资源两种指标的选取，在结合北京市实际情况下，决定选择普通高中毕业人数和医院病床数作为代理变量。

金融排斥指标。本文考虑到银行功能体系，选取银行二级支行、储蓄所的机构和工作人员数量作为金融排斥的代理变量。银行设置总行、分行以及一级支行的功能以完成辖区内银行管理职能为主，很少对外提供金融服务。北京市范围内聚集了大量银行总行，若将所有银行机构总数作为金融服务可获得性的衡量标准，不能准确体现各区县的金融服务能力，难免对回归结果的精准性产生影响。同时，本文又单独用储蓄所数量和储蓄所员工人数代表金融排斥程度，这是因为二级支行既包括可以办理对公对私业务的分理处，也包括只能办理个人金融服务的储蓄所。为了衡量金融机构为居民提供的服务水平，本文将储蓄所机构和工作人员数量单独进行回归，从而有针对性地研究金融排斥情况。

医疗健康指标。考虑到各医院医疗资源差异问题，医疗健康水平指标选择医院病床数而非医院数量进行衡量。按照中国医院综合水平划分标准将医院分为三级十等，不同等级医院的设施条件和治疗水平具有显著差距。利用医院数量衡量各区县医疗健康水平，忽略了不同等级医院医疗资源的差异性，无法准确体现各区县的医疗水平。而医院病床数可以作为衡量医院综合水平的标尺，因为根据医院等级划分标准，不同资质医院的住院床位总数要求不同，等级越高的医院按规定设置的床位数越多，因而病床的设立不存在差异问题。所以，本文选择各区医院病床数总数作为医疗资源水平的代理变量。

教育资源指标。首先，考虑到中国教育体制，本文选择高中而非大学或义务教育衡量各区县教育资源水平。高中教育不属于义务教育，不因具备法律强制性而将教育资源普遍平均分配给适龄人口，也不同于北京市大学教育资源过度聚集在一些区县，可以更公允地体现各区县教育资源水平。因此本文用普通高中代表各区县人口教育水平。其次，结合北京市教育资源现状，本文选取高中毕业人数，而非高中学校数量。北京市优质高中规模日渐扩大的同时，一些非重点高中被取消，各区县整体高中数量减少，数据显示，2012 年北京市中学数量比 2004 年减少 130 所。但并不能就此说明北京市教育资源下降，只是体现出教育资源的集中，受教育人群越来越多地聚集在优质学校，非重点学校的生源被缩减挤压。而高中毕业人数这一指标不必受教育资源集中化影响，可以客观地反映各区县的教育水平。

（四）回归方法

北京市金融服务资源呈现出空间分布规律，具有集聚和辐射的地理特征邻近，且邻近地区的金融服务水平高度相关。北京市老年人口也呈现中间高，四周低的发散模式，中心区县指标水平相比周边区县显著提高。这表明，北京市老年人口与金融服务均存在空间集聚与辐射的特点，具有明显空间相关性。

因此，本文将采用空间计量模型安瑟兰（Anselin，1988），解决由于空间相邻导致不同个体之间的关联问题。根据空间计量经济学方法及原理，本文对老年人口金融排斥研究的空间计量分析思路如下：首先检验金融排斥是否存在空间自相关性，如果存在显著空间自相关，接下来建立空间计量模型对老年人口与金融排斥进行实证回归。

1. 空间自相关性

实证模型在利用空间计量方法前，首先应考虑不同区县的金融服务之间是否具有空间依赖性，即位置相近的区域具有相似的变量取值。如果高值与高值聚集在一起、低值与低值聚集在一起则为正空间自相关，反之则为负空间自相关。本文衡量空间自相关的方法是莫兰指数和空间聚集因子（Getis – Ord）指数。

2. 空间权重

本文对于空间权重 w_{ij} 设定了三种矩阵表达方式，分别为“车式”邻接、k 最近邻居和反距离空间权重矩阵。

3. 空间计量模型

（1）空间滞后模型（SLM）。公式（2）中，$\text{Exclusion}_{i,t}$ 为金融排斥程度，$X_{i,t}$ 为解释变量，既包括 60 岁以上老年人口占比，又包括政府管制、固定资产投资等控制变量，W 为金融排斥的空间加权矩阵，代表各个区县的空间邻接关系。

$$\text{Exclusion}_{i,t} = \rho W \text{Exclusion}_{i,t} + X_{i,t}\beta + \mu_{i,t} \tag{2}$$

（2）空间误差模型（SEM）。公式（3）中，空间误差模型与空间滞后模型的主要区别在于，不同区域之间的空间相关性表现在模型的误差项上。这种考虑的目的在于，各区县的空间相关性不一定表现在金融排斥程度（$\text{Exclusion}_{i,t}$）上，还有可能表现在没有被观察的变量之间或一些遗漏变量之间的情形。

$$\text{Exclusion}_{i,t} = X_{i,t}\beta + \mu_{i,t} \qquad \mu_{i,t} = \lambda W \mu_{i,t} + \varepsilon_{i,t} \tag{3}$$

（3）空间杜宾模型（SDM）。公式（4）为空间杜宾模型。它在空间滞后模型的基础上，不仅引入被解释变量空间加权矩阵 W_1，还包括了解释变量的空间加权矩阵 W_2，用于表示邻近区域解释变量空间相关性对金融排斥的影响。

$$\text{Exclusion}_{i,t} = \rho W_1 \text{Exclusion}_{i,t} + X_{i,t}\beta_1 + W_2 X \beta_2 + \mu_{i,t} \tag{4}$$

四、实证结果分析

（一）空间自相关检验

1. 指数检验

通过空间自相关检验，北京市 16 个区县的银行二级支行、储蓄所机构数量和从业人员数量绝大部分通过了莫兰指数的显著性水平（见表 2），且具有正向相关系数，北京市 16 个区县的金融排斥状况呈明显的空间依赖性。在北京市范围内，金融排斥呈现严重区域相互邻接、缓和地区趋于集聚的空间分布特点，而非完全随机状态。空间聚集因子指数也显示北京市金融排斥空间分布的正相关性，且发现了金融服务发展在空间分布上的热点，即北京市各区银行网点分布出现高值与高值聚集。首都功能核心区和城市功能拓展区成为北京市金融服务的空间集聚中心，同时也是金融排斥程度最轻的“中心”地区。金融机构存贷款数量同样通过莫兰指数和空间聚集因子指数检验。

表 2　金融排斥空间自相关检验

Institute					
年份	Moran's I	P 值	Getis－Ord	E（G）	P 值
2011	0.087	0.221	0.418	0.283	0.005
2012	0.083	0.231	0.428	0.283	0.004
2013	0.038	0.399	0.412	0.283	0.006
Institute_agency					
年份	Moran's I	P 值	Getis－Ord	E（G）	P 值
2011	0.218	0.028	0.482	0.283	0.001
2012	0.216	0.029	0.491	0.283	0.001
2013	0.043	0.373	0.387	0.283	0.018
Staff					
年份	Moran's I	P 值	Getis－Ord	E（G）	P 值
2011	0.164	0.069	0.462	0.283	0.002
2012	0.152	0.081	0.484	0.283	0.002
2013	0.11	0.149	0.481	0.283	0.003

续表

Staff_agency					
年份	Moran's I	P 值	Getis - Ord	E（G）	P 值
2011	0.279	0.01	0.522	0.283	0
2012	0.268	0.013	0.521	0.283	0
2013	0.111	0.167	0.434	0.283	0.006

2. 散点图检验

为了进一步分析北京市金融排斥水平的空间特征，并且补充 k 最近邻居和反距离空间权重矩阵的空间自相关检验结果，本文给出了局部莫兰指数的散点图。图 4 为通过三种空间权重形式计算出的金融机构存贷款局部莫兰指数散点图。图中第一、第三象限显示金融排斥的正向空间自相关关系群集，而第二、第四象限代表金融排斥的负向空间自相关性。由图 4 可见，所有散点图的拟合直线均穿过第一、第三象限，因此金融服务使用效率指标分布呈现正自相关关系。

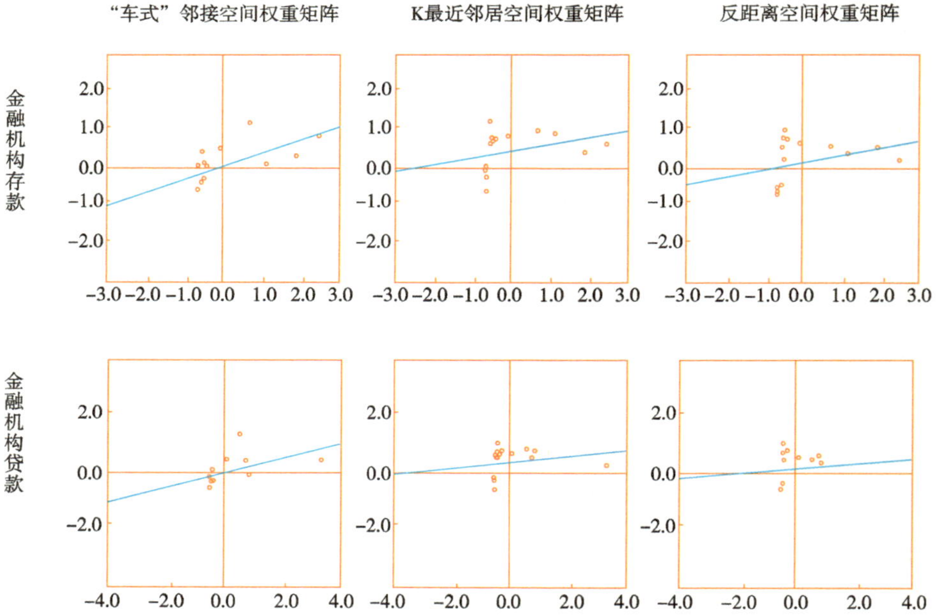

图 4　局部莫兰指数散点图

结合多种指标检测结果，北京市各区县的确存在金融排斥程度空间分布上的自相关性，有必要从空间维度出发，考虑利用空间计量分析方法进一步估计老年人口与金融排斥之间的关系。

（二）空间计量结果

针对北京市老年人口的金融排斥状况，本文采用三种空间计量模型进行回归，包括空间滞后模型（SAR）、空间误差模型（SEM）和空间杜宾模型（SDM），并将三种空间权重矩阵“车式”邻接（R）、k 最近邻居（N）和反距离（D）空间权重矩阵运用到模型中。本文采用面板固定效应模型，因为考虑到北京市各区县金融服务发展水平存在高低之别，可以从面板截距项中体现区域差异。北京各区县老年人口金融排斥的回归结果如表 3 所示，分别以金融机构存贷款、银行机构数量和从业者数量作为被解释变量①。

表 3　北京市老年人口与金融排斥的回归结果

	SAR_R (1)	SAR_N (2)	SAR_D (3)	SEM_R (4)	SEM_N (5)	SEM_D (6)	SDM_R (7)	SDM_N (8)	SDM_D (9)
被解释变量：Deposit									
Age_60	-941.6 ***	-738.1 **	-768.7 **	-836.4 ***	-783.6 **	-774.8 **	-942.1 ***	-716.8 **	-719.4 **
	(-3.67)	(-2.38)	(-2.48)	(-2.93)	(-2.53)	(-2.39)	(-3.52)	(-2.05)	(-2.26)
GDP	3.570 ***	3.233 ***	3.323 ***	3.274 ***	3.235 ***	3.312 ***	3.577 ***	3.172 ***	3.269 ***
	(3.83)	(3.12)	(3.17)	(3.90)	(3.15)	(3.27)	(4.08)	(3.03)	(3.18)
Salary	0.105 ***	0.128 ***	0.125 ***	0.133 ***	0.130 ***	0.129 ***	0.104 ***	0.131 ***	0.129 ***
	(2.67)	(2.97)	(2.82)	(3.70)	(3.19)	(3.02)	(2.99)	(3.53)	(2.94)
R-sq	0.7121	0.7881	0.776	0.786	0.7637	0.7476	0.7133	0.786	0.7817
被解释变量：Loan									
Age_60	-426.0 **	-346.6 *	-374.7 *	-396.1 *	-387.8 *	-375.5 *	-443.0 **	-352.3	-361.7 *
	(-2.20)	(-1.69)	(-1.78)	(-1.91)	(-1.75)	(-1.69)	(-2.16)	(-1.49)	(-1.67)

① 表 3 只是合并显示了主要关注变量的结果。针对金融机构存贷款、银行机构数量和从业者数量及其代理变量等 6 个被解释变量的详细回归结果备索，限于篇幅文中不再论述。

续表

	SAR_R (1)	SAR_N (2)	SAR_D (3)	SEM_R (4)	SEM_N (5)	SEM_D (6)	SDM_R (7)	SDM_N (8)	SDM_D (9)
GDP	2.022 ***	1.840 ***	1.904 ***	1.833 ***	1.887 ***	1.933 ***	2.155 ***	1.848 ***	1.887 ***
	(4.01)	(3.65)	(3.74)	(4.00)	(3.76)	(3.97)	(3.90)	(3.54)	(3.71)
Salary	0.0550 **	0.0620 **	0.0606 **	0.0651 **	0.0632 **	0.0626 **	0.0477 **	0.0612 **	0.0618 **
	(2.04)	(2.29)	(2.17)	(2.57)	(2.33)	(2.28)	(2.00)	(2.57)	(2.26)
	(1.89)	(1.54)	(1.52)	(2.14)	(1.53)	(1.53)	(1.84)	(1.53)	(1.50)
R - sq	0.6731	0.7211	0.7	0.644	0.6751	0.6672	0.6693	0.7184	0.7016
被解释变量：Institute									
Age_60	-4.562	-4.529 *	-4.712 *	-5.935 **	-5.423 *	-5.265 *	-5.005 *	-5.348 **	-4.716 *
	(-1.63)	(-1.66)	(-1.71)	(-2.03)	(-1.94)	(-1.89)	(-1.87)	(-2.14)	(-1.74)
GDP	-0.0231	-0.0291	-0.0307 *	-0.0322	-0.0328	-0.0324	-0.0285	-0.0299	-0.0303 *
	(-1.31)	(-1.53)	(-1.70)	(-1.29)	(-1.45)	(-1.50)	(-1.41)	(-1.53)	(-1.67)
Salary	0.0002	0.0002	0.0002	0.0003	0.0002	0.0002	0.0006	0.0002	0.0002
	(0.50)	(0.47)	(0.60)	(0.56)	(0.43)	(0.37)	(0.11)	(0.38)	(0.31)
R - sq	0.5571	0.574	0.5497	0.6199	0.6033	0.5732	0.599	0.6088	0.5901
被解释变量：Institute_agency									
Age_60	-6.885 *	-6.682 *	-7.207 **	-8.240 ***	-7.716 ***	-7.355 **	-7.470 **	-8.123 **	-7.231 **
	(-1.94)	(-1.91)	(-2.13)	(-2.62)	(-2.61)	(-2.17)	(-2.19)	(-2.39)	(-2.14)
GDP	-0.0368 *	-0.0434 **	-0.0451 **	-0.0503 *	-0.0521 **	-0.0446	-0.0436 **	-0.0449 **	-0.0448 **
	(-1.88)	(-2.15)	(-2.32)	(-1.89)	(-2.43)	(-1.44)	(-2.03)	(-2.17)	(-2.30)
Salary	0.0008	0.0008	0.0008	0.0009 *	0.0008	0.0007	0.0006	0.0007	0.0007
	(1.31)	(1.26)	(1.42)	(1.65)	(1.45)	(1.23)	(0.91)	(1.18)	(1.21)
R - sq	0.6813	0.6928	0.6848	0.7223	0.7226	0.7004	0.7156	0.7351	0.7055
被解释变量：Staff									
Age_60	-12.82	-19.17	-8.741	-20.88	-20.81	-20.48	-6.838	-4.216	-1.037
	(-0.50)	(-0.76)	(-0.35)	(-0.89)	(-0.85)	(-0.92)	(-0.28)	(-0.20)	(-0.04)
GDP	0.266 *	0.233	0.260 *	0.242	0.225	0.247 *	0.315 **	0.241 *	0.257 **
	(1.76)	(1.64)	(1.90)	(1.55)	(1.64)	(1.95)	(2.03)	(1.81)	(2.08)
Salary	-0.0050	-0.0041	-0.0060	-0.0043	-0.0037	-0.0044	-0.0044	-0.0037	-0.0043
	(-1.13)	(-0.93)	(-1.44)	(-0.98)	(-0.89)	(-1.15)	(-0.94)	(-0.85)	(-0.92)
R - sq	0.8876	0.8896	0.8879	0.9006	0.9129	0.9295	0.8887	0.8808	0.901

续表

	SAR_R (1)	SAR_N (2)	SAR_D (3)	SEM_R (4)	SEM_N (5)	SEM_D (6)	SDM_R (7)	SDM_N (8)	SDM_D (9)
被解释变量：Staff_agency									
Age_60	-73.98 ***	-75.29 ***	-75.13 ***	-80.64 ***	-88.41 ***	-88.37 ***	-79.64 ***	-87.50 ***	-75.17 ***
	(-2.60)	(-2.69)	(-2.68)	(-2.94)	(-3.63)	(-3.80)	(-2.76)	(-2.82)	(-2.65)
GDP	-0.312 **	-0.347 **	-0.346 **	-0.381 **	-0.442 ***	-0.446 ***	-0.377 **	-0.357 **	-0.345 **
	(-2.03)	(-2.30)	(-2.30)	(-2.28)	(-3.11)	(-3.12)	(-2.39)	(-2.37)	(-2.33)
Salary	0.0110 *	0.0116 **	0.0114 **	0.0116 **	0.0124 ***	0.0120 ***	0.0090 *	0.0110 **	0.0112 **
	(1.96)	(2.06)	(2.04)	(2.19)	(2.65)	(2.73)	(1.65)	(2.06)	(2.22)
R-sq	0.2976	0.315	0.3158	0.3412	0.3898	0.321	0.3317	0.4594	0.4183

注：*，**，*** 分别表示通过1%，5%，10%水平下的显著性检验。模型（1）为“车式”邻接空间权重的空间滞后模型；模型（2）为k最近邻居空间权重的空间滞后模型；模型（3）为反距离空间权重的空间滞后模型。模型（4）为“车式”邻接空间权重的空间误差模型；模型（5）为k最近邻居空间权重的空间误差模型；模型（6）为反距离空间权重的空间误差模型。模型（7）为“车式”邻接空间权重的空间杜宾模型；模型（8）为k最近邻居空间权重的空间杜宾模型；模型（9）为反距离空间权重的空间杜宾模型。

（三）实证结果讨论

本文使用北京市各区县金融机构存贷款额、金融机构和金融人员数量作为金融排斥程度的代理变量，与金融排斥之间关系相反，若解释变量回归结果系数为负，被解释变量随着老年人口占比的增加而下降，则表示老年人口占比越大，金融排斥程度越大。从回归结果看，北京市各区老年人口占比与金融机构存贷款、金融机构数量和金融人员数量的系数均为负，老年占比与金融排斥呈显著正相关性，即老龄化程度越严重，金融排斥现象越明显。本文的证据与文献综述中的理论预期相符，即老年人口越多越容易受到金融排斥，这种现象与老年人口自身的特征有关。

第一，老年人口的经济状况使得他们只能接受有限的金融服务。老年人口没有固定的工作带来的稳定收入来源，收入的降低与波动使得老年人对现金管理和金融消费需求下降，因而带来金融服务排斥。同时，老年人口的财产持有量在退休后呈现下降趋势，金融资产持有量降低对老年人获取金融服务带来不利影响。

第二，老年人口的金融认知水平对获取金融服务产生阻碍作用。相对来说，老年人口学习能力下降，对于新事物的接受程度和意愿也大不如以前。同时，金融产品又是生活中比较有技术含量和门槛的服务，日趋复杂的金融服务和产品设计超出老年人的接受范围，因此老年人口在金融认知方面的局限造成金融排斥。

第三，老年人口的健康水平影响金融排斥。因为老年人口在进行金融决策时主要考虑的因素是收入和身体状况，老年人口的健康水平越高，越节省医疗方面的支出，间接减少老年人口的家庭资产消耗，资产保留越多就会带来金融服务需求越多，从而降低金融排斥程度。

第四，老年人口面对金融风险的态度偏保守，属于风险厌恶型人群，他们会尽量规避不确定性结果，减少高风险金融产品的投资。但是金融服务本身与风险紧密相关，老年人口存在风险规避倾向。这就表示老年人会拒绝接受部分高风险金融服务，再次加重对老年人口的金融排斥程度。

在表 3 回归结果中，各区县 GDP 水平与金融机构存贷款具有显著正相关关系。验证了金融发展与经济水平之间的相关关系，各区县的经济水平与金融服务的发展呈正相关关系，即与金融排斥呈负相关。北京市各区县职工年平均工资对银行储蓄所从业人员数量，以及金融机构存贷款额都具有显著的正向影响，与金融排斥呈负相关关系。职工工资衡量居民经济收入状况，而经济收入水平是金融机构提供服务的影响因素之一。金融机构在行业竞争的压力下，减少低收入人群金融服务，造成低收入群体的金融排斥。为了缓解低收入人群金融排斥现象，可以通过提高居民收入实现，如为失业者提供更多就业机会，增加低收入者补助，从而帮助低收入人群摆脱金融排斥，享受基本金融服务。

五、 结论与政策含义

本文选取 2006—2013 年北京市全部 16 个区县的面板数据，从金融服务可获得性和使用效率两个维度衡量金融排斥，运用空间计量方法探究金融发达地区老年人口金融排斥问题。本文发，现在北京市样本范围内，老年人口占比与金融排斥程度显著正相关。在金融发达地区老年人口金融排斥依旧存在，很难随地区的金融发展而消失，这一发现体现了中国老年人口金融排斥的普遍性。因此在应对金融欠发达地区金融排斥现象的同时，金融发达地区的金融排斥状况同样值得关注。

老年人口金融排斥的传导机制可能有四种途径：第一，老年人口收入与财富水平降低，经济状况不乐观导致老年人口容易受到金融排斥。第二，老年人口的金融认知能力有限，对金融服务和产品的理解障碍产生金融排斥。第三，老年人口的风险厌恶态度不适合接受高风险金融服务，从而形成金融排斥现象。第四，老年人口在医疗健康方面的大量开支，限制金融服务的购买需求，造成金融排斥现象。理论意义上，老年人口金融排斥的根源体现在选择行为偏误，即老年人口的需求与金融机构的供给不匹配。从需求方角度，金融服务在医疗保障和资产增值等方面为老年人提供极大便利，但是老年人口固有行为习惯阻碍其使用金融服务。从供给方角度，普惠金融提出应该为不同层次人群提供针对性金融服务，特别是老年人口，但是在金融机构激烈的竞争压力下，普遍歧视收入资产少的老年人群。因此，供需双方的选择行为偏差导致老年人口金融排斥。

本文的边际贡献在于，从金融发达地区的角度研究普惠金融，对于确定普惠金融政策的范围和力度具有一定的借鉴意义。普惠金融具有广泛包容性，金融服务应该能有效、全方位地面向所有社会阶层和群体，也应平等对待所有地区，从而缓解不同金融发展地区的金融排斥现象。既然中国的金融排斥现象普遍存在，连北京这样的金融发达地区也不能幸免。因此，要认识到普惠金融的艰巨性，其政策实施范围要面向中国所有地区，全方位为社会所有人群提供服务。

本文对于老年金融研究也有一定价值。目前，中国老龄化程度快速发展，老年金融服务问题日趋严重。由于老年人口金融排斥现象严重，金融普惠政策要在实施力度上加大对老年人口的帮扶，不仅要借助普惠金融大力解决农村老年人口脱贫问题，还要注重城镇地区对老年人口的金融服务。结合“创新、协调、绿色、开放、共享”五大发展理念建设普惠金融的同时，不以地区金融发展程度为条件，在城乡金融服务支持范围和力度上要全面覆盖，统筹考虑。这有利于人口老龄化问题的有效解决，有利于中国金融排斥的有效缓解，从而实现协调发展，共享繁荣。

参考文献

[1]董晓林,徐虹.我国农村金融排斥影响因素的实证分析——基于县域金融机构网点分布的视角[J].金融研究,2012,387(9):115-126.

[2]李涛,王志芳,王海港,谭松涛.中国城市居民的金融受排斥状况研究——基于微观调查数据的经验证据[J].经济研究,2010(7):15-30.

[3]田霖.我国金融排除空间差异的影响要素分析[J].财经研究,2007,33(4):107-119.

[4]田霖.我国金融排斥的城乡二元性研究[J].中国工业经济,2011,275(2):36-45+141.

[5]许圣道,田霖.我国农村地区金融排斥研究[J].金融研究,2008,337(7):195-206.

[6]Agarwal S,Driscoll J C,Gabaix X,Laibson D. The Age of Reason: Financial Decisions over the Life-cycle with Implications for Regulation[J]. Brookings Papers on Economic Activity,2009(2): 51-101.

[7]Alama L,Tortosa-Ausina E. Bank Branch Teographic Location Patterns in Spain: Some Implications for Financial Exclusion[J]. Growth and Change,2012,43(3):505-543.

[8] Anselin L,Griffith D A. Do Spatial Effects Really Matter in Regression Analysis? [J]. Papers in Regional Science,1988,65(1):11-34.

[9]Berkowitz M K,Qiu J. A Further Look at Household Portfolio Choice and Health Status [J]. Journal of Banking and Finance,2006,30(4): 1201-1217.

[10]Brennan C,Ritch E. Capturing the Voice of Older Consumers in Relation to Financial Products and Services[J]. International Journal of Consumer Studies,2010,34(2): 212-218.

[11]Chakravarty S,Pal R. Measuring Financial Inclusion: An Axiomatic Approach. Indira Gandhi Institute of Devel-opment Research[R]. Mumbai Working Papers,2010.

[12] Cutler N E. Aging Boomers and Their Complex Decision Making: Housing as an Expanding Concern for Financial Professionals [J]. Journal of Financial Service Professionals, 2007, 61(2): 22-27.

[13] Devlin J F. A Detailed Study of Financial Exclusion in the UK[J]. Journal of Consumer Policy, 2005, 28(1): 75-108.

[14] Devlin J F. An Analysis of Influences on Total Einancial Exclusion[J]. The Service Industries Journal, 2009, 29(8): 1021-1036.

[15] Finke M S, Howe J S, Huston S J. Old Age and the Decline in Financial Literacy[J]. Management Science, 2016, 63(1): 213-230.

[16] Goyal C. Financial Inclusion in the Northeastern Region of India with Special Reference to Assam[J]. The IUP Journal of Applied Finance, 2008, 14(12): 54-64.

[17] Johnson S, Nino-Zarazua M. Financial Access and Exclusion in Kenya and Uganda[J]. The Journal of Development Studies, 2011, 47(3): 475-496.

[18] Kempson E, Whyley C. Kept out or Opted out? Understanding and Combating Financial Exclusion[M]. Britain: The Policy Press, 1999.

[19] Leyshon A, French S, Signoretta P. Financial Exclusion and the Geography of Bank and Building Society Branch Closure in Britain[J]. Transactions of the Institute of British Geographers, 2008, 33(4): 447-465.

[20] Mitchell O S, Piggott J, Sherris M, Yow S. Financial Innovation for an Aging World[R]. NBER, Working Paper No. 12444, 2006.

[21] Panigyrakis G G, Theodoridis P K, Veloutsou C A. All Customers Are Not Treated Equally: Financial Exclusion in Isolated Greek Islands[J]. Journal of Financial Services Marketing, 2002, 7(1): 54-66.

[22] Sampson E L, Dover D, Mandell M, Pant A, Blanchard M R. Personal Identification(PIN) Numbers: A New Cause of Financial Exclusion in Older People[J]. International Journal of Geriatric Psychiatry, 2007, 22(5): 492-493.

[23] Smyczek S, Matysiewicz J. Financial Exclusion as Barrier to Socio-economic Development of the Baltic Sea Region [J]. Journal of Economics and Management, 2014 (15): 79-104.

制造业上游垄断与企业出口国内附加值

——来自中国的经验证据

李胜旗　毛其淋

摘要： 本文利用中国制造业微观数据，系统研究了上游垄断对下游企业出口国内附加值率（DVAR）的影响及其作用机制。结果表明，上游垄断显著降低了下游企业出口国内附加值率，其中对一般贸易企业和本土企业出口国内附加值率的抑制作用明显高于加工贸易企业和外资企业。影响机制检验表明，成本加成下降和研发创新弱化是上游垄断降低下游企业出口国内附加值率的可能渠道。此外，本文基于中国加入WTO所引发的大范围关税减免的事实，进一步检验了中间品贸易自由化在上游垄断与下游企业出口国内附加值率关系中的调节效应，发现中间品贸易自由化有利于缓解上游垄断对下游企业出口国内附加值率的抑制作用。

关键词： 制造业；上游垄断；出口国内附加值；中介效应

作者简介：李胜旗，首都经济贸易大学金融学院讲师，经济学博士。
毛其淋，南开大学经济学院国际经济研究所、跨国公司研究中心、中国特色社会主义协同创新中心副教授，经济学博士。

基金项目：国家自然科学基金青年项目“贸易自由化对中国企业自主创新及出口竞争力升级的影响研究”（71403135）；教育部人文社会科学研究青年基金项目“中间品进口、创新驱动与中国出口竞争力升级研究”（16YJC790114）。

一、问题提出

近年来，随着国际分工的深化，产品生产的增值环节（包括设计、研发、制造、组装以及营销等）在全球范围内进行切割与布局，价值链正向全球延伸，世界经济也由此步入了全球价值链（Global Value Chain，GVC）时代。在此背景下，对出口国内附加值的考察逐步成为国际经济学研究领域的热点（Koopman et al.，2012；Upward et al.，2013；张杰等，2013；Kee and Tang，2016）。对于中国企业出口国内附加值率（DVAR）的决定因素，学者们普遍认为，外商直接投资（张杰等，2013；Kee and Tang，2016）、中间品关税减免（Kee and Tang，2016）和人民币汇率升值（Kee and Tang，2016）是驱动中国企业出口国内附加值率变化的主要原因。不难发现，现有研究主要聚焦于对外开放因素对企业出口国内附加值率的影响，而鲜有文献关注国家内部的行业结构因素所产生的作用。

一个值得注意的事实是，经过30多年的改革开放，中国下游最终品市场已基本上实现了充分竞争，但是上游行业的垄断程度依然居高不下。上游垄断对中国经济的影响也引起了部分学者的关注。其中，大部分学者考察了行业垄断对收入分配的影响（陈钊等，2010；叶林祥等，2011；武鹏，2011；孔庆洋和黄济生，2012；于良春和王美晨，2014），这些文献基本上发现了行业垄断扩大收入差距的证据。刘瑞明和石磊（2011）从非对称竞争的视角研究了国有企业的垄断地位对社会福利的影响，结果发现，维持国有企业在上游行业的垄断地位等同于给予其隐性补贴，是大中型国有企业高额利润的重要来源。王永进和施炳展（2014）利用微观数据检验了上游垄断对企业产品质量升级的影响，发现由政府保护所形成的上游垄断会阻碍产品质量升级，并且这一负面效应会随着下游行业竞争程度的上升而增强。如果把目光转向企业出口国内附加值率，一个很自然但又很重要的问题产生了：上游垄断是否会影响中国企业出口国内附加值率？如果是，潜在的影响机制是什么？

与此同时，在20世纪90年代，中国就开始施行以削减关税率与非关税壁垒为主要内容的进口贸易自由化改革，特别是在2001年12月正式加入世界贸易组织（WTO）之后，中间品贸易自由化进程得到了进一步的推进（毛其淋和许家云，2016）。考虑到上游垄断影响下游企业绩效的可能途径是通过中间投入品的价格与质量（王永进和施炳展，2014），而中间品关税减免通常会导致进口中间品成本的下降以及种类与质量的提高（Amiti and Konings，2007；Topalova and Khandelwal，2011），那么由此引出的一个问题是，上游垄断对下游企业出口国内附加值率的作用是否会受其所在行业的中间品贸易自由化程度的影响？这是本文试图深入考察的另一个重要的问题。

本文将利用中国工业企业数据库与海关贸易数据库准确测算企业出口国内附加值率，然后在此基础上系统考察上游垄断对下游企业出口国内附加值率的影响及其作用机制。本文在如下几个方面丰富和深化了已有研究：第一，与绮等（Kee and Tang，2016）着重从对外开放的角度考察企业出口国内附加值率的影响因素不同，本文系统研究了上游垄断这一国家内部的行业结构因素对中国制造业企业出口国内附加值率的影响，有助于更为全面地认识近年来中国企业出口国内附加值率变化的驱动因素；第二，本文将中间品贸易自由化与上游垄断纳入统一分析框架，系统考察了二者在影响企业出口国内附加值率上的互动关系，发现中间品贸易自由化不仅可以直接提高企业出口国内附加值率，而且还能缓解上游垄断对下游企业出口国内附加值率的抑制作用，该发现对于如何提升中国制造业企业出口竞争力以及提高企业出口国内附加值率具有重要的政策含义；第三，本文采用中介效应模型考察上游垄断与中间品贸易自由化如何影响企业出口国内附加值率，发现成本加成下降和研发创新弱化是上游垄断降低企业出口国内附加值率的两个可能渠道，另外，中间品贸易自由化有助于减轻上游垄断对企业成本加成与研发创新的负效应，进而缓解了上游垄断对下游企业出口国内附加值率的抑制作用。

二、机制分析与研究假说

经过30多年的改革开放，中国下游最终品市场基本上实现了充分竞争，但是上游行业的垄断程度依然居高不下。本部分通过简单的理论模型分析上游垄断对下游企业出口国内附加值率的影响机理。为了清晰起见，这里借鉴绮等（Kee and Tang，2013）的研究，从理论上推导得到企业出口国内附加值率的数学表达式①：

$$DVAR_{ft} = 1 - \chi_M \frac{1}{\mu_{ft}} \frac{1}{1 + (P_t^I / P_t^D)^{\kappa - 1}} \tag{1}$$

其中，下标f表示企业，t表示年份；$DVAR_{ft}$表示企业f在t期的出口国内附加值率；χ_M表示中间投入品的产出弹性；μ_{ft}表示企业f在t期的成本加成；P_t^I为进口中间品的平均价格，P_t^D为本国中间品的平均价格；κ表示本国中间品与进口中间品的替代弹性，满足$\kappa > 1$。

由（1）式可知，企业出口国内附加值率的变化依赖于成本加成μ_{ft}，以及进口中间品与国内中间品的相对价格P_t^I/P_t^D，通过一阶求导可得，$\frac{\partial DVAR_{ft}}{\partial \mu_{ft}} = \chi_M \frac{1}{\mu_{ft}^2} \frac{1}{1 + (P_t^I/P_t^D)^{\kappa-1}} > 0$，$\frac{\partial DVAR_{ft}}{\partial (P_t^I/P_t^D)} (\kappa - 1) \chi_M \frac{1}{\mu_{ft}} \cdot \frac{(P_t^I/P_t^D)^{\kappa-2}}{[1 + (P_t^I/P_t^D)^{\kappa-1}]^2} > 0$，据此可得出以下结论：成本加成和进口中间品相对价格的提高均有利于提升企业出口国内附加值率。这一结论背后的基本经济学逻辑是，如果企业的成本加成提高，表现为扩大了企业总产值与总投入的比值，这有利于提升企业利润率进而提高了企业出口国内附加值率；此外，如果进口中间品与国内中间品的相对价格（P_t^I/P_t^D）上升，根据成本最小化原则，企业会相应地减少进口中间品的使用，而更多地使用国内中间品，因此也提高了其出口国内附加值率。

① 限于篇幅，将企业出口国内附加值率的理论模型的具体推导过程放在附录中，可从《中国工业经济》网站（http://www.ciejournal.org）下载。

接下来，本文进一步讨论上游垄断如何通过μ_{ft}和P_t^I/P_t^D①影响企业的出口国内附加值率。

（一）成本加成渠道

一般而言，成本加成可由产品价格与边际生产成本之比表示，可用于刻画产品价格对边际成本的偏离程度，据此，那些影响产品价格或边际生产成本的因素均会在短期内对成本加成带来影响（孙辉煌和韩振国，2010）。改革开放时至今日，中国下游的产品市场已经基本上实现了充分竞争，然而上游行业的垄断程度仍旧较高，尤其是国有企业在上游行业依然处于垄断地位（刘瑞明和石磊，2011）。上游垄断引致的一个直接结果是提高了下游企业所购买的中间产品的价格（王永进和施炳展，2014），这会进一步导致下游企业边际生产成本的提升。此外，面临上游垄断程度的上升，处于下游的企业可获得的中间品种类会减少，主要是因为，维持企业尤其是国有企业在上游市场的垄断相当于给予该企业一种隐性补贴，构成了上游企业巨额利润的主要来源（刘瑞明和石磊，2011），而巨额的垄断利润可能会削弱上游企业对中间品生产的研发投入，进而上游行业提供的中间品种类会随之减少、中间品质量趋于下降。在通常情况下，中间品种类与企业生产效率存在正相关关系（Amiti and Konings，2007；Topalova and Khandelwal，2011），即上游行业提供的中间品种类的减少不利于下游企业生产效率的提高，而企业的边际生产成本又与其生产效率密切相关（Bernard et al.，2003；Melitz and Ottaviano，2008）。据此，中间品种类的减少会提高企业的边际生产成本，进而降低成本加成率。此外，由于中间投入品质量与企业

① 需要说明的是，由于在现实中难以获得进口中间品与本国中间品平均价格的相关信息，为了与后文的实证研究保持一致，在这里用研发创新间接地刻画进口中间品与国内中间品的相对价格。进行这样处理的主要依据是，如果研发创新多，那么国内中间品种类与数量就会增加，本国中间品的平均价格下降，进而进口中间品与国内中间品的相对价格就会随之上升，即研发创新与P_t^I/P_t^D之间存在较强的相关性。

生产的最终品质量存在正向关系（Kugler and Verhoogen，2012）①，而最终产品的质量越高，则它与市场中既有产品的差异化程度越大，进而企业能够制定相对较高的价格水平。由此可见，上游行业提供的中间品质量的下降会降低下游企业的产品价格，在其他条件不变的情况下，这又会进一步降低企业的成本加成。结合前文的分析结论 $\frac{\partial DVAR_{ft}}{\partial \mu_{ft}} > 0$，可进一步得到 $\frac{\partial DVAR_{ft}}{\partial UpMonopoly_{it}} = \frac{\partial DVAR_{ft}}{\partial \mu_{ft}} \frac{\partial \mu_{ft}}{\partial UpMonopoly_{it}} < 0$，这表明上游垄断通过成本加成渠道降低了下游企业出口国内附加值率。

（二）研发创新渠道

如同前文所述，上游垄断倾向于提高下游企业的生产成本，在其他条件不变的情况下，进而使得企业用于研发创新活动的资金减少。另外，还会使得下游企业无法获得某些研发创新所需的关键性要素资源，进而也会阻碍下游企业研发活动的开展，即 $\frac{\partial INO_{ft}}{\partial UpMonopoly_{it}} < 0$。在通常情况下，本国企业研发创新有利于扩大本国企业的生产范围，国内市场可提供的中间品种类也会因此而增加（Grossman and Helpman，1991；黎欢和龚六堂，2014），即 $\frac{\partial V_t^D}{\partial INO_{ft}} > 0$。由此可见，上游垄断会通过抑制下游企业的研发创新进而减少国内市场的中间品种类。此外，国内中间品种类的减少会降低进口中间品与国内中间品的相对价格 P_t^I/P_t^D（Kee and Tang，2013），这是因为，如果国内中间品种类减少，那么意味着

① 从逻辑上讲，中间品质量高也可能意味着中间品的高价格，进而倾向于提高企业的边际生产成本，但根据既有的研究，如范等（Fan et al.，2015；De Loecker et al.，2016），中间品投入质量显著提高了企业成本加成，这意味着中间品质量对最终产品价格的影响幅度大于其对边际生产成本的影响幅度。为了验证这一点，本文借鉴王永进和施炳展（2014）的方法测算中间品质量，然后将企业成本加成对中间品质量进行回归，结果发现，中间品质量变量的估计系数显著为正，说明较高的中间品质量有利于提升成本加成，即表明中间品质量对产品价格的影响幅度确实要大于对边际生产成本的影响幅度。

国内市场对中间品的供应降低，其价格 P_t^D 上升，进而降低了进口中间品的相对价格。进一步结合前文分析结论 $\frac{\partial DVAR_{ft}}{\partial(P_t^I/P_t^D)} > 0$，容易得到 $\frac{\partial DVAR_{ft}}{\partial UpMonopoly_{it}} = \frac{\partial DVAR_{ft}}{\partial(P_t^I/P_t^D)} \frac{\partial(P_t^I/P_t^D)}{\partial V_t^D} \frac{\partial V_t^D}{\partial INO_{ft}} \frac{\partial INO_{ft}}{\partial UpMonopoly_{it}} < 0$，即表明上游垄断通过研发创新渠道进而降低了下游企业出口国内附加值率。

基于以上分析，本文提出：

假设1：在其他条件不变的情况下，上游垄断会降低下游企业出口国内附加值率。

假设2：上游垄断可能通过成本加成和研发创新两个渠道影响下游企业出口国内附加值率。

20世纪90年代以来，为了适应市场经济体制改革与融入多边贸易体制的需要，中国开始施行以削减关税率与非关税壁垒为核心内容的进口贸易自由化改革。尤其是在2001年年底正式加入WTO之后，中国更是迎来了新一轮的进口贸易自由化浪潮。进口关税减免的一个直接结果是降低了企业从国外进口中间品的成本，这又会进一步降低企业的边际生产成本。另外，进口关税削减还能够使得本国企业从国外获取更加多元化与高质量的中间投入品（Klenow and Rodriguez - Clare，1997），例如，对印度的一项研究发现，在中间品贸易自由化发生之后，印度企业进口的中间投入种类比之前增加了将近2/3，而这些新进口的中间品又多数来自发达国家，较之前的进口品具有更高的质量（Goldberg et al.，2011）。由此可见，中间品贸易自由化可以在一定程度上减轻上游垄断，通过提升边际生产成本、降低中间品种类数与质量等途径而给下游企业带来负面效应，进而使得下游企业的出口国内附加值率受上游垄断的抑制作用得到减弱。另一方面，正如前文所述，进口关税减免有利于降低企业从国外进口的中间品成本，在其他条件不变的情况下，企业的利润会随之增加，进而使得企业有更充裕的资金用于研发创新活动。另外，进口关税减免还能增加企业购买核心零部件的可能性，这有助于企业获得更多的核心技术，进而激励企业加大吸收与模仿外国先进技术的研发投入力度（Hu et al.，2005；Goldberg and Pavcnik，2007；田巍和余淼杰，2014）。因此，总体来看，中间品贸易自由化有利于削弱上游垄断对企业研发创新的负面作用，进而有利于缓解上游垄断对下游企业出口国内附加值率的抑制作用。综合上述分析，本文提出：

假设 3：中间品贸易自由化有利于缓解上游垄断对下游企业出口国内附加值率的抑制作用。

三、计量模型、指标测度与数据

（一）计量模型设定

本文的研究目的之一在于考察制造业上游垄断对下游企业出口国内附加值率的影响，在已有文献研究的基础上本文设定如下计量模型：

$$\text{DomesticVAR}_{fit} = \alpha + \beta \cdot \text{UpMonopoly}_{it} + \gamma \cdot X_{fit} + \delta_f + \delta_t + \varepsilon_{fit} \tag{2}$$

其中，下标 f，i 和 t 分别表示企业[①]、行业和年份。DomesticVAR_{fit} 表示企业 f 在第 t 期的出口国内附加值率，其数值越大则说明企业从出口中俘获产品附加值的能力越强、获取真实利益越大，将在下文详细介绍其测度方法。UpMonopoly_{it} 为制造业上游垄断程度指标，是本文的核心解释变量，对于该指标的构造方法将在下文中说明。X_{fit} 为控制变量，具体包括：①企业规模（Size of Frim），采用企业就业人员数取对数表示。②企业年龄（Age of Frim），采用当年年份减去企业开业年份所得的差值衡量。③国有企业虚拟变量（Sos Dum）[②]，如果企业的所有制类型是国有企业，则 Sos Dum 取值为 1，否则取值为 0。④外资企业虚拟变量（Foreign Dum），若企业的所有制类型是外资企业，则 Foreign

① 需要指出的是，由于 UpMonopoly_{it} 反映了行业 i 所面临的上游垄断程度，那么行业 i 便是“下游行业”，进而企业 f 是“下游企业”。

② 与玉（Yu，2015）类似，本文在计量模型中同时加入国有企业虚拟变量和外资企业虚拟变量来控制企业所有制因素对其出口国内附加值率的影响效应。由于同一个企业的所有制形式不可能同时是国有性质和外资性质，因此这两个虚拟变量的线性相关性较低。

Dum 取值为 1，否则取值为 0。⑤加工贸易出口占比（Share of Pro），这里采用企业加工出口额占企业总出口额的比重衡量，该比值越大，表明企业从事加工贸易的程度越高。⑥赫芬达尔—赫希曼指数（HHIndex），该变量可用来刻画国内市场的结构特征，计算方法为：$HHIndex_{it} = \sum_{f\in\Omega_i}(s_{ft}/S_{it})^2 = \sum_{f\in\Omega_i}share_{ft}^2$，其中，$s_{ft}$ 为企业 f 在 t 期的销售额，S_{it} 为行业 i 在 t 期的总销售额，$share_{ft}$ 表示企业 f 在 t 期的市场占有率。该变量越小，表明国内市场竞争程度越高，反之则表明国内市场的垄断程度越高。此外，本文还控制了非观测的企业固定效应 δ_f 和年份固定效应 δ_t，ε_{fit} 为随机误差项。

为了检验上游垄断对企业出口国内附加值率的影响是否与企业所在行业的中间品贸易自由化程度有关（即对应研究假说 3），这里在基准计量模型（2）式的基础上引入行业中间品关税率（$Tariff_{it}$），它与上游垄断程度指标的交叉项（$UpMonopoly_{it} \times Tariff_{it}$），得到如下扩展后的计量模型：

$$DomesticVAR_{fit} = \alpha + \beta \cdot UpMonopoly_{it} + \varphi \cdot UpMonopoly_{it} \times Tariff_{it} + \theta \cdot Tariff_{it} + \gamma \cdot X_{fit} + \delta_f + \delta_t + \varepsilon_{fit} \quad (3)$$

其中，$Tariff_{it}$ 为行业中间品关税率，其测算方法为 $Tariff_{it} = \sum_{w\in\Omega t}\chi_{wt} \cdot \tau_{wt}$。$\tau_{wt}$ 为行业 w 的简单平均进口关税率，下标 i，w 和 t 分别表示行业、投入要素和年份，χ_{wt} 表示要素 w 的投入权重，可以用行业 i 总投入要素成本中要素 w 的投入成本所占比重来衡量，具体可以根据 2002 年中国投入产出表计算得到①。$Tariff_{it}$ 越小，表明中间品贸易自由化程度越高。在（3）式中，本文最为感兴趣的是交叉项 $UpMonopoly_{it} \times Tariff_{it}$，其估计系数 φ 刻画了上游垄断与中间品贸易自由化对企业出口国内附加值率的交互效应。

① 考虑到投入权重可能随时间变化，在计算 2000—2004 年和 2005—2007 年时间段的投入权重时分别使用了 2002 年和 2007 年的《中国投入产出表》，计算结果非常相似。

（二）核心指标测度

1. 企业出口国内附加值率①

为了克服基于投入产出表的宏观测算方法的缺陷②，本文借鉴张杰等（张杰，2013；Upward et al.，2013；Kee and Tang，2016）的做法，利用中国工业企业数据库与海关贸易数据库测算企业层面的出口国内附加值率。具体的测算式为：

$$\text{DomesticVAR}_{fit}^{\Lambda} = \begin{cases} 1 - \dfrac{\text{imp}_{fit}^{adj\_O}\big|_{BEC} + \text{imp}_{fit}^{F}}{Y_{fit}}, \Lambda = O \\ 1 - \dfrac{\text{imp}_{fit}^{adj\_P} + \text{imp}_{fit}^{F}}{Y_{fit}}, \Lambda = P \\ \omega_O \cdot \left(1 - \dfrac{\text{imp}_{fit}^{adj\_O}\big|_{BEC} + \text{imp}_{fit}^{F}}{Y_{fit}}\right) + \omega_P \cdot \left(1 - \dfrac{\text{imp}_{fit}^{adj\_P} + \text{imp}_{fit}^{F}}{Y_{fit}}\right), \Lambda = M \end{cases} \tag{4}$$

其中，O，P 和 M 分别表示纯一般贸易企业、纯加工贸易企业和混合贸易企业③；ω_O 和 ω_P 分别表示混合贸易企业以一般贸易方式和加工贸易方式进行出口的比例；$\text{imp}_{fit}^{adj\_O}\big|_{BEC}$ 表示一般贸易企业的实际中间品进口额；$\text{imp}_{fit}^{adj\_P}$ 表示加工贸易企业的实际中间品进口额；imp_{fit}^{F} 表示企业使用的国内原材料含有的国外产品元素；Y_{fit} 为企业产出，具体用企业总产值衡量。

2. 制造业上游垄断

利用行业间的投入产出关系，本文可以将上游垄断指标的测算式表

① 受篇幅的限制，这里将企业出口国内附加值率的具体测算步骤放在《中国工业经济》网站附录中。

② 这类测算方法的一个不足在于会掩盖企业间的异质性特征，此外，由于投入产出表往往具有间断性特点（如中国的投入产出表每五年更新一次），导致测算结果是不连续的，进而难以全面准确地反映出口国内附加值率的动态变化情况。

③ 其中纯一般贸易企业为加工出口份额为 0 的企业，纯加工贸易企业为加工出口份额等于 1 的企业，混合贸易企业为加工出口份额介于 0 与 1 的企业。

示为①：

$$\text{UpMonopoly}_{it} = \sum_{w \in \Theta_i} \varphi_{wt} \cdot \text{Herfindahl}_{wt} \quad (5)$$

其中，i 表示行业（三位码），t 表示年份，Θ_i 表示行业 i 的投入集合，$\varphi_{wt} = \text{input}_{wt} / \sum_{w \in \Theta_i} \text{input}_{wt}$ 表示行业 w 的投入权重，用行业 i 中所使用的来自行业 w 的投入占行业 i 的总中间投入的比重来衡量②。Herfindahl_{wt} 为行业 w 在 t 期赫芬达尔—赫希曼指数，其计算方法为：$\text{Herfindahl}_{wt} = \sum_{f \in \Theta_i}(\text{sale}_{ft}/\text{sale}_{wt}) = \sum_{f \in \Theta_w} S_{ft}^2$，这里 sale_{ft} 为企业 f 在 t 期的销售额，sale_{wt} 为行业 w 在 t 期的总销售额，S_{ft} 表示企业 f 在 t 期的市场占有率。

（三）数据

本文研究所用的样本主要来自于三套微观数据：①进口关税数据；②企业层面的生产数据；③产品层面的海关贸易数据。其中，进口关税数据来自 WTO 的 Tariff Download Facility 数据库，主要用于测算行业层面的中间品关税率指标。企业层面的生产数据来自国家统计局中国工业企业数据库。另外，产品层面的海关贸易数据来自中国海关总署，为了便于研究，本文将该数据库中的月度数据加总为年度数据。

由于生产数据与海关贸易数据中所载的企业代码的编码体系完全不同③，因此无法直接根据企业代码将两套数据库进行合并。本文借鉴玉（Yu，2015）的方法对两套数据库进行合并。为了与现有的国内外文献

① 在已有文献中，王永进和施炳展（2014）也是采用上游行业的赫芬达尔—赫希曼指数构造上游垄断指标。

② 鉴于数据的可获得性，这里的投入权重根据 2002 年《中国投入产出表》计算得到。此外，考虑到投入权重可能随时间变化，在计算 2000—2004 年、2005—2007 年两个时间段的投入权重时分别使用了 2002 年和 2007 年的中国投入产出表，计算结果非常相似。需要说明的是，由于在（5）式中，Θ_i 表示行业 i 的投入集合，故而行业 w 就是行业 i 的上游行业，那么 φ_{wt} 为权重对 Herfindahl_{wt} 进行加权平均得到的 UpMonopoly_{it} 指标，可以反映行业 i 所面临的“上游”垄断程度。

③ 生产数据中的企业代码是 9 位数，而海关贸易数据中的企业代码是 10 位数。

保持一致，本文选取制造业进行研究。鉴于中国在 2002 年颁布了新的《国民经济行业分类》，这里借鉴勃兰特等（Brandt et al.，2012）对中国工业行业分类（CIC）四位码进行调整。此外，考虑到贸易中间商是专门从事进出口业务的，因此其出口国内附加值受上游垄断的影响可能与其他生产型企业不同，故有必要将贸易中间商从样本中剔除。这里借鉴安等（Ahn et al.，2011）的做法，将海关贸易数据库中的企业名称中包含"经贸""科贸""进出口""外经""贸易"等字样的企业界定为贸易中间商，将其从本文的样本中剔除。最后，本文还进一步参照芬斯特拉等（Feenstra et al.，2014；Yu，2015）的做法，对异常样本进行了删除。

四、基本实证结果与分析

（一）基准回归结果

上游垄断对下游企业出口国内附加值率的基准回归结果报告在表 1 中。其中第（1）列仅考虑上游垄断程度指标，本文发现上游垄断程度变量的估计系数显著为负，初步表明上游垄断倾向于降低下游企业的出口国内附加值率。第（2）列加入了各个控制变量，虽然上游垄断程度变量的估计系数绝对值有所下降，不过仍然为负且在 1% 水平上显著，即表明在控制其他影响因素之后，上游垄断显著降低了下游企业的出口国内附加值率。第（3）列在此基础上控制了企业固定效应，本文发现上游垄断程度变量依然显著为负。第（4）列在回归模型中只放入上游垄断程度变量，但同时控制了企业固定效应和年份固定效应，结果显示，上游垄断程度变量的估计系数为负且通过了 1% 水平的显著性检验。第（5）列则在此基础上进一步放入各个控制变量，本文发现上游垄断程度变量仍然显著为负，表明在控制了其他影响因素和各个非观测固定效应之后，上游垄断显著降低了下游企业的出口国内附加值率。因此，上述检验结果较好地印证了研究假设 1。

表 1 基准回归结果

	(1)	(2)	(3)	(4)	(5)
Up Monopoly	-1.992 6***	-0.859 4***	-0.973 9***	-1.370 0***	-0.957 7***
	(-15.54)	(-10.30)	(-6.00)	(-6.73)	(-5.83)
Sizeof Frim	—	0.001 7***	0.002 8**	—	0.004 1***
	—	(3.62)	(2.25)	—	(3.26)
Ageof Frim	—	-0.000 1***	0.001 9***	—	0.002 4***
	—	(-3.10)	(13.24)	—	(15.35)
Sos Dum	—	-0.019 0***	-0.019 4**	—	-0.020 0**
	—	(-7.48)	(-2.46)	—	(-2.53)
Foreign Dum	—	-0.003 0***	0.003 5	—	0.005 1
	—	(-3.84)	(0.81)	—	(1.17)
Shareof Pro	—	-0.389 8***	-0.286 9***	—	-0.286 9***
	—	(-144.86)	(-45.23)	—	(-45.20)
HHIndex	—	-0.094 9***	-0.088 2***	—	-0.102 8***
	—	(-6.42)	(-2.88)	—	(-3.34)
常数项	0.755 8***	0.811 7***	0.766 6***	0.739 8***	0.746 9***
	(479.34)	(321.53)	(104.26)	(292.69)	(100.25)
企业固定效应	No	No	Yes	Yes	Yes
年份固定效应	No	No	No	Yes	Yes
观测值	192 827	192 774	192 774	192 827	192 774
R^2	0.00	0.47	0.88	0.85	0.88

注：括号内值为纠正了异方差后的 t 统计量；***，**，*分别表示1%，5%，10%的显著性水平。

数据来源：作者基于 Stata12.0 软件估计。

（二）上游垄断与中间品贸易自由化的交互效应

表 2 报告了上游垄断与中间品贸易自由化对企业出口国内附加值率的交互效应的检验结果。为了稳健起见，表 2 第（1）列只考虑上游垄断程度变量、中间品关税以及二者的交叉项；第（2）列加入了各个控制变量；第（3）列进一步控制了企业固定效应；第（4）列同时控制了企业固定效应与年份固定效应；第（5）列则在此基础上进一步控制

了其他影响因素。从中不难发现，本文最为关注的交叉项 UpMonopoly × Tariff 的估计系数在符号与显著性上都没有发生根本性变化，说明回归结果具有很好的稳定性。从第（5）列可以看到，交叉项 UpMonopoly × Tariff 的估计系数为负且在 5% 水平上显著，表明在中间品关税减免幅度越大（或中间品贸易自由化程度越高）的行业，上游垄断对下游企业出口国内附加值率的抑制作用越小，即中间品贸易自由化有利于缓解上游垄断对下游企业出口国内附加值率的抑制作用，因此验证了研究假设 3。另外，本文发现中间品关税变量（Tariff）的估计系数显著为负，这表明中间品贸易自由化显著提高了企业出口国内附加值率，这与绮等（Kee and Tang，2016）的研究发现类似，他们利用中国 2000—2006 年企业数据进行的研究也发现，中间品关税减免有利于提升企业出口国内附加值率。

表 2　上游垄断与中间品贸易自由化的交互效应

	(1)	(2)	(3)	(4)	(5)
UpMonopoly	-1.112 7***	-0.166 9	-0.359 9**	-0.831 3***	-0.497 0**
	(-5.46)	(-1.22)	(-2.05)	(-3.24)	(-2.16)
UpMonopoly × Tariff	-0.113 8***	-0.105 8***	-0.084 1**	-0.071 4**	-0.061 4**
	(-3.22)	(-3.05)	(-2.45)	(-2.20)	(-2.01)
Tariff	-0.006 9***	-0.006 8***	-0.006 3***	-0.008 9***	-0.006 8***
	(-15.15)	(-14.28)	(-10.36)	(-12.19)	(-11.04)
控制变量	No	Yes	Yes	No	Yes
企业固定效应	No	No	Yes	Yes	Yes
年份固定效应	No	No	No	Yes	Yes
观测值	190 395	190 342	190 342	190 395	190 342
R^2	0.02	0.47	0.88	0.86	0.88

注：括号内值为纠正了异方差后的 t 统计量；***，**，* 分别表示 1%，5%，10% 的显著性水平；受篇幅的限制，表中没有报告控制变量与常数项的估计结果，下同。

数据来源：作者基于 Stata12.0 软件估计。

（三）异质性影响分析

考虑到中国企业的出口贸易方式各有不同，同时企业所有制也存在显著的差异。本文将进一步研究上游垄断对不同特征企业出口国内附加值率的异质性影响效应。显然，对此进行深入研究有助于更为全面系统地揭示上游垄断与下游企业出口国内附加值率的关系。

1. 企业贸易方式的异质性

根据企业的贸易状态，将总样本划分为纯加工贸易企业、混合贸易企业和纯一般贸易企业三类子样本，对三类子样本的回归结果分别报告在表3第（1）～（3）列。从中可以看到，在纯一般贸易企业子样本与混合贸易企业子样本中，上游垄断程度变量的估计系数均显著为负，表明上游垄断显著降低了纯一般贸易企业与混合贸易企业的出口国内附加值率，其中上游垄断对纯一般贸易企业出口国内附加值率的抑制作用相对更大。另外，本文发现在纯加工贸易企业子样本中，上游垄断程度变量的估计系数未能通过10%水平的显著性检验，表明上游垄断对纯加工贸易企业出口国内附加值率没能产生明显的影响。为了稳健起见，这里根据企业的贸易状态构造两个虚拟变量，即混合贸易企业虚拟变量（Hybriddum）和纯一般贸易企业虚拟变量（Ordinadum）[①]。进一步的，在基准计量模型（2）的基础上引入交叉项 UpMonopoly × Hybriddum 和 UpMonopoly × Ordinadum，对此扩展后的模型进行估计，可以检验上游垄断对不同贸易方式企业出口国内附加值率的异质性影响，回归结果如表3第（4）列所示。本文发现，上游垄断程度变量的估计系数为负但不显著，再次表明上游垄断对纯加工贸易企业出口国内附加值率未能产生明显的影响；而交叉项 UpMonopoly × Hybriddum 和 UpMonopoly × Ordinadum 的估计系数均显著为负，且后者的绝对值更大，这意味着上游垄断对纯一般贸易企业出口国内附加值率的抑制作用最大，其次是混

① 当企业 f 既进行一般贸易又从事加工贸易时，Hybriddum 取值为1，否则取值为0；当企业 f 只进行一般贸易时，Ordinadum 取值为1，否则取值为0。

合贸易企业，这与表 3 前 3 列的回归结果是相似的。对此可能的解释是，加工贸易企业通常是由国外一方提供原材料、零部件等中间品，然后经过组装加工之后进行出口，可见这种类型企业出口国内附加值率受上游行业垄断的影响较小；与此不同的是，一般贸易企业在生产中所用的中间品有相当大的比例是从国内市场购买的，因此该类型企业出口国内附加值率受上游垄断的负面影响较大。

2. 企业所有制的异质性

本文根据所有制类型，将总样本划分为本土企业与外资企业两个子样本，表 3 第（5）和第（6）列分别报告了对这两个子样本的回归结果。不难发现，上游垄断程度变量在这两个子样本中的估计系数均显著为负，表明上游垄断显著降低了两种类型企业的出口国内附加值率。通过进一步比较可以看到，本土企业子样本中上游垄断程度变量的估计系数的绝对值更大，这意味着，相对于外资企业而言，上游垄断对下游本土企业出口国内附加值率的抑制作用更大。出于稳健性的考虑，这里根据企业所有制类型构造本土企业虚拟变量（Localdum），具体而言，当企业 f 属于本土企业时，Localdum 取值为 1，否则取值为 0。然后，将交叉项 UpMonopoly × Localdum 加入到基准计量模型（2）中进行估计，表 3 第（7）列报告了相应的回归结果。从中不难发现，交叉项 UpMonopoly × Localdum 的估计系数显著为负，再次表明上游垄断对下游本土企业出口国内附加值率产生了更大的抑制作用。本文认为导致这一回归结果的原因是，在中国的大多数外资企业是进行加工贸易，如同前文所指出的，从事加工贸易的企业主要是从国外进口原材料、零部件等中间品，这部分企业对国内上游行业中间品的依赖程度相对较低，因此其出口国内附加值率受上游垄断的影响也相对较小；而本土企业生产中所用的中间品更多的是来自于国内市场，因此受上游行业垄断的影响也相对更大些。

表3 上游垄断对企业出口国内附加值率的异质性影响

	企业贸易方式异质性				企业所有制异质性		
	纯加工	混合	纯一般	贸易方式	本土	外资	所有制
	(1)	(2)	(3)	(4)	(5)	(6)	(7)
UpMonopoly	-0.294 9	-0.872 5**	-1.249 4***	-0.319 6	-1.226 8***	0.602 5**	-0.611 8**
	(-0.74)	(-2.35)	(-6.98)	(-1.29)	(-6.34)	(-2.07)	(-2.35)
UpMonopoly × Hybriddum	—	—	—	-0.558 1***	—	—	—
	—	—	—	(-3.95)	—	—	—
UpMonopoly × Ordinadum	—	—	—	-0.909 1***	—	—	—
	—	—	—	(-5.60)	—	—	—
UpMonopoly × Localdum	—	—	—	—	—	—	-0.420 0*
	—	—	—	—	—	—	(-1.91)
控制变量	Yes	Yes	Yes	Yes	Yes	Yes	Yes
企业固定效应	Yes	Yes	Yes	Yes	Yes	Yes	Yes
年份固定效应	Yes	Yes	Yes	Yes	Yes	Yes	Yes
观测值	61 688	52 050	79 036	192 774	93 124	99 650	192 774
R^2	0.91	0.86	0.84	0.87	0.87	0.89	0.88

注：括号内值为纠正了异方差后的t统计量；***，**，*分别表示1%，5%，10%的显著性水平。

数据来源：作者基于Stata12.0软件估计。

（四）稳健性分析

前文研究的主要发现是，上游垄断显著降低了下游企业的出口国内附加值率，且中间品贸易自由化有利于缓解上游垄断对下游企业出口国内附加值率的抑制作用。接下来，本文将从多个方面进行稳健性检验，以确保回归结果的可靠性。

1. 企业出口国内附加值率的其他衡量

前文回归中，因变量企业出口国内附加值率指标在测算时假定国内原材料含有的国外产品份额为5%。根据库普曼等（Koopman et al.，2012）的研究，中国加工贸易企业所使用的国内原材料中含有国外产品的比例为5%～10%。为了检验本文主要回归结果是否会随这一假定的不同而变化，这里将国内原材料中含有国外产品的份额设定为10%，进而重新测算企业出口国内附加值率（表示为 $DomesticVAR\_10p_{fit}$）。以

$DomesticVAR_10p_{fit}$为因变量的估计结果报告在表4第（1）列和表5第（1）列①。另外，本文还尝试假定国内原材料中不包含国外产品成分，在此假设下测算得到的企业出口国内附加值率为 $DomesticVAR\_0p_{fit}$。表4第（2）列和表5第（2）列报告了以 $DomesticVAR\_0p_{fit}$ 为因变量的回归结果。不难发现，本文的主要结论并不随因变量测算方法的不同而改变。

表4　稳健性检验结果Ⅰ

	企业出口国内附加值率的其他衡量		上游垄断程度的其他衡量		2SLS	处理样本选择偏差	2000—2011年样本
	(1)	(2)	(3)	(4)	(5)	(6)	(7)
UpMonopoly	-0.744 5***	-0.414 6***	—	—	-0.988 7***	-0.936 2***	-3.090 5***
	(-5.26)	(-2.83)	—	—	(-6.02)	(-5.54)	(-4.94)
$UpMonopoly^F$	—	—	-0.493 9***	—	—	—	—
	—	—	(-13.14)	—	—	—	—
$UpMonopoly^T$	—	—	—	-0.390 4***	—	—	—
	—	—	—	(-15.51)	—	—	—
IMRatio	—	—	—	—	—	-0.005 3	—
	—	—	—	—	—	(-0.41)	—
Kleibergen - Paap rk LM 统计量	—	—	—	—	971.6***	—	—
Kleibergen - Paap Wald rk F 统计量	—	—	—	—	3 462.1***	—	—
控制变量	Yes	Yes	Yes	Yes	Yes	Yes	Yes
企业固定效应	Yes	Yes	Yes	Yes	Yes	Yes	—
年份固定效应	Yes	Yes	Yes	Yes	Yes	Yes	Yes
行业固定效应							Yes
观测值	192 774	192 774	192 774	192 774	94 509	192 774	168
R^2	0.90	0.90	0.88	0.88	0.41	0.88	0.97

注：括号内值为纠正了异方差后的t统计量；***，**，*分别表示1%，5%，10%的显著性水平。第（7）列为行业层面回归，因此在该列回归中Size of Frim、Age of Frim、Sos Dum、Foreign Dum、Share of Pro均为行业层面变量，其中Sos Dum采用行业中国有企业就业人数占该行业就业总数的比重衡量，Foreign Dum采用行业中外资企业就业人数占该行业就业总数的比重衡量，除此之外，其余变量（如Size of Frim，Age of Frim以及Share of Pro）采用行业内所对应的企业指标的平均值衡量。

数据来源：作者基于Stata12.0软件估计。

① 表4的稳健性检验对应于上游垄断对下游企业出口国内附加值率的影响；表5的稳健性检验对应于上游垄断与贸易自由化对下游企业出口国内附加值率的交互效应。

2. 上游垄断程度的其他衡量

在前文的基本估计中，主要采用上游行业的赫芬达尔—赫希曼指数来测算上游垄断指标，为了稳健起见，这里分别利用销售额排序前四位和前十位企业的市场集中度来构造上游垄断指标，其测算式为：

$$\text{UpMonopoly}_{it}^{F} = \sum_{w \in \Theta_i} \varphi_{wt} \cdot \text{ConRate}_{wt}^{F} \quad (6)$$

$$\text{UpMonopoly}_{it}^{T} = \sum_{w \in \Theta_i} \varphi_{wt} \cdot \text{ConRate}_{wt}^{T} \quad (7)$$

其中，ConRate_{wt}^{F}和ConRate_{wt}^{T}分别表示行业 w 在 t 期销售额排名前四位和前十位企业的市场集中度，即：$\text{ConRate}_{wt}^{F} = \sum_{w \in \Theta_{w4}} \text{sale}_{ft}/\text{sale}_{wt}$，$\text{ConRate}_{wt}^{T} = \sum_{f \in \Theta_{w10}} \text{sale}_{ft}/\text{sale}_{wt}$，这里 Θ_{w4} 和 Θ_{w10} 分别表示行业 w 中销售额排序前四位和前十位的企业集合。表 4 以及表 5 的第（3）和第（4）列分别报告了以 UpMonopoly^{F}和 UpMonopoly^{T}刻画上游垄断程度的稳健性回归结果。可以看出，不论是以 UpMonopoly^{F}，还是以 UpMonopoly^{T}来衡量上游垄断程度，本文的主要结论依然成立。

表 5 稳健性检验结果 Ⅱ

	企业出口国内附加值率的其他衡量		上游垄断程度的其他衡量		2SLS	处理样本选择偏差	2000—2011 年样本
	(1)	(2)	(3)	(4)	(5)	(6)	(7)
UpMonopoly	-0.269 4 *	-0.076 4	—	—	-0.438 0 **	-0.466 3 **	-2.129 8 **
	(-1.69)	(-1.26)	—	—	(-2.01)	(-2.06)	(-2.48)
UpMonopoly^{F}	—	—	-0.338 0 ***	—	—	—	—
	—	—	(-6.41)	—	—	—	—
UpMonopoly^{T}	—	—	—	-0.282 4 ***	—	—	—
	—	—	—	(-3.95)	—	—	—
UpMonopoly × Tariff	-0.062 9 **	-0.043 6 **	—	—	-0.083 6 **	-0.063 3 **	-0.137 5 **
	(-2.38)	(-2.08)	—	—	(-2.44)	(-2.23)	(-2.18)
UpMonopoly^{F} × Tariff	—	—	-0.007 8 *	—	—	—	—
	—	—	(-1.94)	—	—	—	—
UpMonopoly^{T} × Tariff	—	—	—	—	-0.008 2 **	—	—
		—	—	—	—	(-2.15)	—

续表

	企业出口国内附加值率的其他衡量		上游垄断程度的其他衡量		2SLS	处理样本选择偏差	2000—2011年样本
	(1)	(2)	(3)	(4)	(5)	(6)	(7)
Tariff	-0.003 0***	-0.003 0***	-0.008 0***	-0.008 4***	-0.007 9***	-0.006 8***	-0.004 9***
	(-5.07)	(-5.22)	(-10.02)	(-11.10)	(-11.08)	(-11.01)	(-3.30)
IMRatio	—	—	—	—	—	0.0077	—
	—	—	—	—	—	(0.57)	—
Kleibergen - Paap rk LM 统计量	—	—	—	—	675.5***	—	—
Kleibergen - Paap Wald rk F 统计量	—	—	—	—	1 191.6***	—	—
控制变量	Yes	Yes	Yes	Yes	Yes	Yes	Yes
企业固定效应	Yes	Yes	Yes	Yes	Yes	Yes	—
年份固定效应	Yes	Yes	Yes	Yes	Yes	Yes	Yes
行业固定效应							Yes
观测值	190 342	190 342	190 342	190 342	93 221	190 342	168
R^2	0.90	0.90	0.88	0.88	0.42	0.83	0.98

注：括号内值为纠正了异方差后的t统计量；***，**，*分别表示1%，5%，10%的显著性水平。第（7）列为行业层面回归，因此在该列回归中Size of Frim，Age of Frim，Sos Dum，Foreign Dum，Share of Pro均为行业层面变量，其中Sos Dum采用行业中国有企业就业人数占该行业就业总数的比重衡量，Foreign Dum采用行业中外资企业就业人数占该行业就业总数的比重衡量，除此之外，其余变量（如Size of Frim，Age of Frim以及Share of Pro）采用行业内所对应的企业指标的平均值衡量。

数据来源：作者基于Stata12.0软件估计。

3. 两阶段最小二乘法回归

本文的主要目的在于考察上游垄断对下游企业出口国内附加值率的影响，由于因变量（即企业出口国内附加值率）的维度是企业层面，而核心解释变量（即上游垄断程度）是行业层面，所以，由逆向因果关系而导致内生性问题的可能性较小，也是本文到目前为止将其视为外生的主要原因。考虑到一些非观测因素（如宏观经济波动等）可能会同时影响上游垄断程度和企业出口国内附加值率的变化，若遗漏这些不可观察因素，也可能会导致上游垄断程度变量存在内生性。实际上，本文通过在回归模型中控制非观测的年份固定效应与企业固定效应可以在一定程度上缓解因遗漏变量而引致的内生性问题。不过为了稳健起见，这里放松上游垄断程度是外生的假定，进而采用两阶段最小二乘法（2SLS）处理潜在的内生性问题。与既有文献类似，这里采用上游垄断程度的滞后一期项作为其当期变量的工具变量，采用滞后一期上游垄断程度与滞后一期中间品关税的相乘项作为交叉项 UpMonopoly × Tariff 的工具变量。表 4 第（5）列与表 5 第（5）列报告了两阶段最小二乘法回归结果。研究发现，在控制了潜在的内生性之后，本文的核心结论依然成立。最后，本文还采用多种检验来确保工具变量的有效性：①采用克雷贝根等（Kleibergen and Paap，2006）的 LM 统计量检验未被包括的工具变量是否与内生变量相关，结果均在 1% 水平上拒绝了“工具变量识别不足”的原假设；②克雷贝根等的 Wald rk F 统计量也在 1% 水平上拒绝了“工具变量是弱识别”的原假设。上述检验表明，本文对工具变量的选取是合理的，以此为基础进行的 2SLS 估计结果是可信的。

4. 处理样本选择性偏差

考虑到现实中并非所有的企业都进行出口活动，如果企业是否进行出口不是随机分布，那么直接剔除非出口企业样本进行估计则可能产生样本选择性偏差。为了考察这一潜在的样本选择偏差是否会对本文估计结果带来实质性影响，接下来采用赫克曼（Heckman，1979）两步法进行稳健性检验。表 4 第（6）列和表 5 第（6）列报告了赫克曼两步法的估计结果①。从中可以看到，在控制了潜在的样本选择偏差问题之后，本文的核心结论仍然成立。另外本文发现，逆米尔斯比率 IMRatio 未能通过 10% 水平的显著性检验，说明本文的实证回归并不存在严重的样本选择性偏差问题，即前文实证研究得到的主要结论是可靠的。

① 限于篇幅，这里没有报告第一阶段 probit 回归结果，感兴趣的读者可向作者索取。

5. 使用行业层面的出口国内附加值率进行估计

前文主要使用中国工业企业数据库与海关贸易数据库测算企业层面的出口国内附加值率，并在微观层面考察了上游垄断对企业出口国内附加值率的影响。但由于受到微观数据可获得性的限制，本文所用的样本期是2000—2007 年①，那么由此得到的结论是否适用于当前情形值得商榷。为了弥补这一不足和出于稳健性的考虑，这里采用世界投入产出数据库提供的世界投入产出表，借鉴库普曼等（Koopman et al. , 2014）以及戴翔（2015）的方法进一步测算了中国制造业行业层面的出口国内附加值率，时间跨度为2000—2011 年②。需要说明的是，世界投入产出数据库中的行业分类与中国工业行业分类（CIC）存在差异，与戴翔（2016）类似，这里将中国工业行业分类对应到世界投入产出数据库的制造业行业分类中，最终整合为14 个制造业部门。表4 第（7）列与表5 第（7）列报告了基于2000—2011 年 14 个制造业行业样本的回归结果。总体而言，利用更新年份的行业层面回归结果较好地保证了本文核心结论的稳健性，从侧面反映了前文企业层面的回归结果具有较高的解释力与适用性。

五、 上游垄断对企业出口国内附加值率的影响渠道

上文已经细致地考察了上游垄断对下游企业出口国内附加值率的影

① 例如，2007 年之后的中国工业企业数据库没有提供企业中间投入的指标，而该指标是本文用于测算企业层面出口国内附加值率的重要信息，因此，本文企业层面实证研究的最新样本截至2007 年。

② 需要说明的是，世界投入产出数据库（WIOD）发布的世界投入产出表提供了41 个国家35 个产业部门在1995—2011 年的时序数据，在35 个产业部门中属于制造业行业的有14 个，分别为：食品、饮料制造及烟草业；纺织及服装制造业；皮革、毛皮、羽毛（绒）及鞋类制品业；木材加工及木、竹、藤、棕、草制品业；造纸及纸制品业、印刷业和记录媒介的复制业；石油加工、炼焦及核燃料加工业；化学原料及化学制品制造业；橡胶及塑料制品业；非金属矿物制品业；金属制品业；机械制造业；电气及电子机械器材制造业；交通运输设备制造业；其他制造业及废弃资源和废旧材料回收加工业。

响，以及中间品贸易自由化在其中的作用，得到的核心结论是，上游垄断显著且稳健地降低了下游企业出口国内附加值率，并且中间品贸易自由化缓解了上游垄断对下游企业出口国内附加值率的抑制作用。很自然地会进一步考虑，上游垄断可能通过什么机制对下游企业出口国内附加值率产生影响？对此进行研究有助于更深入地理解上游垄断与下游企业出口国内附加值率的内在关系。为此，这一部分将通过构建中介效应模型来揭示其背后可能的影响渠道。根据本文第二部分的理论分析，这里选取企业成本加成（Markup）和企业研发创新（Yfcx）作为中介变量。与既有的文献类似，本文设定如下（8）～（11）式的中介效应模型进行实证检验：

$$\text{DomesticVAR}_{fit} = \alpha_1 + \beta_1 \cdot \text{UpMonopoly}_{it} + \gamma \cdot X_{fit} + \delta_f + \delta_t + \varepsilon_{fit} \tag{8}$$

$$\text{Markup}_{fit} = \alpha_2 + \beta_2 \cdot \text{UpMonopoly}_{it} + \gamma \cdot X_{fit} + \delta_f + \delta_t + \varepsilon_{fit} \tag{9}$$

$$\text{YFCX}_{fit} = \alpha_3 + \beta_3 \cdot \text{UpMonopoly}_{it} + \gamma \cdot X_{fit} + \delta_f + \delta_t + \varepsilon_{fit} \tag{10}$$

$$\begin{aligned} \text{DomesticVAR}_{fit} = \alpha_4 + \beta_4 \cdot \text{UpMonopoly}_{it} + \omega \cdot \text{Markup}_{fit} + \\ \sigma \cdot \text{YFCX}_{fit} + \gamma \cdot X_{fit} + \delta_f + \delta_t + \varepsilon_{fit} \end{aligned} \tag{11}$$

与前文类似，下标 f，i 和 t 分别表示企业、行业和年份。Markup_{fit} 表示企业 f 在第 t 期的成本加成率，本文借鉴德勒克等（De Loecker and Warzynski，2012）的方法进行测算，表示为 $\text{Markup}_{fit} = \phi_{fit}^{X^v}(\omega_{fit}^{X^v})$。这里 $\phi_{fit}^{X^v}$ 为可变要素（如劳动力）的产出弹性，本文采用莱文索恩等（Levinsohn and Petrin，2003）的方法对生产函数进行估计后得到①；$\omega_{fit}^{X^v}$ 为可变要素的支出占企业总销售收入的比重，该变量可直接通过中国工业企业数据库计算得到。此外，YFCX_{fit} 为企业研发创新，采用新产品销售额占企业总销售额的比重来衡量。

表 6 报告了上游垄断对下游企业出口国内附加值率的影响渠道检验

① 该方法的主要特点是使用企业的中间投入变量作为企业受到生产率冲击时的调整变量，另外，本文也尝试用奥利等（Olley and Pakes，1996）的方法估计产出弹性，发现回归结果没有太大的差异。

结果。其中表6第（1）列是对（8）式基准模型的估计结果，因此它与表1第（5）列的回归结果相同。表6第（2）列报告了以企业成本加成为因变量［对应于（9）式］的回归结果，本文发现，上游垄断程度变量的估计系数显著为负，表明上游垄断明显降低了下游企业的成本加成率。对其可能的解释是，上游垄断会提高下游企业所购买的中间产品的价格（王永进和施炳展，2014），进而导致下游企业边际生产成本的提升，在其他条件不变的情况下，会进一步降低企业的成本加成率。从表6第（3）列［对应于（10）式］可以发现，上游垄断程度变量的估计系数显著为负，表明在控制了其他影响因素之后，上游垄断抑制了下游企业的研发创新。这是因为，一方面，上游垄断提高了下游企业的生产成本，在其他条件不变的情况下，企业的利润会下降，进而减少了企业用于研发创新活动的资金；另一方面，上游垄断还会使得下游企业难以获得某些用于研发创新的关键性要素资源，这也会阻碍下游企业开展研发活动。表6第（4）列至第（6）列［对应于（11）式］进一步展示了因变量对基本自变量和中介变量回归的结果。从中可看到，中介变量 Markup 的回归系数为正且在1%水平上显著，表明成本加成提升可以明显提高企业出口国内附加值率。这主要是因为企业的成本加成提高，表现为扩大了企业总产值与总投入的比值，有利于提升企业利润率进而提高了企业出口的国内附加值率。此外，中介变量 YFCX 的回归系数为正且显著，意味着研发创新有助于提高企业出口国内附加值率。本文认为其背后的原因是，企业的研发创新导致国内市场上中间品的供给种类与数量增加，进一步激励企业加大对国内中间品的采购，进而提高了企业出口国内附加值率。本文还注意到，与表6第（1）列基准的回归结果相比，在分别加入中介变量 Markup［第（4）列］和 YFCX［第（5）列］之后，上游垄断程度变量在估计系数绝对值和显著性水平上都有所下降，说明成本加成与研发创新是上游垄断影响下游企业出口国内附加值率的两个渠道。在同时加入两个中介变量进行估计［表6第（6）列］后发现，核心变量上游垄断程度的估计系数绝对值与显著性水平出现了进一步下降。这表明，成本加成下降与研发创新弱化是上游垄断显著降低企业出口国内附加值率的两个可能的渠道，因此，研究假设 2 在此得到印证。

表 6　影响渠道 Ⅰ：中介效应检验

	DomesticVAR (1)	Markup (2)	YFCX (3)	DomesticVAR (4)	DomesticVAR (5)	DomesticVAR (6)
UpMonopoly	-0.957 7***	-0.627 7**	-0.189 0***	-0.595 2**	-0.553 4**	-0.494 7*
	(-5.83)	(-2.49)	(-3.36)	(-2.22)	(-2.03)	(-1.90)
Markup	—	—	—	0.004 3***	—	0.003 9***
	—	—	—	(5.40)	—	(5.05)
YFCX	—	—	—	—	0.005 9**	0.004 8*
	—	—	—	—	(2.04)	(1.94)
控制变量	Yes	Yes	Yes	Yes	Yes	Yes
企业固定效应	Yes	Yes	Yes	Yes	Yes	Yes
年份固定效应	Yes	Yes	Yes	Yes	Yes	Yes
观测值	192 774	192 775	192 776	192 777	192 778	192 779
R^2	0.88	0.92	0.62	0.88	0.88	0.88

注：括号内值为纠正了异方差后的 t 统计量；***，**，* 分别表示 1%，5%，10% 的显著性水平。

数据来源：作者基于 Stata12.0 软件估计。

上文通过中介效应模型揭示了上游垄断通过降低企业成本加成与削弱研发创新两个渠道降低了下游企业出口国内附加值率。本文的另一个重要发现是，中间品贸易自由化不仅提高了企业出口国内附加值率，而且还能缓解上游垄断对下游企业出口国内附加值率的抑制作用。本文将对此背后的作用机制做进一步检验。这里先考察中间品贸易自由化提高企业出口国内附加值率的影响渠道。结合企业出口国内附加值率的数学表达式以及表 6 第（4）~（6）列的检验结果可知，企业出口国内附加值率主要由成本加成与研发创新决定，即成本加成与研发创新的增加均有利于提升企业出口国内附加值率。本文通过设定（12）式检验成本加成与研发创新是否是中间品贸易自由化影响企业出口国内附加值率的渠道：

$$Markup_{fit}(YFCX_{fit}) = \alpha + \beta \cdot Tariff_{it} + \gamma \cdot X_{fit} + \delta_f + \delta_t + \varepsilon_{fit} \tag{12}$$

表 7 第（1）列报告了企业成本加成对中间品关税率进行回归的估计结果。本文发现中间品关税（Tariff）的估计系数为负且显著，表明中间品贸易自由化显著提高了企业成本加成率，这与德勒克等（De Loecker and Warzynski，2012）对印度的研究发现是一致的。对此的解释是，中间品关税减免可使得企业从国外进口更加多样化和更高质量的中间投入品，有利于提高企业的生产效率（Amiti and Konings，2007；Topalova and Khandelwal，2011），而生产效率越高的企业其边际生产成本越低，进而提高了企业的成本加成率。表 7 第（2）列报告了以企业研发创新为因变量的估计结果。从中可以看到，中间品关税的估计系数显著为负，表明中间品贸易自由化促进了企业研发创新，因为中间品关税率减免降低了企业进口的中间投入品成本，在其他条件不变的情况下，企业的利润会增加，企业因此会有更充足的资金开展研发投资活动、进行人员培训以及更新过时的机器设备。实际上，田巍和余淼杰（2014）对中国企业微观数据的研究也得出了中间品贸易自由化有利于促进企业研发创新的结论。从上述分析不难发现，中间品贸易自由化通过提高成本加成与研发创新的途径进而提升了企业出口国内附加值率。

表 7　影响渠道Ⅱ：中间品贸易自由化的影响

	Markup (1)	YFCX (2)	Markup (3)	YFCX (4)
UpMonopoly	—	—	-0.383 4*	-0.164 3**
	—	—	(-1.86)	(-2.26)
UpMonopoly × Tariff	—	—	-0.033 2**	-0.005 0*
	—	—	(-2.29)	(-1.75)
Tariff	-0.035 0***	-0.002 7***	-0.025 8**	-0.001 9**
	(-3.27)	(-5.72)	(-2.40)	(-2.02)
控制变量	Yes	Yes	Yes	Yes
企业固定效应	Yes	Yes	Yes	Yes

续表

	Markup (1)	YFCX (2)	Markup (3)	YFCX (4)
年份固定效应	Yes	Yes	Yes	Yes
观测值	178 258	190 342	178 258	190 342
R^2	0. 92	0. 62	0. 92	0. 62

注：括号内值为纠正了异方差后的 t 统计量；***，**，* 分别表示 1%，5%，10% 的显著性水平。

数据来源：作者基于 Stata12. 0 软件估计。

为了检验成本加成与研发创新是否是中间品贸易自由化缓解上游垄断对下游企业出口国内附加值率的抑制作用的渠道，这里设定如下计量模型进行验证：

$$Markup_{fit}(YFCX_{fit}) = \alpha + \beta \cdot UpMonopoly_{it} + \varphi \cdot UpMonopoly_{it} \times Tariff_{it} + \theta \cdot Tariff_{it} + \gamma \cdot X_{fit} + \delta_f + \delta_t + \varepsilon_{fit} \quad (13)$$

在（13）式中，交叉项 $UpMonopoly_{it} \times Tariff_{it}$ 的估计系数 φ 是本文最为关注的。如果 φ 显著为负，则表明在中间品关税减免幅度越大的行业，上游垄断对下游企业成本加成率（或研发创新）的抑制作用越小，即中间品贸易自由化缓解了上游垄断对企业成本加成率（或研发创新）的抑制作用。从表 7 第（3）列和第（4）列可以看到，交叉项 UpMonopoly × Tariff 的估计系数均显著为负，表明中间品关税减免的确缓解了上游垄断对企业成本加成率（或研发创新）的抑制作用，对这一回归结果可能的解释是，中间品贸易自由化降低了企业从国外进口中间品的成本，这又会进一步降低企业的边际生产成本。此外，中间品贸易自由化还可以使得企业从国外获得更加多元化和高质量的中间投入品，以及获取更多的核心技术，这些均有利于减弱上游垄断对下游企业带来的负面效应。进一步结合前文的回归结果（即成本加成与研发创新是决定企业出口国内附加值率的重要因素），不难得到中间品贸易自由化通过削弱上游垄断对成本加成与新产品创新的抑制作用，进而有利于缓解上游垄断对下游企业出口国内附加值率的抑制作用。

六、 结论与政策含义

本文的研究主要有如下几点发现：

（1）上游垄断显著降低了下游企业的出口国内附加值率，而中间品贸易自由化有利于缓解上游垄断对下游企业出口国内附加值率的抑制作用，这一结论在使用不同衡量指标、处理内生性问题、纠正样本选择性偏差，以及使用更新年份的行业样本进行估计之后依然稳健。

（2）异质性分析表明，上游垄断显著降低了纯一般贸易企业的出口国内附加值率，对混合贸易企业的影响次之，而对纯加工贸易企业没有明显的影响；上游垄断对本土企业出口国内附加值率的抑制作用明显大于外资企业。

（3）影响机制检验发现，成本加成下降和研发创新弱化是上游垄断降低下游企业出口国内附加值率的两个可能渠道，另外，中间品贸易自由化通过削弱上游垄断对下游企业成本加成与研发创新的负面效应，进而缓解了上游垄断对下游企业出口国内附加值率的抑制作用。

本文的研究结论具有重要的政策含义。

（1）政府部门要加强对上游垄断行业的规制，逐步放宽垄断行业的进入壁垒，通过引入竞争来打破上游行业的垄断格局，以此不断提升产品市场自由竞争程度。一方面，政府部门要不断扩大上游行业的市场准入条件，逐渐减少甚至取消对一些低效率企业尤其是国有企业的各种补贴，实现不同类型企业可自由进入上游行业，同时对于在位垄断企业进行横向分拆，实现政企逐步分离。另一方面，政府部门除了要减少对上游垄断性行业的行政干预之外，还要进一步推进市场化改革与产权多样化改革，逐步促使上游垄断行业的投资主体呈现多元化特征，尤其是要鼓励和引导民营资本渗入到上游垄断行业中，以形成一个公平有序的竞争格局。除此之外，政府部门还要尽快出台落实《反垄断法》的相关配套法规，同时也要取缔当前一些不利于促进竞争与打破垄断的法律法规，依法制止上游垄断性行业的“设租”“寻租”等行为，不断加强上游行业的竞争机制。

（2）进一步推进中间品贸易自由化改革，同时鼓励与引导国内企业借此进口多元化、高质量和低成本的中间品来提升自身的出口竞争力。中国政府在过去相当长时间内推行鼓励出口和限制进口的贸易战略与产业政策来促进产业升级，而本文研究在一定程度上证实了传统的贸易和产业政策已经不能很好地适用于当前全球价值链背景下的产业升级需要。相反的，中国政府应当充分认识到中间品进口贸易对本国产业升级的积极作用，鼓励部门贸易自由化，进一步削减进口关税水平和取消配额等数量限制，同时配以投资自由化和国内政策的规制改革不断健全、完善营商环境，深度整合全球资本、技术及其他要素资源，以此支持本国企业加强能力建设和培育出口竞争新优势，最终实现产业结构的转型升级。

（3）通过加大研发投入力度、积极培育自主创新来增强企业俘获出口附加值能力。尽管近年来中国政府对企业的研发补贴不断增加，但与发达国家相比仍然存在较大的差距，研发投入力度依然具有很大的提升空间。特别是对于民营企业，由于受到严重的融资约束，它们自身的资金实力难以承担研发创新所需的高额前期投入，政府应当加大对这类企业的研发补贴力度，以促进民营企业研发创新能力的提升。另外，在企业内部，要营造积极的“创新型”企业文化，将创新作为企业文化的重要组成部分。例如，要建立和完善企业内部的自主创新评价体系，把创新绩效作为对研发人员与有关领导的重要考核指标；通过设定具有竞争力的薪酬水平来吸引高水平的创新型人才，同时还要对员工进行定期的技能培训以培养他们的创新能力。此外，更为重要的是，政府部门还要进一步完善和加强知识产权保护制度，以提高企业自主创新的激励，具体而言，有关部门应当在立法与执法方面双管齐下，不仅要完善与健全知识产权保护有关的法律法规，而且要加强对知识产权的执法力度，以使企业的创新成果得到切实有效的保护。

参考文献

[1]陈钊,万广华,陆铭.行业间不平等:日益重要的城镇收入差距成因——基于回归方程的分解[J].中国社会科学,2010(3):65-76.

[2]戴翔.中国制造业出口内涵服务价值演进及因素决定[J].经济研究,2016(9):44-57.

[3]戴翔.中国制造业国际竞争力——基于贸易附加值的测算[J].中国工业经济,2015(1):78-88.

[4]孔庆洋,黄济生.行业垄断、技术进步与行业收入差距——基于工业二位数行业的分析[J].华东师范大学学报(哲学社会科学版),2012(2):102-110.

[5]黎欢,龚六堂.金融发展、创新研发与经济增长[J].世界经济文汇,2014(2):1-16.

[6]刘瑞明,石磊.上游垄断、非对称竞争与社会福利——兼论大中型国有企业利润的性质[J].经济研究,2011(12):86-96.

[7]毛其淋,许家云.中间品贸易自由化与制造业就业变动——来自中国加入WTO的微观证据[J].经济研究,2016(1):69-83.

[8]孙辉煌,韩振国.不完全竞争、R&D投入与成本加成变动——基于中国工业行业的实证研究[J].科学学研究,2010(7):1022-1027.

[9]田巍,余淼杰.中间品贸易自由化和企业研发:基于中国数据的经验分析[J].世界经济,2014(6):90-112.

[10]王永进,施炳展.上游垄断与中国企业产品质量升级[J].经济研究,2014(4):116-129.

[11]武鹏.行业垄断对中国行业收入差距的影响[J].中国工业经济,2011(10):76-86.

[12]叶林祥,李实,罗楚亮.行业垄断、所有制与企业工资收入差距——基于第一次全国经济普查企业数据的实证研究[J].管理世界,2011(4):26-36.

[13]于良春,王美晨.行业垄断对收入差距影响的实证分析[J].经济与管理研究,2014(7):23-33.

[14]张杰,陈志远,刘元春.中国出口国内附加值的测算与变化机制[J].经济研究,2013(10):124-137.

[15]Ahn J A K, Khandelwal Wei S J. The Role of Intermediaries in Facilitating Trade[J]. Journal of International Economics, 2011,84(1):73-85.

[16]Amiti M, Konings J. Trade Liberalization, Intermediate Inputs and Productivity: Evidence

from Indonesia[J]. American Economic Review, 2007,97(5):1611 - 1638.

[17] Bernard A B J, Eaton J, Jensen J B, Kortum S. Plants and Productivity in International Trade [J]. American Economic Review, 2003, 93(4):1268 - 1290.

[18] Brandt L J, Van Bieseboreck J, Zhang Y. Creative Accounting or Creative Destruction? Firm - level Productivity Growth in Chinese Manufacturing[J]. Journal of Development Economics, 2012, 97(2):339 - 351.

[19] De Loecker J, Warzynski F. Markups and Firm - level Export Status[J]. American Economic Review, 2012, 102(6):2437 - 2471.

[20] De Loecker J, Goldberg P K, Khandelwal A K, Pavcnik N. Prices, Markups and Trade Reform[J]. Econometrica, 2016, 84(2):445 - 510.

[21] Fan H, Li Y A, Luong T A. Input - trade Liberalization and Markups[R]. Working Paper, 2015.

[22] Feenstra R C, Li Z Y, Yu M J. Exports and Credit Constraints under Incomplete Information: Theory and Evidence from China[J]. Review of Economics and Statistics, 2014, 96(4):729 - 744.

[23] Goldberg P K, Khandelwal A K, Pavcnik N, Topalova P. Imported Intermediate Inputs and Domestic Product Growth: Evidence from India[J]. Quarterly Journal of Economics, 2010, 125(4):1727 - 1767.

[24] Goldberg P K, Khandelwal A K, Pavcnik N, Topalova P. Trade Liberalization and New Imported Inputs[J]. American Economic Review, 2011, 99(2):494 - 500.

[25] Goldberg P K, Pavcnik N. Distributional Effects of Globalization in Developing Countries [J]. Journal of Economic Literature, 2007, 45(1):39 - 82.

[26] Grossman G M, Helpman E. Quality Ladders in the Theory of Growth[J]. Review of Economic Studies, 1991, 58(193):43 - 61.

[27] Heckman J J. Sample Selection Bias as a Specification Error[J]. Econometrica, 1979, 47 (1):153 - 161.

[28] Hu A, Jefferson G H, Qian J. R&D and Technology Transfer: Firm - level Evidence from Chinese Industry[J]. Review of Economics and Statistics, 2005, 87(4):780 - 786.

[29] Kee H L, Tang H. Domestic Value Added in Exports: Theory and Firm Evidence from China [R]. World Bank Working Paper, 2013.

[30] Kee H L, Tang H. Domestic Value Added in Exports: Theory and Firm Evidence from

China [J]. American Economic Review,2016,106(6):1402 - 1436.

[31] Kleibergen F R, Paap R. Generalized Reduced Rank Tests Using the Singular Value Decomposition [J]. Journal of Econometrics, 2006,133(1):97 - 126.

[32] Klenow P J, Rodriguez - Clare A. Quantifying Variety Gains from Trade Liberalization [R]. Mimeo,1997.

[33] Koopman R, Wang Z, Wei S J. Estimating Domestic Content in Exports When Processing Trade Is Pervasive[J]. Journal of Development Economics, 2012,99(1):178 - 189.

[34] Koopman R, Wang Z, Wei S J. Tracing Value - Added and Double Counting in Gross Exports [J]. American Economic Review, 2014,104(2):459 - 494.

[35] Kugler M, Verhoogen E. Prices, Plant Size, and Product Quality [J]. Review of Economic Studies,2012,79(1):307 - 339.

[36] Levinsohn J, Petrin A. Estimating Production Functions Using Inputs to Control for Unobservables [J]. Review of Economic Studies, 2003,70(2):317 - 341.

[37] Melitz M J, Ottaviano G I P. Market Size, Trade, and Productivity [J]. Review of Economic Studies,2008,75(1):295 - 316.

[38] Olley S, Pakes A. The Dynamics of Productivity in the Telecommunications Equipment Industry [J]. Econometrica, 1996,64(6):1263 - 1297.

[39] Topalova P, Khandelwal A. Trade Liberalization and Firm Productivity: The Case of India [J]. Review of Economics and Statistics, 2011,93(3):995 - 1009.

[40] Upward R, Wang Z, Zheng J. Weighing China's Export Basket: The Domestic Content and Technology Intensity of ChineseExports[J]. Journal of Comparative Economics,2013 (41):527 - 543.

[41] Yu M J. Processing Trade, Tariff Reductions and Firm Productivity: Evidence from Chinese Firms [J]. Economic Journal, 2015,125(585):943 - 988.

金融普惠和京津冀家庭收入差距

——来自中国家庭金融调查与研究数据的证据

尹志超　杨　阳　张号栋

摘要： 文章基于2015年中国家庭金融调查与研究京津冀样本数据，在社区层面估计发现，京津冀社区金融普惠提高10个百分点，社区家庭收入基尼系数显著下降2.42%。在北京和天津地区，社区金融普惠对家庭收入差距没有显著的影响，在河北地区，社区金融普惠比例提高10个百分点，社区家庭收入基尼系数显著下降2.37%。进一步发现，京津冀金融普惠对各分位点家庭收入的影响随着分位点的提高而呈递减趋势，这是金融普惠降低京津冀家庭收入差距的内在原因。文章的政策含义是在京津冀地区，普及金融普惠能够缩小家庭收入差距，增强家庭金融发展协调性，增进家庭福祉，促进京津冀共同繁荣。

关键词： 京津冀；金融普惠；家庭收入差距；基尼系数；分位数回归

作者简介：尹志超，首都经济贸易大学金融学院教授，博士生导师，院长。
杨　阳，首都经济贸易大学金融学院讲师。
张号栋，河南财经政法大学讲师，博士。

基金项目：国家自然科学基金一般项目（71373213）；国家社会科学基金重点项目（16AZD014）；北京市哲学社会科学重大项目（15ZDA45）。

改革开放近40年，尽管家庭收入逐年增加，然而家庭收入差距也呈扩大趋势[1]。根据2011年中国家庭金融和调查研究中心数据计算的中国2010年家庭收入基尼系数为0.61，高于全球收入基尼系数平均值0.44。事实上，一国收入差距的扩大影响到家庭幸福感。根据世界价值观调查（Word Value Survey）结果，1990—2007年中国居民的生活满意度不升反降。家庭收入差距带给人们主观幸福感的负面影响抵消了绝对收入水平提高带给人们主观幸福感的上升，人们处于“不患寡而患不均”的状态。缩小家庭收入差距，能够提高家庭幸福感。

2015年4月30日，中共中央政治局审议通过了《京津冀协同发展规划纲要》，确立了疏导北京非首都功能，解决大城市病问题，打造具有较强竞争力世界级城市群的京津冀协同发展目标，完成了京津冀协同发展的国家顶层设计。卡维克兹（Karpowicz）指出，金融普惠对于穷人而言就是拓宽小额信贷渠道，扩展正规金融账户的使用，促进电子支付方式的使用，使金融产品和服务更容易获得，金融普惠通过消除市场摩擦力和降低金融参与成本对收入差距发生作用[2]。在京津冀地区，推广金融普惠（Financial Inclusion）使更多人能够享受到金融带来的便利与福利，使金融发展的成果能够惠及更多人，缩小家庭收入差距，增强发展协调性，改善民众福祉，促进共同繁荣。

根据2015年中国家庭金融调查和研究中心数据统计发现，京津冀金融普惠家庭比非金融普惠家庭的家庭收入差距79 860元，高出全国金融普惠家庭比非金融普惠家庭收入平均差距21 531元，京津冀金融普惠家庭是非金融普惠家庭的家庭收入的3.1倍（全国金融普惠家庭是非金融普惠家庭的家庭收入的2.7倍），说明京津冀地区的家庭收入差距比全国家庭收入差距更严重。从京津冀各省市看，北京、天津、河北地区的家庭收入差距分别是108 816元、47 790元和37 436元，金融普惠家庭是非金融普惠家庭的家庭收入的倍数分别是2.8倍、2.1倍和2.5倍。从京津冀城乡比较看，城镇、农村金融普惠家庭和非金融普惠家庭的家庭收入差距分别是88 215元、19 499元，城镇家庭收入差距明显高于农村，城镇、农村的金融普惠家庭分别是非金融普惠家庭的2.7倍和1.8倍。可以看出，京津冀地区金融普惠家庭和非金融普惠家庭收入差距很大。从这些数据可以看出，金融普惠和家庭收入差距之间存在着某种内在联系，探讨它们之间的规律性不仅具有很强的政策含义，而且能够从实证上给予论证。

一、 文献综述

从狭义定义上看，金融普惠指为帮助某些社会群体（包括贫困家庭、弱势群体）消除障碍、克服困难，以保障其低成本、公平、安全使用基础性正规金融服务，比如，信贷、存款、保险和支付[3~5]。从广义定义上看，金融普惠是指经济体中的所有成员都能获得基本金融服务的状态[6~8]。

库兹涅茨（Kuznets，1955）认为，经济发展过程中的高增长会导致收入差距先扩大再缩小[9]。但是，当考虑经济增长和收入差距被同时决定的可能性时，巴罗等（Barro & Lee，2007）发现了相反的证据。张立军、湛泳认为，金融发展是通过门槛效应、非均衡效应和降低贫困效应来影响城乡收入差距的[11]。刘敏楼从金融发展的视角，利用中国的地区截面数据，发现金融机构发展对以城乡居民收入比为代表的中国收入分配的影响呈“倒U型”关系，但以金融产业增加值和GDP的比重为代表的金融贡献指标和收入分配之间的关系不能确定[12]。乔海曙、陈力利用中国的县域金融截面数据，论证了金融发展和收入不平等之间存在的“倒U型”的非线性关系[13]。叶志强等实证发现，金融发展显著扩大收入差距，并且与农村居民收入增长存在显著的负相关关系，与城市居民收入不存在显著相关关系[14]。孙永强、万玉琳认为，从长期看，金融发展和对外开放均显著扩大城乡居民收入差距，且金融发展的影响大于对外开放[15]。塔布拉—诺里斯等（Dabla – Norris et al.）发现，金融深化的不同维度对增长和差距有不同的影响，而且国别特征对金融、增长和差距的相互作用具有重要影响[16]。卡波克兹发现，降低抵押约束可以带来经济增长，而降低金融参与成本可以带来[2]收入差距缩小。

可以看出，关于金融发展和收入差距的文献并没有获得一致结论，并且从宏观上研究金融和收入差距之间的经验关系比较多，对金融和收入差距之间微观机制的探讨比较少，本文基于微观数据探究为金融普惠和收入差距之间的关系提供来自中国的数据，是对既有文献的补充。

二、 数据与变量

本文使用西南财经大学中国家庭金融调查和研究中心 2015 年京津冀范围数据（China House - hold Finance Survey，CHFS），中国家庭金融调查和研究中心在京津冀地区共调查 124 个社区（村），其中，北京 32 个、天津 28 个和河北 64 个，共包含 3 926 户家庭人口特征、收入、金融普惠等方面详细信息的微观数据。该数据采用多项措施控制抽样误差和非抽样误差，具有良好的代表性。本文重点关注金融普惠对京津冀家庭收入差距的影响，主要变量包括家庭收入差距、金融普惠和其他控制变量等。

（一） 家庭收入差距

根据 2015 年中国家庭金融调查报告，家庭收入主要包括：工资收入、农业收入、工商业收入、财产收入和转移性收入。其中，工资收入包括税后工资、税后奖金和税后补贴；农业收入指家庭从事农业生产经营所获得的净收入，即农业毛收入减去农业生产成本（因农业生产经营而产生的雇佣成本和其他成本），再加上从事农业生产经营获得的食品补贴和货币补贴；工商业收入是指家庭从事工商业经营项目所获得的净收入，工商业经营项目包括个体户和自主创业；财产收入主要包括金融资产收入（含定期存款利息收入、股票价差或分红收入、债券投资获得的收入、基金差价或分红收入、金融衍生品收入、金融理财产品获得的收入、非人民币资产投资获得的收入和黄金投资获得的收入等）、房屋土地出租收入（土地出租获得的租金及土地分红、房屋出租获得的租金和商铺出租的租金收入）及汽车保险理赔收入；转移收入包括个人转移收入和政府转移收入，个人转移收入指退休养老收入和保险收入，政府转移收入指关系性收入、征地拆迁补贴、政府补贴（非农）及其他收入。基尼系数是经常被用作衡量收入差距的指标，李强使用基尼系数以及五个等分收入组的收入差距作为研究社会经济分层的指标[17]。金烨等按年龄对收入进行分组，采用基尼系数衡量收入差距。本文采取国际上比较通用的做法，用社区家庭收入基尼系数衡量家庭财富差距程度[18]。

表1显示，整体上看，京津冀地区基尼系数为0.589，基尼系数依次递减的北京、河北和天津分别是0.565，0.555，0.500。从城镇上看，京津冀地区为0.555，北京、河北和天津分别是0.553，0.513，0.486。从农村上看，京津冀地区为0.572，河北、天津和北京分别是0.579，0.508，0.506。从城乡比较来看，北京城镇高于农村，天津和河北农村高于城镇。

表1　京津冀家庭收入基尼系数比较

地区	整体	城镇	农村	地区	整体	城镇	农村
北京	0.565	0.553	0.506	河北	0.555	0.513	0.579
天津	0.500	0.486	0.508	京津冀	0.589	0.555	0.572

（二）金融普惠

德米尔古克－肯特等（Demirguc－Kunt & Klapper）从世界148个国家成年人在储蓄、支付、信贷和商业保险四个方面的调查，用成人使用正规金融产品和服务的人口比例度量金融普惠[19]。根据世界银行《全球金融普惠性数据库（The Global Findex Database 2014）》报告显示，截至2014年，中国成年人口中最贫穷的40%人口在储蓄、贷款、信用卡、借记卡、手机银行等正规金融服务使用上的人口占比分别为30.5%，5.9%，4%，8.6%，5.3%，而中国成年人口中其余的60%的富裕人口在上述正规金融服务使用上的人口占比分别达到48.4%，12%，20.4%，23.1%，20.4%，说明在各项基本金融服务的使用方面，贫困阶层都远落后于富裕阶层。

从储蓄、支付、信贷和商业保险四个方面界定金融普惠的外延[19]，按照世界银行的做法，本文将金融普惠定义成家庭使用金融产品和服务的比例[20]。具体而言，本文用京津冀地区社区家庭金融账户的持有比例度量京津冀金融普惠，进一步又区分为社区储蓄比例、社区支付比例、社区信贷比例和社区商业保险比例四个分项指标。根据2015年中国家庭金融调查与研究数据，京津冀社区家庭金融账户占比73.5%，社区储蓄比例、社区支付比例、社区信贷比例和社区商业保险比例分别是71.4%，53.2%，12.9%，10.8%。

（三）其他变量

根据既有参考文献，本文选择社区户主平均年龄、社区户主平均年龄平方/100、社区户主男性比例、社区户主平均教育年限（该变量根据调查问卷问题进行提取，涉及户主受教育程度的选项有：没上过学、小学、初中、高中、中专、大专、大学本科、硕士研究生和博士研究生；本文将受教育程度折算成教育年限，分别为：0，6，9，12，13，15，16，19，22，然后根据社区层次进行提取）、社区家庭已婚比例、社区风险爱好家庭比例、社区风险厌恶家庭比例（该变量根据调查问卷问题进行提取，涉及风险态度的问题是：如果你有一笔资产，将选择哪种投资项目？高风险、高回报项目；略高风险、略高回报项目；平均风险、平均回报项目；略低风险、略低回报项目；不愿意承担任何风险。本文将后两个选项界定为风险厌恶家庭，将头两个选项界定为风险偏好家庭，然后根据社区层次进行提取）[21,22]、社区平均家庭规模、ln gdp（该变量采用2016年《中国统计年鉴》省区人均GDP）和金融发展水平（该指标=省区存款总额、省区股票市值、省区保费收入之和除以省区GDP）等控制变量，表2详细给出了变量的描述性统计。表2显示，京津冀社区层次的家庭收入基尼系数是0.512，社区层次的金融普惠比例是73.5%。

表 2　样本数据描述性统计

变量	观察值	均值	标准差	最小值	最大值
被解释变量					
社区家庭收入基尼系数	124	0.512	0.113	0.245	1
关注变量					
社区金融普惠	124	0.735	0.194	0.200	1
工具变量					
社区附近金融机构数量的对数	124	1.646	2.019	0.000	12.472
社区特征变量					
社区户主平均年龄	124	53.438	4.340	39.500	66.514
社区户主平均年龄平方/100	124	30.662	4.406	16.422	45.166
社区户主男性比例	124	0.534	0.161	0.250	0.900
社区户主平均教育年限（单位：年）	124	9.530	3.945	0.000	19.000
社区家庭已婚比例	124	0.867	0.075	0.622	1.000
社区风险偏好家庭比例	124	0.087	0.065	0.000	0.314
社区风险厌恶家庭比例	124	0.684	0.140	0.286	1.000
社区平均家庭规模	124	3.047	0.485	2.212	4.800
省市变量					
ln gdp	124	11.242	0.444	10.596	11.564
金融发展水平	124	3.573	3.236	1.502	8.893

注：为节省篇幅，没有报告家庭层次各变量的描述性统计。

三、实证分析

（一）金融普惠对京津冀家庭收入差距的影响分析

为考察金融普惠对京津冀家庭收入差距的影响，模型设定为：

$$\text{Income\_Inequality} = \alpha \text{Financial\_Inclusion} + X\beta + u \tag{1}$$

模型中，$u \sim N(0, \sigma^2)$。Income_Inequaity 是家庭收入差距指标，用社区家庭收入基尼系数来衡量，是被解释变量；Financial_Inclusion

是金融普惠指标，用社区家庭持有金融账户的比例来度量[20]；X 是控制变量，包括社区特征变量和省市哑变量。α 的含义是社区金融普惠提高 1 个百分点而引起的社区家庭收入基尼系数变化的幅度。β 指的是控制变量的系数向量，包括社区户主平均年龄、社区户主平均年龄平方/100、社区户主男性比例、社区户主平均教育年限、社区家庭已婚比例、社区风险爱好家庭比例、社区风险厌恶家庭比例、社区平均家庭规模、ln gdp、金融发展水平对家庭收入差距的影响系数。u 是指无法观测的、能观测但很难度量等可能遗漏的变量对家庭收入差距的影响。

在金融普惠和家庭收入差距方程中可能存在反向因果、遗漏变量等导致的内生性问题。一方面，家庭收入差距可能造成家庭受教育机会不均以及对经济信息关注不均等，限制家庭参与金融活动，减少家庭金融普惠概率；另一方面，遗漏变量问题也可能导致高估或低估金融普惠的影响。因而，选取工具变量解决可能存在的内生性问题。选取“社区附近金融机构数量”作为金融普惠的工具变量，主要考虑社区附近金融机构数量越多，家庭越方便获得金融账户，社区金融普惠水平就越高，但社区附近金融机构数量的客观分布对社区家庭之间的收入差距并没有直接影响。

从表3 的 OLS 和 2SLS 回归结果看，DWH 值并不显著，金融普惠不存在显著的内生性问题，OLS 回归是无偏的估计。表3 第（1）列显示，京津冀社区金融普惠每提高 10 个百分点，家庭收入社区基尼系数在 1% 的显著水平上显著下降 2.42%，说明普及社区金融普惠能够显著缩小家庭收入差距。究其原因，社区金融普惠程度越高，社区正规金融账户的普及率就越高，家庭经常使用正规账户进行交易，家庭也就能够比较方便地关注金融信息，比如，融资贷款、家庭理财等方面，由此降低家庭的交易成本，缓解家庭和金融机构之间的信息不对称，帮助家庭尤其是贫困家庭创富，缩小家庭收入差距。

表 3　金融普惠对京津冀家庭收入差距的影响

被解释变量：家庭收入差距	OLS（1）	2SLS（2）	被解释变量：家庭收入差距	OLS（1）	2SLS（2）
社区金融普惠	-0.242***	-0.744***	ln gdp	0.000	-0.006
	(0.053)	(0.421)		(0.000)	(0.085)
社区户主平均年龄	-0.001	-0.007	金融发展水平	-0.006	0.009*
	(0.003)	(0.006)		(0.023)	(0.005)
社区户主平均受教育年限	0.002	0.006	常数项	0.954***	1.656***
	(0.004)	(0.005)		(0.210)	(0.536)
社区户主已婚比例	-0.058	0.027	有效样本量	124	124
	(0.137)	(0.189)	F 值/Wald chi^2	6.780***	29.460***
社区风险偏好家庭比例	0.007	0.140	R^2	0.256	
	(0.338)	(0.384)	DWH 内生性检验		1.742
社区风险厌恶家庭比例	-0.022	0.036	p		0.187
	(0.036)	(0.167)	第一阶段 F 值		3.326***
社区平均家庭规模	-0.036	-0.104			
	(0.023)	(0.064)			

注：***，* 分别表示在 1% 和 10% 的水平下显著；括号内为异方差稳健标准误，控制了区域固定效应。

同时，我们也发现一个奇怪的现象，控制的其他社区变量对京津冀家庭收入差距并没有显著的影响，然而常数项对家庭收入差距的影响在 1% 的显著水平上是显著的。说明尚有未观测的、可能被遗漏的变量对家庭收入差距有显著的影响，表 3 第（2）列利用工具变量的二阶段回归方法估计发现，社区金融普惠和常数项对家庭收入差距的影响也是显著的。

（二）家庭金融普惠影响家庭收入的分位数回归

本文进一步分析社区金融普惠对京津冀家庭收入差距影响的微观机制，在京津冀家庭样本下分析金融普惠对家庭收入的影响。考虑到家庭异质性特征，本文采用不依赖于 OLS 正态性、同方差性要求的分位数回归模型[22,23]，该模型依据整个样本分布而不是依据条件均值来分析关注变量对被解释变量的影响，进而可以得到金融普惠对家庭收入影响的无偏估计量。为此，将模型设定为：

$$\text{Household\_Income} = \eta \text{Financial\_Inclusion\_dummy} + Z\gamma + \upsilon \quad (2)$$

$$Q^{\tau} = 0 \quad (3)$$

在模型中，Household_ Income 是家庭收入对数值，是被解释变量；Financial_ Inclusion_ dummy 是本文关注的家庭金融普惠哑变量，家庭拥有正规金融账户取值为 1，否则为 0；Z 是控制变量，包括户主特征变量和省、市哑变量。η 的含义是金融普惠家庭比非金融普惠家庭百分点变化的幅度。γ 指的是控制变量的系数向量，包括户主年龄、户主年龄平方/100、户主受教育年限、户主已婚、户主风险偏好、户主风险厌恶、家庭规模、ln gdp 和金融发展水平对家庭收入的影响系数。υ 是指无法观测的、能观测但很难度量等可能遗漏的变量对家庭收入的影响。Q^{τ}指残差 υ 的 τ 分位数。

表 4 的估计结果表明，京津冀金融普惠在不同分位点是如何影响家庭收入的。从家庭层次来看，京津冀金融普惠在 0.1 ~ 0.9 分位对家庭收入的显著正向影响系数分别是 2.355，2.438，3.030，1.736，1.633，1.423，1.264，1.211，1.253，从系数的 F 检验看，存在显著的差异，可以看出京津冀金融普惠对家庭收入的影响呈现出如下特征：京津冀金融普惠对各分位点家庭收入的影响基本呈现递减趋势，这也是金融普惠显著降低家庭收入差距的内在原因。说明，在更低的分位点上，金融普惠家庭比非金融普惠家庭有更高的收入，随着分位数的上升，金融普惠家庭和非金融普惠家庭的收入差距有缩小的趋势。可以看出，金融普惠对低收入家庭的收入增加贡献更大，从低收入组到高收入组的转换，金融普惠对收入的贡献呈递减趋势，因此金融普惠能够缩小家庭收入差距。这也符合经济学中的边际收益递减规律：随着从低收入组向高收入组转移，家庭使用金融产品时对收入增加的作用递减。这是金融普惠能够缩小家庭收入差距的内在原因。

表 4　京津冀家庭金融普惠对不同分位数上家庭收入的影响

被解释变量：家庭收入	Q10 (1)	Q20 (2)	Q30 (3)	Q40 (4)	Q50 (5)	Q60 (6)	Q70 (7)	Q80 (8)	Q90 (9)
家庭金融普惠	2.355 ***	2.438 ***	3.030 ***	1.736 ***	1.633 ***	1.423 ***	1.264 ***	1.211 ***	1.253 ***
	(0.590)	(0.249)	(0.184)	(0.144)	(0.134)	(0.129)	(0.132)	(0.133)	(0.138)
户主年龄	0.125 **	0.037 ***	0.017 *	0.008	0.003	-0.009	-0.004	-0.005	-0.003
	(0.052)	(0.014)	(0.010)	(0.008)	(0.008)	(0.008)	(0.008)	(0.009)	(0.010)
户主年龄平方	-0.084 **	-0.023 *	-0.009	-0.003	-0.001	0.008	0.003	0.003	-0.001
	(0.043)	(0.013)	(0.008)	(0.007)	(0.007)	(0.008)	(0.007)	(0.008)	(0.009)
户主受教育年限	0.179 ***	0.134 ***	0.110 ***	0.101 ***	0.093 ***	0.084 ***	0.081 ***	0.078 ***	0.068 ***
	(0.020)	(0.012)	(0.007)	(0.006)	(0.006)	(0.005)	(0.005)	(0.005)	(0.006)
户主已婚	2.885 **	0.393 **	0.279 ***	0.289 ***	0.336 ***	0.294 ***	0.207 ***	0.170 ***	0.194 ***
	(0.373)	(0.180)	(0.076)	(0.057)	(0.050)	(0.056)	(0.062)	(0.046)	(0.076)
户主风险偏好	-0.089	0.139	0.135	0.181 **	0.224 ***	0.236 ***	0.254 ***	0.370 ***	0.554 ***
	(0.527)	(0.135)	(0.097)	(0.072)	(0.077)	(0.061)	(0.079)	(0.100)	(0.124)
户主风险厌恶	-0.099	-0.053	-0.065	-0.065 *	-0.066	-0.086 **	-0.094 ***	-0.118 **	-0.114 ***
	(0.146)	(0.082)	(0.055)	(0.039)	(0.041)	(0.040)	(0.031)	(0.043)	(0.040)
ln gdp	0.942 ***	0.663 ***	0.576 ***	0.470 ***	0.436 ***	0.413 ***	0.390 ***	0.306 ***	0.356 ***
	(0.237)	(0.107)	(0.064)	(0.058)	(0.047)	(0.044)	(0.052)	(0.046)	(0.056)
金融发展水平	0.017	0.008	0.014 **	0.013 **	0.013 **	0.018 ***	0.021 ***	0.025 ***	0.015 ***
	(0.017)	(0.009)	(0.006)	(0.005)	(0.006)	(0.004)	(0.005)	(0.006)	(0.007)
有效样本量	3 926	3 926	3 926	3 926	3 926	3 926	3 926	3 926	3 926
Pseudo R^2	0.127	0.167	0.180	0.184	0.184	0.183	0.186	0.194	0.208

注：*，**，*** 分别表示在 10%，5%，1% 水平显著，括号内为聚类异方差稳健标准误（按社区聚类分析，避免异方差和组内自相关），控制了区域固定效应。

（三）金融普惠对北京、天津和河北家庭收入差距的影响

从表 5（1）至（3）列的 OLS 回归结果看，在北京和天津地区，社区金融普惠对家庭收入差距没有显著的影响，在河北地区，社区金融普惠比例每提高 10 个百分点，家庭收入社区基尼系数显著下降 2.37%。

可以看出，从北京、天津和河北单个省区来讲，金融普惠缩小社区家庭收入差距的作用主要在河北地区，在北京、天津和河北三地中，河

北省金融普惠水平是最低的：从正规金融储蓄比例来看，北京、天津和河北分别是 88.9%，79.6%，59.5%，只有河北 59.5% 的比例低于全国平均水平（71.4%）；从银行卡支付账户持有情况看，北京、天津和河北的持有比例分别是 76.5%，57.9%，49.0%，河北仍然低于全国平均水平的（62.4%）；从正规贷款账户持有比例看，北京、天津和河北的持有比例分别是 12.0%，14.0%，9.1%，三地区均低于全国平均水平（14.3%），河北仍然在三个省区中是最低的；从商业保险账户持有比例看，北京、天津、河北的持有比例分别是 16.4%，11.5%，7.2%，只有河北省低于全国平均水平（9.1%）。从上部分论证的结论可知，金融普惠对低收入组家庭收入的提高作用更大，所以在京津冀的河北地区普及金融普惠，能够显著降低社区家庭收入差距，进而能够改善京津冀地区社区收入差距的状况。这种分样本分析结论和全样本下得出的结论是一致的，即金融普惠显著降低京津冀家庭收入差距水平。

表 5　金融普惠对北京、天津和河北家庭收入差距的影响

被解释变量：社区家庭收入差距	北京		天津		河北	
	OLS（1）	2SLS（2）	OLS（3）	2SLS（4）	OLS（5）	2SLS（6）
社区金融普惠	0.080	−6.065	−0.232	0.738	−0.237***	−0.909*
	(0.338)	(10.603)	(0.189)	(1.328)	(0.068)	(0.540)
社区户主平均年龄	−0.001	0.014	−0.005	−0.018	0.001	−0.014
	(0.005)	(0.031)	(0.006)	(0.020)	(0.004)	(0.013)
社区户主平均受教育年限	−0.001	−0.003	0.006	−0.002	0.001	0.009
	(0.006)	(0.019)	(0.007)	(0.016)	(0.006)	(0.010)
社区户主已婚比例	−0.024	2.451	−0.612**	−0.493	0.134	0.184
	(0.232)	(4.058)	(0.274)	(0.345)	(0.226)	(0.321)
社区风险偏好家庭比例	0.340	−0.658	0.624	0.947	−0.154	0.127
	(0.607)	(1.948)	(0.534)	(0.868)	(0.526)	(0.599)
社区风险厌恶家庭比例	0.182	−1.215	0.123	0.338	−0.099	0.102
	(0.295)	(2.337)	(0.319)	(0.483)	(0.194)	(0.273)
社区平均家庭规模	−0.042	−1.643	0.019	0.041	−0.040	−0.114
	(0.093)	(2.721)	(0.093)	(0.077)	(0.033)	(0.072)

续表

被解释变量：社区家庭收入差距	北京		天津		河北	
	OLS（1）	2SLS（2）	OLS（3）	2SLS（4）	OLS（5）	2SLS（6）
常数项	0.495	8.665	0.495	8.665	0.724***	1.925***
	(0.746)	(14.075)	(0.746)	(14.075)	(0.303)	(0.959)
有效样本量	32	32	28	28	64	64
F 值/Wald chi^2	1.32	0.49	1.32	10.17	3.7***	7.68
R^2	0.076		0.076		0.155	
DWH 内生性检验		2.003		1.036		1.531
p		0.157		0.309		0.216
第一阶段 F 值		0.264		0.547		1.568

注：*，**，*** 分别表示在 10%，5%，1% 水平显著，括号内为聚类异方差稳健标准误（按社区聚类分析，避免异方差和组内自相关），控制了区域变量。

四、 稳健性检验

为了考察上文模型估计结果的可靠性，本部分对上文模型的估计结果进行稳健性检验。金烨等用 25% 最高收入家庭的收入和 25% 最低收入家庭的收入的比值（Ratio75/25）为收入差距指标作稳健性分析[18]，本文用 p90 \ p10 度量家庭收入差距。表 6 中稳健性检验 1 显示金融普惠对京津冀家庭财富差距影响的稳健性。表 6 中稳健性检验 2 上下删除 1% 样本，也显示金融普惠对京津冀家庭收入差距影响的稳健性。

表 6 金融普惠对京津冀家庭收入差距的影响

被解释变量：家庭收入差距	OLS（1）	2SLS（2）	被解释变量：家庭收入差距	OLS（1）	2SLS（2）
稳健性检验 1			稳健性检验 2		
社区金融普惠	-0.373***	-0.543*	社区金融普惠	-0.264***	-0.556*
	(0.081)	(0.321)		(0.049)	(0.330)

注：*，*** 分别表示在 10% 和 1% 水平下显著，括号内为异方差稳健标准误，控制了社区特征变量和省、市哑变量均，除了关注变量金融普惠外，没有报告其他控制变量的结果。

五、 结论

改革开放近40年，家庭收入水平逐年增加，然而家庭收入差距也呈扩大趋势，京津冀地区金融普惠家庭比非金融普惠家庭的收入差距高出全国21 531元，家庭收入差距问题更为突出，严重影响京津冀地区协同发展和家庭幸福感，探求金融普惠和京津冀家庭收入差距之间的关系具有现实意义。本文基于2015年中国家庭金融调查与研究中心京津冀样本数据，在社区层面估计发现，京津冀社区金融普惠提高10个百分点，社区家庭收入基尼系数显著下降2.42%。在北京和天津地区，社区金融普惠对家庭收入差距没有显著的影响，在河北地区，社区金融普惠比例每提高10个百分点，社区家庭收入基尼系数显著下降2.37%。

金融普惠能够显著降低京津冀家庭收入差距，究其原因，社区金融普惠程度越高，社区正规金融账户的普及率就越高，家庭经常使用正规账户进行交易，就能够比较方便地关注金融信息，比如，融资贷款、家庭理财等方面，由此降低家庭的交易成本，缓解家庭和金融机构的信息不对称，帮助家庭尤其是贫困家庭创富，缩小家庭收入差距。

进一步发现，从家庭层次看，京津冀金融普惠在0.1分位点、0.2分位点、0.3分位点、0.4分位点、0.5分位点、0.6分位点、0.7分位点、0.8分位点和0.9分位点对家庭收入的显著正向影响系数分别是2.355，2.438，3.030，1.736，1.633，1.423，1.264，1.211和1.253，可以看出京津冀金融普惠对家庭收入的影响呈现出如下特征：金融普惠对各分位点家庭收入的影响基本呈现递减趋势，这也是金融普惠显著降低家庭收入差距的内在原因。可以看出，金融普惠对中等收入组的影响大于低收入组，这为未来政府制定政策促进普惠金融提供了参考依据。可以看出，京津冀协同发展除了强调京津冀三地实体区域经济层面的协同发展外，更需注重京津冀三地家庭金融的功能和协同金融普惠作用。

所以，在京津冀地区，积极推进金融普惠，使更多家庭能够享受到金融普惠带来的便利，使金融普惠的成果惠及更多家庭，从而增强京津冀家庭金融发展的协调性，最终改善民众福祉，实现家庭福利最大化，促进京津冀地区协同发展和共同繁荣。

参考文献

[1]甘犁，尹志超，贾男，等. 中国家庭资产状况及住房需求分析[J]. 金融研究，2013(4)：1－14.

[2] Karpowicz I. Financial Inclusion, Growth and In－equality：A Model Application to Colombia[Z]. IMF Working Paper NO. 2014166，2014.

[3]Carbo S，Garfrnrt E P M，Molyneux P. Financial Exclusion in Europe [J]. Public Money and Man－agement，2007，25(1)：21－27.

[4]Conroy J. APEC and Financial Exclusion：Missed Opportunities for Collective Action? [J]. Asia－Pacific Development Journal，2005，12(1)：53－79.

[5]Rangarajan C. Report of the Committee on Financial Inclusion[R]. Madrid：Government of India. 2008.

[6]Sarma M. Index of Financial Inclusiona Measure of Financial Sector Inclusiveness[Z]. Working Paper No. 07 / 2012，2012.

[7]Chakravartys R，Pal R. Financial Inclusion in India：An Axiomatic Approach [J]. Journal of Policy Modeling，2013，35(5)：813－837.

[8]Amidzic G，Massara，Mialou A. Assessing Countries' Financial Inclusion Standing：A New Composite Index [Z]. IMF Working Paper NO. 14036，2014.

[9]Kuznets S. Economic Growth and Income Inequality [J]. American Economic Reviews，1955，45(1)：1－28.

[10]Barro R J，Lee J W. Winner and Losers in Economic Growth[Z]. NBER Working Paper No. 4341，1993.

[11]张立军，湛泳. 中国农村金融发展对收入差距的影响——基于 1978—2004 年数据的检验[J]. 中央财经大学学报，2006(5)：34－39.

[12]刘敏楼. 金融发展的收入分配效应——基于中国地区截面数据的分析[J]. 上海金融，2006(1)：8－11.

[13]乔海曙，陈力. 金融发展与城乡收入差距"倒 U 型"关系再检验——基于中国县域截

面数据的实证分析[J]. 中国农村经济,2009(7):68 - 85.

[14]叶志强,陈习定,张顺明. 金融发展能减少城乡收入差距吗? [J]. 金融研究,2011(2):42 - 56.

[15]孙永强,万玉琳. 金融发展、对外开放与城乡居民收入差距——基于1978—2008年省际面板数据的实证分析[J]. 金融研究,2011(1):28 - 39.

[16]Dabla - Norris E, Ji Y, Townsend R M et al. Distinguishing Constraints on Financial Inclusion and Their Impact on GDP, TFP, and Inequality[Z]. NBER Working Paper No. 20821, 2015.

[17]李强. 经济分层与政治分层[J]. 社会学研究,1997(4):34 - 43.

[18]金烨,李宏彬,吴斌珍. 收入差距与社会地位寻求——一个高储蓄率的原因[J]. 经济学(季刊),2011(3):887 - 911.

[19]Demirguc - Kunt A, Klapper L. Measuring Financial Inclusion: Explaining Variation in Use of Financia Services Across and Within Countries[J]. Economic Activity, 2013, 14(4):279 - 321.

[20]World Bank. Global Financial Development Report 2014: Financial Inclusion[M]. Washington: World Bank Publications, 2013.

[21]张号栋,尹志超. 金融知识和中国家庭的金融排斥——基于CHFS数据的实证研究[J]. 金融研究,2017(7):80 - 95.

[22]张号栋,尹志超,彭嫦燕. 金融普惠和京津冀城镇居民失业——基于中国家庭金融调查数据的实证研究[J]. 经济与管理研究,2017(2):61 - 71.

[23]Koenker R, Bassett G W. Regression Quantiles[J]. Econometrica, 1978(46):33 - 50.

金砖经济体最优外汇储备数量与影响因素

——基于三部门一般均衡模型的实证考察

陈奉先　薛　伟

摘要： 本文从个体消费者、商业银行和货币当局三部门均衡出发，构建了基于防范国际资本“突然停止”冲击的最优外汇储备分析框架，并对金砖五国的最优外汇储备数量和影响因素进行了实证考察。结果表明：中国、俄罗斯、巴西、印度、南非的最优外汇储备数量分别占GDP的24.15%，14.25%，12.63%，12.21%，16.01%；降低公私部门短期外债规模，降低危机时居民资产置换率，提高银行部门存款准备金率对最优外汇储备管理意义明显。

关键词： 国际资本流动；突然停止；金砖经济体；最优外汇储备

一、引言

在国际资本“突然停止（sudden stops）”压力下，中国的外汇储备

作者简介：陈奉先，首都经济贸易大学金融学院副教授，经济学博士。
薛　伟，首都经济贸易大学金融学院研究生。

基金项目：国家社会科学基金青年项目“金砖国家应急储备安排的风险分担、收益分配与治理优化问题研究”（15CJY081）；北京市教委社科一般项目“应急储备安排的机制障碍与破解路径”（SM201610038004）。

从2014年的3.99万亿美元的峰值降至2015年的3.3万亿美元，继而在2016年迫近3万亿美元。俄罗斯的外汇储备在2014年后半年从4 700亿美元降至3 300亿美元，汇率骤跌50%以上。尽管印度、巴西、南非并未遭遇大规模的国际资本“突然停止”压力，但其外汇储备上升势头明显下降，且本币对美元、欧元的贬值压力不断积聚。索托等（Garcià和Soto，2004；Aizenman和Lee，2007；Calvo et al.，2013）学者从不同角度构建了基于预防国际资本“突然停止”的最优外汇储备模型，但最具应用性的当属珍妮等（Jeanne，2007；Jeanne和Rancière；2011）建立的模型（简称J－R模型）。J－R模型在最大化居民消费效用的目标下，讨论了政府如何在不同时期分配储备以实现居民跨期消费平滑和效用最大化的问题，从而开启了消费效用最大化方法在最优外汇储备研究中的应用，进而为外汇储备研究奠定了坚实的微观基础。J－R模型已在乌拉圭（Gon，Alves，2007）、约旦（Chami et al.，2007）、中国台湾（简仲德，2008）、东亚10个经济体（Ruiz－Arranz和Zavadjil，2008）、中亚和高加索六国（Floerke－meier和Sumlinski，2008）、中美洲11国（Bernard，2011）等国家和地区得到了推广应用。不过上述研究忽视了发展中经济体普遍以银行为中心、以间接融资为主体的现实。既有研究表明，即使经济体遭遇“突然停止”危机，如果银行依然能稳健运营，那么“突然停止”的负面影响也会十分有限（梁权熙和田存志，2011）。因此在测算金砖经济体的最优外汇储备量时，必须注意到银行部门的特征和作用。考虑到这一实际，本文将银行部门引入J－R模型，从而构建了三部门均衡模型。在国际资本流动“突然停止”冲击引发产出下降和居民资产重新配置的现实背景下，本文首先推导出金砖经济体货币当局最优外汇储备持有规则，随后通过参数校准确定变量的基准值，在此基础上模拟了静态和动态的最优外汇储备持有数量，最后根据外汇储备缺口及变化趋势提出相关建议。

二、 最优外汇储备的理论分析框架

（一）理论模型

本文拟构建三部门模型推导最优外汇储备问题。首先，居民个体消费源自国内产出、居民国内外贷款和政府转移支付。国内商业银行吸收居民储蓄，在提留准备金后全部用于发放国内贷款。政府通过短期国际借款和发行长期国际债券募集资金，主要用于对国内居民的转移支付和储备积累。当国际资本流动“突然停止”时，政府通过减少储备积累、增加转移支付以平抑居民个体消费波动、实现个体消费者跨期效用最大化的目的。通过求解居民跨期效用最大化函数，可得最优外汇储备持有量的表达式。不过，最优外汇储备量受到国际资本流动“突然停止”危机发生概率的影响，而危机发生概率又受到实际外汇储备量的影响，从而只有当与实际储备相等时的最优储备量才是“全局”最优储备量。

1. 消费者的预算约束

个体消费者的消费源自当期产出 Y、国外短期借款 L、国内银行借款 B 和政府转移支付 Z。政府转移支付源自政府的短期国外借款，其与个体国外短期借款一样均用外币表示，因此须用直接标价法下的实际汇率 q 将外币折算成本币形式，形如：

$$C_t = Y_t + q_t[L_t - (1+r)L_{t-1} + Z_t] + B_t - (1+r^b)B_{t-1} \tag{1}$$

式（1）中 r 为国际借款利率，r^b 为国内借款利率。$L_t-(1+r)L_{t-1}$ 是 t 时期消费者在偿付上期国际借款本息 $(1+r)L_{t-1}$ 后新增的国外借款数量。$B_t-(1+r^b)B_{t-1}$ 是 t 时期消费者在偿付上期国内银行借款本息 $(1+r^b)B_{t-1}$ 后新增的国内借款数量。

2. 银行部门的预算约束

银行部门吸收公众储蓄 D，在提留存款准备金 RB 后用于国内贷款 B，因此银行部门的预算约束形如：

$$B_t-(1+r^b)B_{t-1}+RB_t-(1+r)RB_t=D_t-(1+r^d)D_{t-1} \tag{2}$$

其中，r^d为公众存款利率，$D_t-(1+r^d)D_{t-1}$是t时期银行部门在偿付上期存款本息和$(1+r^d)D_{t-1}$后新增的国内借款数量。银行存款准备金通常投资于无风险资产，其收益率为r。银行的准备金规模与存款规模之比为准备金率α①，因而有$RB_t=\alpha D_t$。据此，将（2）式整理代入（1）式可得：

$$C_t=Y_t+q_t[L_t-(1+r)L_{t-1}+Z_t]+(1-\alpha)D_t+[\alpha(1+r)-(1+r^d)]D_{t-1} \tag{3}$$

3. 政府部门的预算约束

政府通过在国际金融市场上发行长期债券N和短期借款G来融资，资金用于储备累积R和向国内居民转移支付Z。政府的预算约束形如：

$$G_t-(1+r)G_{t-1}+P_t(N_t-N_{t-1})-N_{t-1}=Z_t+R_t-(1+r)R_{t-1} \tag{4}$$

其中，$G_t-(1+r)G_{t-1}$是t时期政府部门在偿付上期国际短期借款本息和$(1+r)G_{t-1}$后新增的国际借款数量。由于主权借款风险极低，因此借款利率与无风险收益率相同。N为长期债券发行数量，债券发行价格为P_t，债券利息单位化为1，则$P_tN_t-(1+P_t)N_{t-1}$是t时期政府部门在偿付上期债券到期本息和$(1+P)N_{t-1}$后新增的债券融资额。政府发行长期债券是为了累积储备，因而有$P_tN_t=R_t$。当$t+1$时刻发生国际资本流动“突然停止”时，政府部门会对短期国际借款和长期债券违约，此时债券会被市场抛弃，价格归0。根据债券定价原理，债券价格是债券未来预期收益的贴现，可将t时刻债券价格表示为：

$$P_t=\frac{1}{1+r+\delta}+\frac{E_t(P_{t+1})}{1+r+\delta}=\frac{1}{1+r+\delta}+\frac{[\pi_R\cdot 0+(1-\pi_R)\cdot P_{t+1}]}{1+r+\delta} \tag{5}$$

假定$P_t\approx P_{t+1}$，则5式可进一步处理为：

$$P_t=\frac{1}{r+\delta+\pi_R} \tag{6}$$

其中，P_t为t时刻政府发行长期债券的价格，P_{t+1}为$t+1$时刻未违约时长期债券价格，δ为国际风险溢价，π_R为国际资本流动“突然停止”发生概率。π_R 伴随着实际外汇储备量 R 的增加而减少，因而有 $\partial\pi R/\partial R<0$[①]。

当经济处于正常状态时（normalstate，简记 ns），根据 $P_tN_t=R_t$ 和（6）式可将政府部门的预算约束式（4）重新表述为：

$$\begin{aligned} Z_t^{ns} &= G_t^{ns} - (1+r)G_{t-1}^{ns} + R_{t-1} - (1+\delta+\pi_R)R_{t-1} \\ &= G_t^{ns} - (1+r)G_{t-1}^{ns} - (\delta+\pi_R)R_{t-1} \end{aligned} \tag{7}$$

当经济处于国际资本“突然停止”冲击时（sudden stops，简记 ss），政府部门的预算约束式（4）重新表述为：

$$Z_t^{SS} = -(1+r)G_{t-1}^{SS} + (1-\delta-\pi_R)R_{t-1} \tag{8}$$

对比（7）式、（8）式不难看出，正常状态时政府转移支付中的储备数量为 $-(\delta+\pi_R)R_{t-1}$，而危机时转移支付的储备数量为 $(1-\delta-\pi_R)R_{t-1}$，这类似于平时政府征收“保险费”，用于危机时的转移支付。将（7）式代入（3）式重新表述正常状态下消费者的预算约束式：

$$\begin{aligned} C_t^{ns} &= Y_t^{ns} + L_t^{ns} + G_t^{ns} + (1-\alpha)D_t^{ns} - (1+r)(L_{t-1}^{ns} + G_{t-1}^{ns}) - \\ &\quad [\alpha(1+r) - (1+r^d)]D_{t-1}^{ns} - (\delta+\pi_R)R_{t-1} \end{aligned} \tag{9}$$

假如经济体从 t 时刻开始遭遇国际资本流动“突然停止”且危机持续 m 期。期初本币汇率标准化为 1，期间本币汇率每期贬值 Δq，则危机期间本币汇率将贬值至 $(1+\Delta q)^m$。当危机爆发时，消费者出于预防考虑会将自己在银行存款的 φ 部分置换成美元并提现。则此时消费者的预算约束为：

$$\begin{aligned} C_{t+m}^{SS} &= Y_{t+m}^{ss} + (1+\Delta q)^m[-(1+r)L_{t+m-1}^{SS} - (1+r)G_{t+m-1}^{SS} + \\ &\quad (1+\delta-\pi_R)R_{t+m-1}] + (1-\alpha)(1-\varphi)D_{t+m}^{SS} + [\alpha(1+r) - (1+r^d)]D_{t+m-1}^{SS} \end{aligned} \tag{10}$$

假如 $(1+g)^nY_t^0=Y_t^{ns}$，那么 $Y_{t+m}^{ss}=(1-\gamma)^m(1+g)^nY_t^0=(1-\gamma)^mY_t^{ns}$。据此，将（10）式“回推”到危机发生的 t 时刻，可得：

---

① 通常银行的存款准备金可分为法定存款准备金和超额存款准备金（又称备付金），前者是指商业银行按照法律规定缴纳给中央银行的，后者则是商业银行根据自身日常支付清算、头寸调拨而持有的备用资金。不同于国外，中国人民银行对商业银行缴纳的法定存款准备金支付利息。

$$C_t^{SS} = (1-\gamma)^m Y_t^{SS} + (1+\Delta q)^m (1-\gamma)^{m-1}[-(1+r)L_{t-1}^{SS} - (1+r)G_{t-1}^{SS} + (1-\delta-\pi_R)R_{t-1}] + (1-\alpha)(1-\varphi)(1-\gamma)^{m-1}D_t^{SS} + [\alpha(1+r) - (1+r^d)](1-\gamma)^{m-1}D_{t-1}^{SS}$$

对（9）式、（11）式左右两端分别除以 Y_t^{ns}，则对应得到下式：

$$\frac{C_t^{ns}}{Y_t^{ns}} = 1 + \lambda_L + \lambda_G + (1-\alpha)\lambda_D - \frac{(1+r)}{(1+g)}(\lambda_L + \lambda_G) - \frac{\alpha(1+r) - (1+r^d)}{(1+g)}\lambda_D - (\delta + \pi_R)\rho \tag{12}$$

$$\frac{C_t^{SS}}{Y_t^{ns}} = (1-\gamma)^m - (1+\Delta q)^m (1-\gamma)^{m-1}\left[\frac{(1+r)}{(1+g)}(\lambda_L + \lambda_G) - (1-\delta-\pi_R)\rho\right] + (1-\alpha)(1-\varphi)(1-\gamma)^{m-1}\lambda_D + \frac{\alpha(1+r) - (1+r^d)}{1+g}(1-\gamma)^{m-1}\lambda_D \tag{13}$$

（12）式、（13）式中 ρ，λ_L，λ_D，λ_G 分别代表外汇储备 R_{t-1}，私人短期外债 L_{t-1}，政府短期外债 G_{t-1}，私人储蓄存款 D_{t-1} 占国内产出 Y_t^{ns} 的比重。

（二）均衡结果

政府部门以消费者效用最大化为目标，其效用形式为：

$$U_t = \sum_{t=0}^{+\infty}(1+r)^{-t}u(C_t) \tag{14}$$

其中，消费者效用 u（C_t）采用常相对风险厌恶效用形式（CRRA），形如：

$$u(C_t) = \frac{C^{1-\sigma}}{1-\sigma}, \text{且当 } \sigma = 1 \text{ 时}, u(C_t) = \log(C_t) \tag{15}$$

（15）式中 σ 为风险厌恶系数。这样政府面临着在 $t-1$ 时刻确定最优外汇储备量以极大化消费者在 t 期的消费效用问题，即：

$$R_{t-1} = \operatorname{argmax}(1-\pi_p)u(C_t^{ns}) + \pi_p u(C_t^{SS}) \tag{16}$$

（16）式中 C_t^{ns}，C_t^{ss} 分别对应（9）式和（11）式。对（16）式求偏微分可得：

$$\pi_p u'(C_t^{SS})(1+\Delta q)^m(1-\gamma)^{m-1}(1-\delta-\pi_p-\pi'_p\rho) + \pi'_p u(C_t^{SS}) = \pi'_p u(C_t^{ns}) + (1-\pi_p)(\pi'_p\rho + \delta + \pi_p) \tag{17}$$

对（17）式左右两侧同时除以 $u'(C_t^{ns})$，再乘以 $(1-\sigma)$，整理可得：

$$\frac{u'(C^{SS})}{u'(C_t^{ns})}=\frac{(1-\pi_p)(1-\delta)(\pi'_p\rho+\delta+\pi_\rho)+\pi'_\rho C_t^{ns}}{\pi_\rho(1-\sigma)(1+\Delta q)^m(1-\gamma)^{m-1}(1-\delta-\pi_\rho-\pi'_\rho\rho)+\pi'_\rho C_t^{SS}}\quad(18)$$

进一步假定 ω_t 为国际资本流动发生与未发生“突然停止”时消费者边际消费效用替代率，则有 $\omega_t=u'(C_t^{ss})/u'(C_t^{ns})$。利用（15）式可将 ω_t 具体写为：

$$\omega_t=\frac{u'(C_t^{ss})}{u'(C_t^{ns})}=\frac{(C_t^{ss})^{-\sigma}}{(c_t^{ns})^{-\sigma}}\Rightarrow\frac{C_t^{ss}}{C_t^{ns}}=\omega_t^{\frac{1}{\sigma}}\quad(19)$$

然后再将（12）式、（13）式代入（19）式进一步整理，可得最优外汇储备 ρ^*，

$$\rho^*=\frac{1+\lambda_L+\lambda_G+(1-a)\lambda_D-\frac{1+r}{1+g}[\lambda_L+\lambda_G+(\frac{1+r^d}{1+r}-a)\lambda_D]-w^{\frac{1}{\sigma}}(1-\gamma)^{m-1}\Psi}{\delta+\pi_\rho+w^{\frac{1}{\sigma}}(1+\Delta q)^m(1-\gamma)^{m-1}(1-\delta-\pi_\rho)}$$

（20）

其中，

$$\Psi=(1-\gamma)-\frac{1+r}{1+g}(1+\Delta q)^m(\lambda_L+\lambda_G)+\left[\frac{a(1+r)-(1+r^d)}{1+g}+(1-\varphi)(1-a)\right]\lambda_D$$

同时

$$\omega=\frac{(1-\pi_\rho)(1-\delta)(\pi'_\rho\rho+\delta+\pi_\rho)=\pi'_\rho C_t^{ns}}{\pi_\rho(1-\sigma)(1+\Delta q)^m(1-\gamma)^{m-1}(-\pi'_\rho\rho+1-\delta-\pi_\rho)+\pi'_\rho C_t^{ss}}$$

危机发生概率 π_ρ 的形式可以通过模型具体估计出来。（20）式就是本文的核心公式。从其构造看，影响一国最优储备量 ρ^* 的因素颇多，很难通过求导的方法判断各因素对货币当局持储行为的影响，因此有必要通过参数校准和敏感性分析方法进行考察。另外，一国实际储备量 ρ 会影响 π_ρ 进而影响最优储备量 ρ^*，因此该模型只能通过数值近似的方法求取 $\rho=\rho^*$ 时的最优储备量。

三、 金砖国家最优外汇储备的实证考察

（一）参数设定

对（20）式相关参数设定基准值以测算金砖国家的最优储备量。各变量的基准值见表1，设定依据如下。对金砖国家1990年至2015年的实际GDP取自然对数，然后进行HP滤波以获得长期趋势，随后以此为被解释变量，以时间趋势为解释变量进行回归，则时间趋势项系数即为金砖国家经济平均增长率g。就国际资本流动“突然停止”造成的产出损失γ而言，各研究设定差异较大：J－R（2011）通过对34个经济体的统计后将其界定为6.5%；卡斯拿等（Čeh和Krznar，2008；Ruiz－Arranz和Zavadjil，2008；Floerkemeier和Sumlinski，2008）则将γ分别界定为8.7%，19%，15%。因此在设定γ值时必须根据实情因地制宜。本文首先识别“突然停止”发生时点，然后根据遭遇“突然停止”的当期及后期产出低于潜在产出的累积值作为γ的历史基准值。

站在危机预防的角度，持有外汇储备能通过“信号显示”的方式遏制国际资本的投机行为，进而降低“突然停止”危机发生概率π，因此π是ρ的减函数。关键是如何刻画这一函数关系？实践中“突然停止”危机主要有两类界定方法，一是以苏拉（Sula，2010）为代表的界定方法：$FA<0$且$\Delta FA/GDP\leqslant-\tau$；二是以卡尔沃等（Calvo et al.，2004；Rothenberg和Warnock，2011）为代表的界定方法：$\Delta FA\leqslant\mu_{\Delta FA}-\sigma_{\Delta FA}$，并且$|\Delta FA|/GDP\geqslant\tau$。式中，$FA$表示国际收支中资本金融项目余额，$\mu$是$\Delta FA$的滚动均值，$\sigma$是$\Delta FA$的滚动标准差，$\tau$为特定参数值，通常取5%。本文认为，这两类处理方法均比较“粗糙”，忽略了危机概率的时变（time－var－ying）和集聚（cluster）特征。如何更好地刻画危机发生概率呢？经典的套路有两类：一类是“间接法”，选择与危机高度相关的变量（如利差、外汇市场压力指数等）作为被解释变量，通过构建模型以测度危机概率。如普拉希什（Prabheesh，2013）等人的研究以国内外利差作为危机发生概率的代理变量，以短期外债、

表 1　各参数基准值的校准情况

参数名称	代码	计算方法	中国	印度	巴西	俄罗斯	南非	变化区间	变动幅度	预期影响	数据来源
产出增长率	g	对实际产出取自然对数并 HP 滤波，之后对时间趋势项回归，所得时间项系数即是	0.096 4	0.090 6	0.074 2	0.074 7	0.052 1	[0.00, 0.20]	0.002	+	IMF 的 IFS 数据库，经作者计算
产出损失	γ	遭遇“突然停止”时产出低于潜在产出的累积值按期平均	0.078 6	0.071 4	0.082 6	0.056 8	0.036 5	[0.00, 0.20]	0.002	+	
“突然停止”危机发生概率	π	以 $\Delta FA \leqslant \mu\Delta FA - \theta\Delta FA$ 且 $\mid \Delta FA \mid / GDP \geqslant 2\%$ 标准识别危机，然后构建危机概率模型测算不同时期的“突然停止”概率	—	—	—	—	—	—	—	—	采用 Rothenberg 和 Warnock（2011）标准，经作者计算
“突然停止”危机持续期	m	根据 $n \times Tn/m$ 测算历次危机的加权平均持有期，其中 n 为危机次数，Tn 为每次危机持续期，m 为危机总次数	1.5	1	1.25	1.75	1.5	[0, 3]	0.03	+	
风险厌恶程度	σ	经验取值	3	3	3	3	3	[2, 6]	0.04	+	经典文献
国际风险溢价	δ	美国 10 年期国债与 1 年期国债收益率之差	0.015 74	0.045 03	0.046 5	0.050 6	0.082 7	[0, 0.05]	0.000 5	-	美联储圣路易斯分行经济数据库 Fed St Louis Economic Data
无风险利率	r	90 天期国库券年化收益率	0.034 5	0.076 8	0.121 3	0.116 0	0.072 3	[0, 0.10]	0.001	+	各国中央银行
存款利率	r^d	一年期存款加权平均利率	0.049 1	0.072 5	0.132 5	0.071 81	0.103 1	[0, 0.20]	0.002	+	世界发展指数（WDI）

续表

参数名称	代码	计算方法	中国	印度	巴西	俄罗斯	南非	变化区间	变动幅度	预期影响	数据来源
银行存款准备金率	α	法定存款准备金率+超额存款准备金率	0.177 1	0.040 0	0.450 0	0.040 0	0.025	[0, 0.40]	0.004	-	各国中央银行
居民储蓄置换率	φ	储户提取本币存款/全部存款	0.050 0	0.050 0	0.050 0	0.050 0	0.050 0	[0, 0.20]	0.002	+	经验设定
私人短期外债占比	λ_L	私人部门短期外债/GDP	0.022 1	0.024 1	0.020 6	0.020 1	0.046 0	[0, 0.20]	0.002	+	中国数据来自国家外管局《中国长期与短期外债结构与增长》；其他金砖国家数据来自 WDI
政府短期外债占比	λ_G	公共部门短期外债/GDP	0.078 0	0.017 0	0.011 1	0.017 5	0.054 3	[0, 0.20]	0.002	+	
居民储蓄占比	λ_D	居民储蓄存款余额/GDP	0.65	0.33	0.17	0.30	0.15	[0.20, 1.0]	0.010	+	各国中央银行
汇率变化率	Δq	根据遭遇 SS 时金砖国家货币兑美元平均贬值率	0.032 9	0.088 1	0.166 6	0.090 8	0.053 6	[0, 0.20]	0.002	不确定	汇率来自 IFS，并经作者计算
一国对危机的“脆弱性”	b	用于计算一国遭遇危机的“外生”概率	-0.645 63	-1.731 66	-0.895 78	-0.511 94	-1.124 34	—	—	—	Garcià 和 Soto（2004）、Jeanne（2007）、Čeh 和 Krznar（2009）
危机发生概率的储备弹性	a	外汇储备在降低危机发生概率方面的“效率”	0.15	0.15	0.15	0.15	0.15	—	—	—	
修正参数	c	调节系数	0.000 01	0.000 01	0.000 01	0.000 01	0.000 01	—	—	—	

储备、进口作为解释变量，通过构建 logit 回归模型间接测算危机概率；另一类是“直接法”，直接假定危机概率的某种分布形式，通过现实数据进行拟合、修正。以珍妮等（Jeanne，2007；Ĉeh 和 Krznar，2009）为代表的学者直接构建危机概率模型，形如 $\pi_{\rho}=F\ (b-a\rho)$。其中 π 为危机发生概率，ρ 为实际外汇储备与 GDP 之比，$F\ (\cdot)$ 是标准正态分布变量的累积分布函数。参数 b 体现一国对危机的“脆弱性（fragility）”，当 a 为 0 时，b 为一国遭遇危机的“外生”概率。如以中国总体遭遇的“突然停止”概率 23.1% 为外生概率，则有 $b=F^{-1}\ (0.231)\ =-0.736$。参数 a 可以视为危机发生概率对外汇储备的弹性，体现外汇储备在降低危机发生概率方面的“效率”。珍妮等（Garcià 和 Soto，2004；Jeanne，2007）在研究中将参数 b 设定为 0.15。从 π_{ρ} 的表达式可以看出，如果 b 趋近于 0 时，则危机概率均为外生概率，就忽略了储备降低危机概率方面的作用。对此，卡斯拿等（Ĉeh 和 Krznar，2009）引入参数 c 将原概率模型改造为 $\pi_{\rho}=F\ (a-b\rho+c/\rho)$，同时他们建议 c 的取值应尽量小，以凸显外汇储备 ρ 减少时对危机概率上升的作用。参照他们的处理，本文将参数 c 设定为 0.000 01。这样金砖国家遭遇的“突然停止”危机概率如图 1 所示。

从趋势上看，中国、俄罗斯的“突然停止”危机概率在 1990—2010 年呈现缓慢下降的态势，而后在 2011—2015 年危机概率又迅速攀升。印度“突然停止”危机概率在 2010 年之后比较稳定，而巴西、南非的“突然停止”危机概率则一直呈现下降态势。整体而言，俄罗斯、中国的国际资本“突然停止”风险最大，南非、巴西居中，印度的“突然停止”风险最小。

危机持续期 m 越长，则货币当局基于缓冲危机所需的储备量也就越高。本文按照各金砖国家实际遭遇“突然停止”危机的持续期计算 m 的基准值。风险厌恶系数 σ 体现消费者对风险的态度，取值通常介于 2 ~ 6。其值越高则越厌恶风险，进而储备需求越高。考虑到外汇储备领域研究惯例，本文取 3 作为基准值。国际风险溢价程度 δ 通常用美

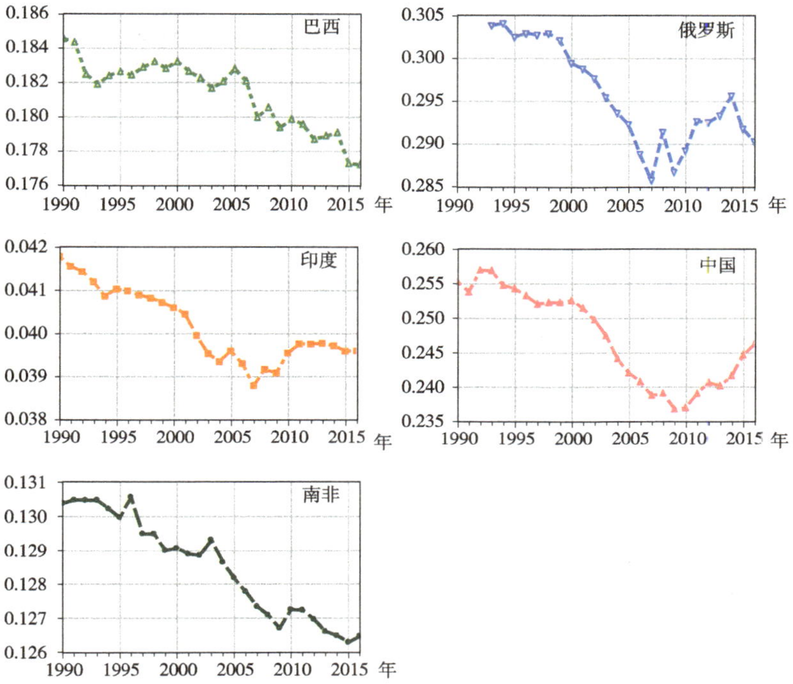

图 1　金砖国家资本流动“突然停止”发生的概率

国长短期国债利差刻画。通常使用一国短期国债收益率表示该国无风险利率 r。本文使用各国 90 天期限国库券年化收益率代表 r。存款利率 r^d 采用各国中央银行公布的一年期定期存款利率表示，遇年内利率调整，则以调整前后的时间为权计算年加权平均存款利率。

银行存款准备金率 α 越高则银行的流动性越强、发生挤兑的概率降低、银行经营更加稳健。稳健的银行体系在某种程度上提升了一国抵御外部风险的能力，因此存款准备金与外汇储备应呈现负相关关系。在统计上，存款准备金率是法定存款准备金率和超额存款准备金率（俗称备付金率）之和。国内外经验表明，当爆发国际资本流动“突然停止”危机时，居民会到银行将本币存款转换为外币以规避风险，进而导致银行挤兑。在这一过程中居民提取本币存款并兑换为外币的数额占原存款余额之比即为存款置换率 φ。出于稳定考虑，国内很少公布银行挤兑的具体情况。考虑到金砖国家庞大的居民存款规模和居民换汇限制，φ 到达5%时，足以引起管理层的高度重视，并出台更严厉的外汇管制举措，因此本文以5%作为 φ 的基准值。

世界银行的世界发展指数（WDI）数据库披露了金砖国家各时期公共和私人部门应偿付的到期外债余额，如以此为权重可反推出公共、私人部门的短期外债规模及在 GDP 中的占比。根据金砖各国中央银行发布的数据，可以计算出各国私人储蓄占 GDP 的比重 λ_D。至于经济体遭遇"突然停止"时汇率贬值程度 Δq，本文以金砖国家遭遇国际资本"突然停止"冲击时的汇率贬值率代表。

（二）数值模拟结果

根据前文参数设定，将各参数基准值代入（20）式，通过迭代的方法可测算出金砖经济体最优的外汇储备量占 GDP 之比，分别如表 2 所示[①]。

表 2　金砖经济体最优外汇储备与 GDP 之比　（%）

国别	巴西	俄罗斯	印度	中国	南非
最优外汇储备系数 ρ^*	12.63	14.25	12.21	24.15	16.01

需注意的是，数值是建立在各参数基准值（历史平均值）之上的，属静态最优外汇储备系数。进一步将静态最优外汇储备系数乘以 GDP 可分别得到静态最优外汇储备量。将实际外汇储备与最优外汇储备相减，可得到储备缺口（如图 2 所示）。从图 2 中可以看出，中国、俄罗斯、印度在 2003 年后的实际储备超出了最优储备规模，巴西实际储备量自 2008 年后超过最优储备规模，而南非的实际储备始终低于最优外汇储备量。值得注意的是，2008 年时俄罗斯、印度的储备缺口（实际储备量减去最优储备量）分别达到 3 000 亿美元和 1 200 亿美元的峰值，

① 因版面原因，测算代码省略，有需要者可联系编辑部或作者索取。

但此后这一缺口不断下降，目前分别降至 1 200 亿美元和 800 亿美元。而巴西的实际储备持续超出最优储备，二者缺口目前扩大至 1 000 亿美元。2013 年中国实际储备超出最优储备达 1.6 万亿美元，不过这一缺口在三年间迅速降至 4 000 亿美元。整体上看，近年来，金砖国家实际外汇储备与最优外汇储备的缺口不断缩减，这与美联储加息导致资本外流以及金砖国家经济发展乏力密不可分。金砖各国储备缺口锐降彰显金砖国家储备合作的必要性和紧迫性。

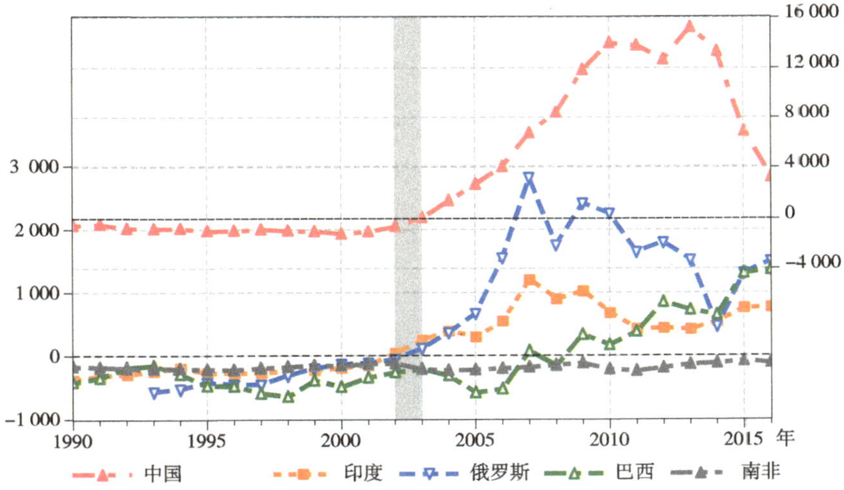

图 2　金砖国家的实际外汇储备与最优外汇储备量的缺口

注：各国的储备缺口是由该国实际外汇储备与最优外汇储备相减得到的，该国最优储备是最优外汇储备系数 ρ^* 与 GDP 相乘得到的。

（三）敏感性分析

如果站在最优外汇储备系数角度，是何因素导致金砖各国的最优储备系数 ρ^* 出现如此大的差异？从（20）式不难看出影响 ρ^* 的因素多达 14 个，除了“突然停止”危机发生概率是内生决定的，其余外生参数都可能对 ρ^* 的变动发挥作用，因此须对这些参数进行敏感性分析。以各参数的变动区间为界，逐一考察各参数对 ρ^* 的影响（见图 3）。

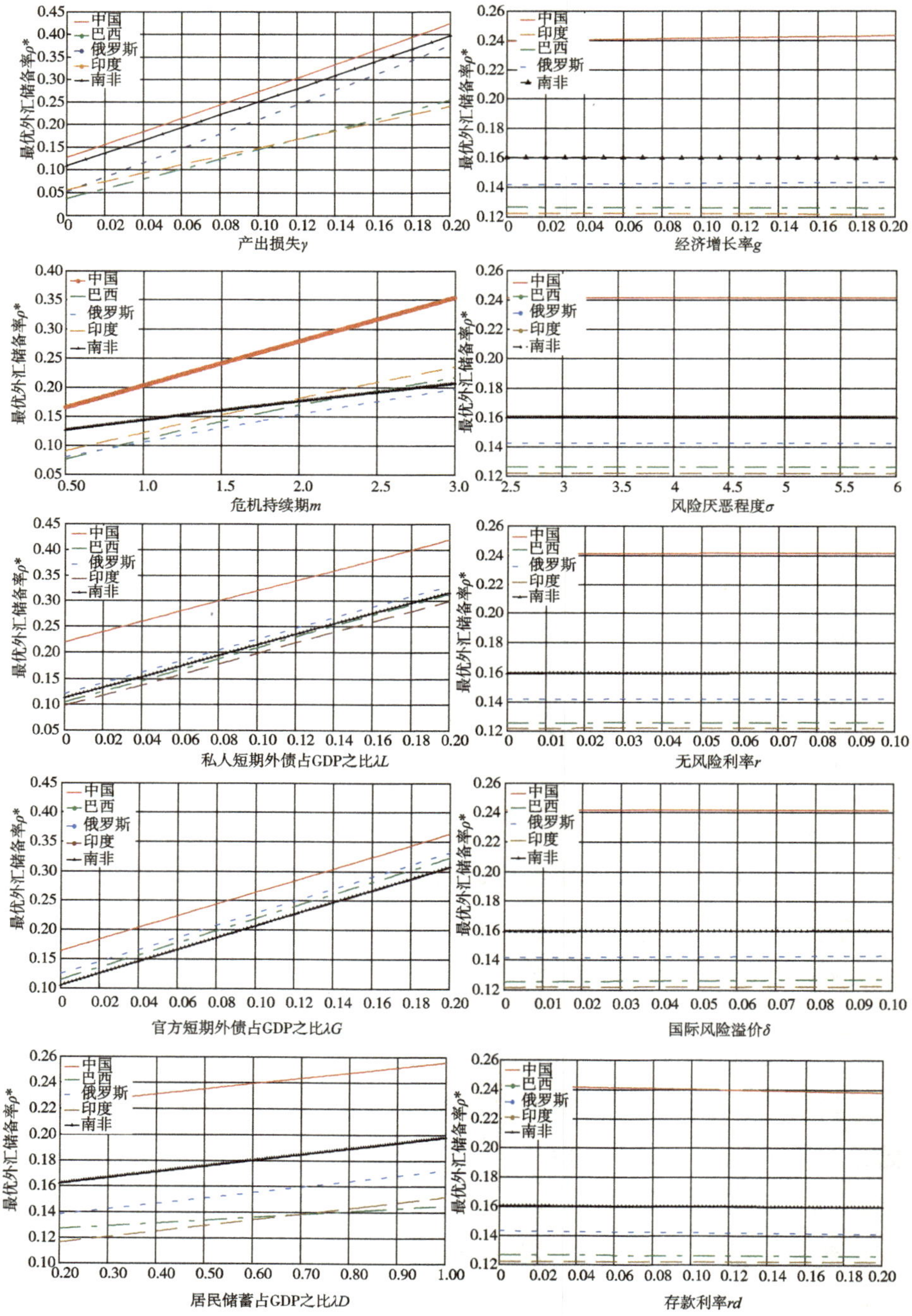
最优外汇储备率ρ*
中国
巴西
俄罗斯
印度
南非
产出损失γ
最优外汇储备率ρ*
中国
印度
巴西
俄罗斯
南非
经济增长率g
最优外汇储备率ρ*
中国
巴西
俄罗斯
印度
南非
危机持续期m
最优外汇储备率ρ*
中国
巴西
俄罗斯
印度
南非
风险厌恶程度σ
最优外汇储备率ρ*
中国
巴西
俄罗斯
印度
南非
私人短期外债占GDP之比λL
最优外汇储备率ρ*
中国
巴西
俄罗斯
印度
南非
无风险利率r
最优外汇储备率ρ*
中国
巴西
俄罗斯
印度
南非
官方短期外债占GDP之比λG
最优外汇储备率ρ*
中国
巴西
俄罗斯
印度
南非
国际风险溢价δ
最优外汇储备率ρ*
中国
巴西
俄罗斯
印度
南非
居民储蓄占GDP之比λD
最优外汇储备率ρ*
中国
巴西
俄罗斯
印度
南非
存款利率rd

图 3

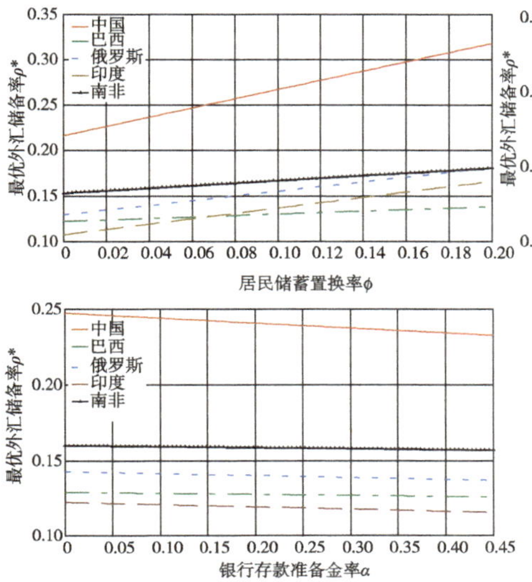

图3　最优外汇储备量ρ对各参数的敏感性

注：各图纵轴均为最优外汇储备量ρ^*，横轴为各参数，其取值范围见表1；图中浅色垂直虚线为各变量的基准值，浅色水平虚线为变量基准值对应的最优外汇储备数值。

从形态上看，除银行存款准备金率α、存款利率r^d、汇率变化率Δq外，金砖五国其余参数与最优储备ρ^*呈正相关关系。就经济增长率g而言，较高的经济增长意味着较高的消费水平，因此出于预防消费波动而持有的外汇储备也会相应增加，由此不难理解g与ρ^*之间的正相关关系。当一国风险厌恶程度σ上升时，该国为防范国际资本流动危机而持有的外汇储备ρ^*也会上升。不过二者呈现非线性关系：在较低的风险厌恶程度下，σ上升带来ρ^*的加速上升，而风险厌恶水平较高时，σ上升带来ρ上升的速度递减。由于金砖各国ρ^*的基数不同，看似σ与ρ^*是线性关系，但实际上二者是曲线关系。资本流动“突然停止”危机带来的产出损失γ越大、“突然停止”危机的持续期m越长，一国持有外汇储备的比重ρ^*也会越高。当国内居民的储蓄比例λ_D越高，居民在遭遇“突然停止”危机时资产置换率φ越高时，官方为应对居民储蓄置换的压力，维持汇率稳定而持有的外汇储备比重ρ^*也会上升。

伴随着私人短期外债比率λ_L和政府短期外债比率λ_G上升，官方为偿付短期债务、防范债务危机而增持的外汇储备ρ^*也会提高。就利率因素而言，当存款利率r^d上升时会通过利差吸引外资涌入，因此可以降低官方持有外汇储备的比率ρ^*。对于风险溢价程度δ而言，其值越高则说明国际风险程度越强，官方基于防范风险而持有的外汇储备比率自然越高。汇率变化率Δq升高（本币贬值）带来最优外汇储备ρ^*下降。本文认为，汇率贬值对最优外汇储备存在两种效应：一方面，本币贬值会通过“估值效应”提高本国在国外发行的债券、短期借款所募资金的本币价值，扩大了东道国的资金规模，故会对外汇储备形成替代作用；另一方面，本币贬值促使一国干预汇市的动因增加，对外汇储备的需求也会上升。因此，汇率贬值对最优外汇储备ρ^*的影响取决于上述两股力量的对比。从图形呈现的结果看，“估值效应”占据上风，因而呈现Δq与ρ^*的负向关系。同时，一国银行体系的准备金率α越高，则该国银行运营更加稳健。尽管该国遭遇国际资本流动“突然停止”危机时外源性资金流入减少，但稳健的银行体系依然能供应经济运行所需资金，这也减少了官方为维持国内信贷、稳定经济增长、平滑消费而持有的外汇储备量，因此α与ρ^*呈负相关关系。

从各参数的最优外汇储备ρ^*弹性看，公共部门短期外债λ_L、私人部门短期外债λ_L、产出损失γ、突然停止持续期m、居民存款置换率φ对ρ^*的正向作用最为显著。经济增长率g、风险厌恶程度σ、无风险利率r、风险升水δ、居民储蓄占GDP之比λ_D的最优外汇储备ρ^*弹性较小，意味着这些参数对ρ^*的正向作用较为微弱。相对于存款利率r^d而言，汇率变化率Δq和银行存款准备金率α对最优外汇储备ρ^*的负向作用相对较大。不同参数的属性为外汇储备应急管理提供了操作切入点。不难看出，对于外汇储备缺口日渐窘迫的金砖国家而言，有效控制外汇储备数量、确保外汇储备充足是一个现实问题。从弹性角度看，金砖国家通过减少公私部门短期外债规模、限制“突然停止”危机时居民存款置换外币比率、提高银行部门存款准备金率可以有效节约外汇储备，提高储备充足率。

四、结论

在J－R模型的基础上和在引入银行部门和多期资本流动“突然停止”冲击的基础上，构建了包含消费者个体、商业银行和货币当局的三部门模型，通过推知一国内生的最优外汇储备表达式，进而通过迭代的方法获得最优外汇储备的解析解，同时对最优外汇储备进行敏感性分析获得政策启示。研究表明：

（1）在金砖经济体中，中国静态最优外汇储备约占GDP的24.15%，巴西、俄罗斯、印度、南非的该比率分别为12.63%，14.25%，12.21%，16.01%。整体上看，近年来，金砖国家实际外汇储备与最优外汇储备的缺口不断缩减，与美联储加息导致资本外流以及金砖国家经济发展乏力密不可分。金砖各国外汇储备缺口锐降凸显金砖国家外汇储备合作的必要性和紧迫性。

（2）从最优外汇储备计算模型看，一国的最优外汇储备受到多因素影响，包括宏观层面的经济增长率、公共储蓄比率、汇率变化率、公共部门短期外债规模；危机层面的因素包括“突然停止”持续期、危机期间居民资产置换率，银行层面的存款利率、存款准备金率、无风险利率、风险升水，微观层面的居民风险厌恶程度、私人部门短期外债规模。

（3）从敏感性分析的角度看，“突然停止”持续期m、产出损失γ、私人部门短期外债λ_L、公共部门短期外债λ_G、危机时的居民资产置换率φ对最优外汇储备ρ^*存在较大的影响，管理好上述参数对控制最优外汇储备规模意义明显。而公共储蓄比率λ_D、汇率变化率Δq、存款利率r^d、存款准备金率α对ρ^*的影响居中。至于经济增长率g、无风险利率r、风险升水δ、风险厌恶程度σ对ρ^*的影响较为微弱。由此可见，控制私人部门短期外债规模对于防范债务风险、最优外汇储备的意义更为重要。

参考文献

[1]Aizenman J, Lee J. International Reserves: Precautionary Versus Mercantilist Views, Theory and Evidence[J]. Open EconomiesReview, 2007, 18(2): 191 – 214。

[2]Bernard K M. International Reserve Adequacy in Central America [R]. IMF Working Paper, 2011, WP /11 /114。

[3]Calvo G A, Izquierdo A, Loo – Kung R. Optimal Holdings of International Reserves: Self – insurance Against Sudden Stops[J]. Monetaria, 2013, 35(1): 1 – 35。

[4] Chami S, McGettigan D, Watt S. Jordan's International Reserve Position: Justifiably Strong [R]. IMF Working Papers, 2007, WP/07/103.

[5] Floerkemeier H, Sumlinski M. International Reserve Trends in the South Caucasus and Central Asia Region[R]. IMF Working Paper, 2008, WP/08/41.

[6] García P, Soto C. Large Hoardings of International Reserves: Are They Worth It? [R]. Central Bank of Chile Working Papers, 2004, No. 299.

[7]Ĉeh M, Krznar I. Optimal International Reserves of the CNB with Endogenous Probability of Crisis [R]. Working Papers, 2009: 21.

[8] Gon Alves F M. The Optimal Level of Foreign Reserves in Financially Dollarized Economies: the Case of Uruguay [R]. IMF Working Paper, 2007, WP/07/265.

[9]Jeanne O. International Reserves in Emerging Market Countries: Too Much of a Good Thing? [R]. Brookings Papers on Economic Activity, 2007, 38(1): 1 – 80.

[10]Jeanne O, Rancière R. The Optimal Level of International Reserves for Emerging Market Countries: A New Formula and Some Applications[J]. The Economic Journal, 2011, 121 (555): 905 – 930.

[11]Prabheesh K P. Optimum International Reserves and Sovereign Risk: Evidence from India [J]. Journal of Asian Economics, 2013, 28(28): 76 – 86.

[12]Rodríguez C S, Funk K. Estimation of Optimal International Reserves for Costa Rica: A Micro – Founded Approach[R]. Banco Central de Costa Rica Research Paper, 2012, No. 01.

[13] Rothenberg A, Warnock F. Sudden Flight and True Sudden Stops [J]. Review of International Economics. 2011,19(3):509 – 524.

[14] Ruiz – Arranz M, Zavadjil M. Are Emerging Asia's Reserves Really Too High? [R]. IMF Working Papers, 2008, WP / 08 /192。

[15] Sula O. Demand for International Reserves in Developing Nations: A Quantile Regression Approach[J]. Journal of International Money and Finance, 2011, 30(5):764 – 777.

[16] 简仲德. 台湾最适外汇储备量之探讨[D]. 逢甲大学经济研究所硕士论文,2008.

[17] 梁权熙,田存志. 国际资本流动“突然停止”、银行危机及其产出效应[J]. 国际金融研究,2011(2):52 – 62.

[18] 王晟,蔡明超. 中国居民风险厌恶系数测定及影响因素分析——基于中国居民投资行为数据的实证研究[J]. 金融研究,2011(8):192 – 206.

资本缓冲与银行风险变动：周期性及多元化的视角

周 晔 高 斯

摘要： 利用上市银行2002—2013年的季度数据，考察资本缓冲调整、宏观经济波动与资产价值变动的内在联系。研究发现：上市银行资本缓冲的顺周期性并不显著，但是其风险变动却对宏观经济的波动极为敏感；同时，资本缓冲的调整与上市银行的风险变动具有相关性，在宏观经济变动时，银行会因自身表内资产组合风险的变化而连续调整其资本缓冲。此外，上市银行表内资产的多元化程度较低，收入变动与风险波动的相关性较显著，所以，收入多元化依然是银行减少风险，提高市场竞争力的驱动因素之一。

关键词： 资本缓冲；资产组合风险；顺周期；收入多元化

一、文献综述

美国次贷危机引发的全球金融危机，深刻暴露出《巴塞尔协议Ⅱ》

作者简介：周　晔，首都经济贸易大学金融学院、金融风险研究院副教授。
　　　　　高　斯，首都经济贸易大学金融学院研究生。
基金项目：北京市社会科学规划项目（14JGB073）；国家社会科学基金项目（15BJY171）。

的顺周期弊端，令各国监管当局认识到银行计提资本缓冲的重要性。为应对系统性风险冲击，2010 年巴塞尔委员会推出了《巴塞尔协议Ⅲ》，要求各国监管部门根据经济环境的变化计提逆周期资本缓冲。由此产生“商业银行如何随经济周期的变化适时调整自身的资本缓冲和风险水平”的现实难题。另一方面，伴随着国内金融改革的提速，金融机构之间的竞争日益激化，国内商业银行为了进一步提升其竞争力，正在逐步提高非利息收入占各项业务收入的比重。那么，业务多元化对银行经营风险的影响如何，是否有利于减轻银行自身的资本计提负担？基于这些问题，本文通过中国上市银行 2002—2013 年的非平衡面板季度数据，从周期性及业务多元化的视角，考察银行资本缓冲与风险之间的内在联系。

关于银行资本缓冲与风险行为的研究，现有文献侧重两个方面：一是资本缓冲是否加重经济周期，二是经济周期对银行风险的影响。

尽管当前研究承认大多数国家银行的资本缓冲具有顺周期性，但是银行资本缓冲的周期行为依然是一个非常有争议的话题，大致可归纳为以下几点：

（1）有学者认为，支持银行资本缓冲和经济周期存在负相关关系，即具有顺周期行为。如：加西亚 - 苏阿萨等（García - Suaza et al.，2012）对哥伦比亚银行的研究发现，资本缓冲具有顺周期性，并且资本缓冲在大银行和小银行间的变动不对称[1]。

（2）银行资本缓冲和经济周期间具有逆周期行为。此类研究主要面向发达经济体的金融机构，如：斯托尔兹等（Stolz et al.，2011）发现，德国银行存在逆周期资本计提的波动，资本不足的银行在经济衰退时不会减少风险加权资产，低资本化也不会迫使银行减少放贷[2]；什姆（Shim，2013）对美国银行控股公司的研究也发现了逆周期现象[3]。

（3）有学者认为，需要根据东道国的具体情况，如该国的政治、经济背景和银行体系内部情况等进行综合判断。如：米尔恩等（Jokipii & Milne，2008）发现，欧洲银行业的资本计提总体具有逆周期性，但是依据银行的规模、类型的差异，资本计提的周期性表现并不一致。大银行的资本计提在危机时增加，体现为顺周期性；而小银行和储蓄银行呈现逆周期性[4]。

关于经济周期对银行风险的影响，相关研究主要是从实证角度检验经济周期与银行风险间的关系。部分学者在宏观审慎视角下，关注经济波动对银行资产质量的影响，如：马库奇等（Marcucci & Quagliariello，2008）对意大利银行的实证研究发现，在经济衰退阶段，银行通常会持有高于最低资本要求的资本缓冲；同时，持有过多风险资产的银行的周期性更显著[5]。部分学者还发现，宏观经济的周期性波动与银行风险之间存在着非对称性关系，对银行资产组合风险的影响并不相同。如莫拉莱斯等（Morales & Gasha，2004）对拉丁美洲银行的研究发现，GDP增长率的波动只有在某一阈值之上，才会对不良贷款产生影响[6]。

对资本缓冲如何影响银行风险承担行为的研究也形成了两种不同的观点。一种观点认为，不断强化的资本要求直接提高股权融资成本，为避免因银行风险造成自有资本流失，股东会有更强的动机去遏制银行的高风险行为。因此，资本缓冲的提高会降低银行的风险行为[7]。另一种观点认为，当商业银行追求利润最大化的经营目标时，增加资本金会加重银行的经营成本，降低其特许权价值，为弥补成本提高所带来的价值损失，银行更有动机从事高风险活动[8]。

现有业务多元化对银行风险的研究同样存在分歧。部分学者认为，非利息收入会分散风险，提高收益。如：什姆（Shim，2013）发现，美国银行控股公司的收入多元化降低了银行的违约概率，并且有助于银行建立资本缓冲[3]；阮（Nguyen，2012）也发现，南亚国家市场势力强的商业银行采用收入多元化策略时，收入会变得更加稳定[9]。另一部分学者则认为，非利息收入业务的拓展会给市场带来负面影响。如：德杨等（De Young & Roland，2001）发现，在银行业务收入中比重不断上升的收费业务增加了银行收入的不稳定性[10]；斯特奥（Stiroh，2006）也发现，更多依赖非利息收入的银行，会导致更高的风险和更低的风险调整收益[11]。此外，经济衰退也会削弱业务多元化的风险分散效应。部分学者还从成本角度出发，认为拓展非利息收入业务需要从人力和技术上增加投入，这增大了银行的财务杠杆，从而增加了银行风险。如勒珀蒂等（Lepetit et al.，2008）的研究发现，欧洲银行的非利息收入活动伴随着高风险和高破产风险[12]。还有学者认为，产品多元化对风险的影响高度依赖于银行的资产规模。如南菲克（Hidayat，2012）发现，印尼大型银行的产品多元化程度与银行风险呈正相关，会对整个银行系统产生不利影响[13]。

国内也有学者研究资本缓冲的顺周期性问题，同样结论迥异。部分学者认为，国内商业银行的资本缓冲存在顺周期性。如张姗、林小琳（2012）发现，中国上市银行的资本缓冲确实存在顺周期的特征，而且国有银行比非国有银行表现出更强烈的顺周期性[14]。但是，更多学者通过实证分析得出资本缓冲具有逆周期性的结论[15,16]。

关于业务多元化与风险的研究，国内多数学者倾向于非利息业务有利于熨平银行业的风险，起码不会增加银行业的现有风险[17~20]。

综上所述，国内外相关文献虽然较为丰富，但是尚无同时基于周期性及多元化的角度探讨宏观经济波动、银行资本缓冲与风险之间内在联系的相关研究。为此，本文在米尔恩等（Jokipii & Milne，2011）[19]的研究基础上，通过3SLS法检验在长经济周期内，资本缓冲调整和多元化对银行稳定的影响。

二、 模型设定与数据的描述性统计

（一） 模型设定

为考察收入结构以及收入波动对资本缓冲调整和资产组合风险的影响，设定银行资本和风险的局部调整模型如下：

$$\Delta \mathrm{BUF}_{i,t} = \phi_0 + \phi_1 \mathrm{CYCLE}_t + \phi_2 \Delta \mathrm{RISK}_i + \phi_3 \mathrm{BUF}_{i,t-1} + \phi_4 \mathrm{DIV}_{i,t} + \phi_5 \mathrm{VOL}_{i,t} + \phi_6 \mathrm{X}_{i,t} + \varepsilon_{i,t} \quad (1)$$

$$\Delta \mathrm{RISK}_{i,t-1} = \varphi_0 + \varphi_1 \mathrm{CYCLE}_t + \varphi_2 \Delta \mathrm{BUF}_{i,t} + \varphi_3 \mathrm{RISK}_{i,t-1} + \varphi_4 \mathrm{DIV}_{i,t} + \varphi_5 \mathrm{VOL}_{i,t} + \varphi_6 \mathrm{X}_{i,t} + \omega_{i,t} \quad (2)$$

由于模型设定中加入了资本缓冲和风险的一阶滞后值和，导致了解释变量的内生性问题，为消除模型的内生性问题，采用3SLS进行估计。

（二）变量定义

研究涉及四类变量：被解释变量、经济周期变量、收入结构多元化变量和控制变量。

1. 被解释变量

资本缓冲水平（BUF），即银行总资本/风险加权资产与最低资本要求8%之差。风险（RISK）：遵从陶菲克（Hidayat，2012）[13]的方法，采用Z值衡量银行的违约风险。定义$Z=(\mu+E/A)/\sigma_{ROAA}$，$E/A$为银行的资本与总资产比率，$\mu$和$\sigma_{ROAA}$分别表示平均资产收益率的期望和标准差。$Z$值越大，表明银行违约风险越小，银行越稳定。

2. 经济周期变量（CYCLE）

采用实际GDP增长率反映经济周期CYCLE的波动。

3. 收入多元化和收入波动指标

收入多元化指标（DIV）：DIV＝1－HHI。本文采用HHI①衡量业务的集中程度。

$$HHI_{i,q}=\sum_{y=1}^{9}\left[\frac{income_{i,y,q}}{imcome_{i,q}}\right]^2 \tag{3}$$

其中，分母项为银行的营业收入，由利息和非利息收入共同构成。HHI计算结果如图1所示，总体在0.2上下波动。

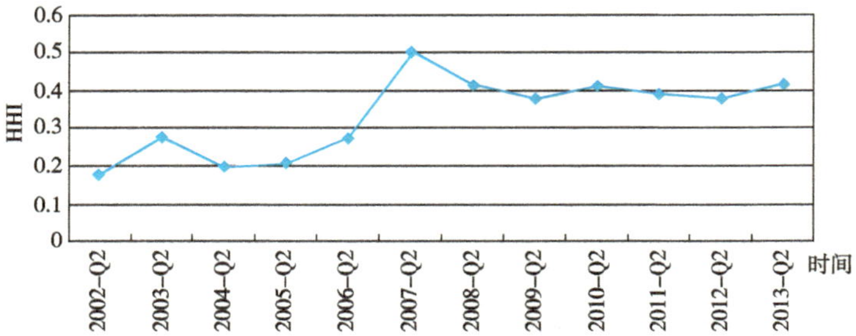

图1　2002—2013年上市银行的年度HHI走势图

数据来源：根据Wind和上市银行季报整理计算而得。

---

① 如果银行HHI较大，银行多元化程度低；相反，则意味着银行多元化程度高。

收入的波动性（volatility）：采用米尔恩等（Jokipii 和 Milne，2011）[21]的办法，利用净利息收入和非利息收入的对数增长率替代对应资产的收益，以此计算资产组合的收益率，进而估算各自的方差。最终，这两部分资产组成的投资组合标准差为：

$$\sigma_{REVP}=[W^2\sigma_{INT}^2+(1-w)^2\sigma_{NON}^2+2w(1-w)\,COV(r_{INT}-r_{NON})]^{1/2} \qquad (4)$$

其中：σ_{INT}^2为利息收入的方差；σ_{NON}^2为非利息收入方差；COV（$r_{INT}-r_{NON}$）为非利息收入与净利息收入对数增长率的协方差；w = INT/（NON + INT），是净利息收入占营业收入的份额；1 − w 是非利息收入占营业收入的份额。

根据2002Q1—2013Q4 年的季度数据，计算上市银行收入波动率（季度标准差）走势如图2 所示。可看出自2008 年以来，上市银行的业务收入波动性比较平稳，在一定程度上验证了非利息收入的展开有助于保持银行营业收入的稳定。

图2　2002—2013 年上市银行收入波动率走势图

数据来源：根据上市银行季报整理而得。

4. 银行特征变量

银行规模（SIZE），即银行总资产的对数值，预期与资本、风险的调整正相关。盈利能力（ROA），即息税前利润/总资产，预期资产收益率越高的银行持有资本缓冲水平越高。流动性（LIQUIDITY），即流动性资产/总资产。流动性资产调整成本对资本缓冲水平存在显著的正面影响，所以，预期该变量与资本缓冲正相关，与风险负相关。贷款损失准备（LLP），即贷款损失准备与总贷款之比，它反映银行贷款组合的质量，所以，期望贷款损失准备与资本缓冲调整正相关，与银行风险变动负相关。资产增长率（AG），即总资产的同比增长率。预期资产增长率的提高会增加组合风险，降低资本缓冲。

（三）数据来源和数据的描述性统计及相关性检验

通过 Wind 资讯，并以各商业银行季报和招股说明书为补充，手工收集 2002Q1—2013Q4 年全国 16 家上市银行 10 年期间的非平衡季度样本数据，总体样本变量观察值共计 752 个。表 1 给出了全体样本数据变量的描述性统计。

表 1　变量的描述统计

变量	均值	标准差	最小值	最大值
ΔBUF	0. 108 60	3. 514 600	−22. 670 00	22. 670 00
BUF（$t-1$）	3. 350 00	2. 967 000	−9. 470 00	22. 670 00
ΔRISK	0. 590 00	7. 649 500	−44. 552 10	81. 176 42
RISK（$t-1$）	20. 749 60	7. 949 100	0. 452 57	81. 176 42
DIVERSITY	0. 692 90	1. 458 600	−29. 636 80	1. 000 00
VOLATILITY	0. 855 20	0. 219 900	0. 024 10	2. 758 60
SIZE	27. 914 48	1. 387 201	24. 926 80	30. 561 80
ROA	0. 649 00	0. 360 500	0. 012 40	1. 715 40
LIQUIDITY	0. 936 28	0. 107 400	0. 581 96	1. 100 90
LOAN LOSE PROVISION	4. 346 10	11. 009 700	0. 418 70	208. 665 00
LPC	200. 928 60	107. 196 300	1. 780 00	499. 600 00
ASSET GROWTH	0. 058 28	0. 057 000	−0. 111 10	0. 416 80
CYCLE	0. 362 20	0. 676 800	−0. 777 70	1. 122 70

数据来源：Wind 资讯及各上市银行季报。

三、实证分析及稳健性检验

（一）实证检验及结果分析

采用 Stata12 软件进行非平衡动态面板数据的 3SLS 估计，实证结果如表 2 所示。其中：模型 1 采用总资产的自然对数作为银行规模指标（SIZE），模型 2 将 16 家上市银行按资产规模分成五大国有控股银行和其余上市银行两类，进行分类估计。实证结果分析如下：

表 2　实证结果

变量	模型 1		模型 2	
	ΔBUF	ΔRISK	ΔBUF	ΔRISK
CYCLE	-0.413 6	2.251 7***	-0.857 4	2.279 8***
	(-0.59)	(3.97)	(-1.00)	(4.01)
ΔBUF	—	0.015 8	—	0.007 0
	—	(0.09)	—	(0.04)
BUF（t-1）	0.691 1***	—	0.785 8***	—
	(7.91)	—	(7.14)	—
ΔRISK（1）	0.421 9*	—	0.573 6*	—
	(1.64)	—	(1.83)	—
ΔRISK（1）（t-1）	—	0.165 8**	—	0.164 1**
	—	(2.65)	—	(2.60)
DIVERSITY	-0.312 3	-0.529 6	-0.282 4	-0.570 9
	(-0.42)	(-0.54)	(-0.32)	(-0.58)
VOLATILITY	-4.567 3	11.861 8***	-6.079 8	11.811 0***
	(-1.58)	(7.05)	(-1.75)	(6.96)
SIZE	-0.477 8**	-0.012 2	—	—
	(-3.12)	(-0.05)	—	—
LARGE	—	—	-1.577 7**	-0.246 2
	—	—	(-2.63)	(-0.35)
SMALL	—	—	-0.573 3	-0.215 2
	—	—	(-0.90)	(-0.29)

续表

变量	模型1		模型2	
	ΔBUF	ΔRISK	ΔBUF	ΔRISK
ROA	-0.190 0	—	-0.383 2	—
	(-0.39)	—	(-0.74)	—
LIQUIDITY	-0.038 4	-1.784 1	-1.844 0	-1.774 4
	(0.01)	(0.36)	(-0.44)	(-0.37)
LOAN LOSE PROVISION	-0.015 6	0.009 3	-0.022 0	0.009 8
	(-1.11)	(0.47)	(-1.30)	(0.49)
ASSET GROWTH	-0.482 7	2.109 5	-1.393 2	1.869 0
	(-0.13)	(0.40)	(-0.32)	(0.36)
_cons	16.619 2***	-13.393 2	6.793 7	-13.072 6*
	(3.58)	(-1.62)	(1.87)	(-2.28)
观测值	229	229	229	229

注：（1）括号内为相应的t检验值，（2）***，**，*分别表示在1%，5%，10%水平下显著。

1. 银行资本调整与风险变动存在内生稳定趋势

首先，实际GDP增长率（CYCLE）与资本缓冲调整量（ΔBUF）呈负相关关系，说明中国上市银行资本缓冲调整与经济周期呈不显著的顺周期性。即在经济繁荣阶段，资本缓冲计提减少；当经济下滑处于衰退阶段，银行会增加资本缓冲的计提。实证还发现，上期资本缓冲与当期资本缓冲调整的系数为正并且非常显著，证明下一期资本缓冲水平和当期的调整值高度相关，其动态变化具有连续性。此外，上期资本缓冲的系数为0.691 1，由于银行资本缓冲在向目标值调整的过程中存在短期调整成本，因此，资本调整的速度相当快。

其次，实际GDP增长率的估计系数与被解释变量风险变动［ΔRISK（1）］呈显著正相关关系，证明上市银行的风险变动受宏观经济环境影响，宏观经济增速越高，银行隐含风险越大。该实证结果表明上市银行的风险变动对经济波动极为敏感，相对经济周期呈现逆周期变化。此外，上期风险变动［ΔRISK（t－1）］的系数与本期风险变动（ΔRISK）也显著正相关，表明上期风险水平较高的银行，本期会增加风险调整的力度。

最后，资本缓冲调整（ΔBUF）与银行风险变动（ΔRISK）呈显著正相关关系，说明银行持有资本缓冲的数量与银行风险大小相关。当风险升高时，银行为抵御风险，必然会相应提高资本缓冲持有量，这与相关理论预期一致。同时，考虑到资本缓冲调整的高度相关性，在经济波动时，银行会因自身风险的变化而连续调整资本缓冲，让资本缓冲的动态变化呈现连续性。不过，实证显示资本缓冲的调整对风险变动的影响并不显著，可以将之归因于在《巴塞尔协议Ⅲ》的约束下，国内银行加大计提资本缓冲的结果与风险变动无关。

2. 银行规模与被解释变量资本缓冲呈显著的负相关关系

实证发现，相对于规模较小的上市银行，大型银行计提的资本缓冲相对少。模型 2 中大、小银行虚拟变量（LARGE、SMALL）的实证结果同样验证了这一结论。本文将大型银行不计提过多的资本缓冲归因于以下几点：

（1）大型银行网点覆盖面广，业务领域较大，贷款渠道更加广泛，风险分散能力更强。

（2）大型银行可获得强有力的政府支持，能够通过政府直接注资的方式增加其资本。

（3）相对于其他上市银行，大型银行相对更加容易通过外部融资方式获得资本。

（4）中国大型银行的股权高度集中在政府手中，有利于根据银行资本缓冲的多少相机抉择，采取相对灵活的盈利留存行为，支持银行的资本缓冲决策。其他上市银行的股权则相对分散，同时受制于资产组合和规模的约束，也难以根据需要变更股利分配、灵活采用留存收益策略，使得它们对资本缓冲的调整相对不够便利。

3. 收入多元化（DIV）与资本缓冲调整（ΔBUF）呈负相关关系

实证结果在一定程度上支持业务多元化可以减少资本缓冲的计提，说明上市银行多元化效应存在。同时，收入多元化对上市银行的风险变动（ΔRISK）呈现不显著的负相关关系。一方面，说明业务多元化可以在一定程度上降低银行的风险；另一方面，相关关系不显著应归因于中国商业银行的非利息业务主要集中在票据承兑、汇兑结算、代收代缴等以收取佣金和手续费为主的佣金业务上，此类业务拓展方式多以原有的利息业务客户为基础，进行打包销售或业务拓展，因此，存在较高的相关性，在很大程度上削弱了多元化组合分散风险的能力。

4. 收入波动性与银行风险变动的相关性极为显著

收入波动性（VOLATILITY）与银行风险变动（ΔRISK）的相关性极为显著，说明收入波动率增大的银行，违约概率相对增加，银行对应的风险较大。此外，由于近年来国内资本缓冲的计提多以合规性为准，为满足《巴塞尔协议Ⅲ》和银监会不断提升的资本要求，国内各商业银行通过各种渠道加大计提资本缓冲，以满足资本充足率的要求，因而资本计提不太可能受到收入波动的影响，这与收入波动性与资本缓冲调整（ΔBUF）的相关性不显著的实证结果相吻合。

（二）稳健性检验

为检验模型的稳健性，引入不良贷款率（NPL）替换Z值来衡量银行风险。同时，还将贷款损失准备替换为不良贷款拨备覆盖率（LPC），以全面检验模型的稳健性。稳健性检验实证结果①与Z值分析的结果非常相似，资本缓冲和银行风险的周期性和正相关性依然显著。多元化和收入波动性指标同样能够证明中国商业银行业务多元化程度较低，但具有一定分散风险的效果。据此，可以认定相关实证结果是稳健的。

---

① 限于版面，无法提供相关实证结果。有兴趣的学者可通过zhouy@ cueb. edu. cn向作者索取。

四、研究结论及启示

1. 中国应实施逆周期资本缓冲计提机制

实证研究发现，在宏观经济波动的冲击下，商业银行将同时决定自身的资本计提和风险承担行为，这意味着银行会调整其自身资产组合，在经济衰退期间削减其风险资产。而实施逆周期资本缓冲计提机制之后，一旦经济陷入衰退阶段，充足的资本缓冲不仅可以让商业银行保持其清偿力，并且能够让商业银行维持其信贷流量基本不变，帮助实体经济尽快实现复苏。

2. 对国内商业银行应实行基于规模划分的差异化资本监管

实证结果显示：资产规模对于银行的风险承担行为和资本缓冲作用显著，不同规模银行的资本计提策略差异较大。考虑到在经济衰退阶段会推高外部融资的成本，迫使大多数银行通过削减贷款来提高资本占比，因此，规模较小的银行实施逆周期资本缓冲调整会面临较高的边际成本。而大型银行由于较少主动地通过调节贷款来影响资本缓冲，只会在经济扩张期配合资本调节来增加资本缓冲。考虑到大银行对实体经济的作用和影响更强，金融危机期间大银行与其他金融机构的关联性更高，以及不同规模的银行资本调整成本的差异等因素的影响，一旦监管当局决定将逆周期资本缓冲作为资本留存缓冲的拓展，仅对大型银行实施逆周期资本缓冲监管或许是较为稳妥的方案。

3. 银行可适度实施业务多元化策略

随着金融改革的加速，中国金融机构的非利息业务收入正在快速增长。对于银行风险管理者来讲，能否为多元化的收入组合提供足够的资本储备并减少风险，在一定程度上决定了商业银行未来的发展战略。本文实证研究支持非利息收入的提高以及多元化收入组合能够获得潜在的多元化收益，收入多元化不仅为商业银行创造了更为宽广的收入来源，而且还会减少组合收入的波动性，降低违约风险的概率。因而增加非利息收入份额，可以在减少资本储备需求的同时，实现风险分散。所以，今后监管当局可以创造条件，适度引导、鼓励商业银行的收入多元化策略。

参考文献

[1] García – Suaza A, Gómez – González J. The Cyclical Behavior of Bank Capital Buffers in an Emerging Economy: Size Does Matter[J]. Economic Modelling, 2012(29): 1612 – 1617.

[2] Stolz S, Wedow M. Banks' Regulatory Capital Buffer and the Business Cycle: Evidence for Germany[J]. Journal of Financial Stability, 2011(7): 98 – 110.

[3] Shim J. Bank Capital Buffer and Portfolio Risk: The Influence of Business Cycle and Revenue Diversification[J]. Journal of Banking & Finance, 2013(37): 761 – 772.

[4] Jokipii T, Milne A. The Cyclical Behaviour of European Bank Capital Buffers[J]. Journal of Banking & Finance, 2008(32): 1440 – 1451.

[5] Marcucci J, Quagliariello M. Is Bank Portfolio Riskiness Procyclical: Evidence from Italy Using a Vector Autoregression[J]. Journal of International Financial Markets, Institutions andMoney, 2008(18): 46 – 63.

[6] Armando Méndez Morales, Jose Giancarlo Gasha. Identifying Threshold Effects in Credit Risk Stress Testing[R]. IMF Working Papers, 2004.

[7] Aggarwal, R, K. Jacques. The Impact of FDICIA and Prompt Corrective Action on Bank Capital and Risk; Estimates Using a Simultaneous Equations Model[J]. Journal of Banking and Finance, 2001, 25(6), 1139 – 1160.

[8] Aigbe A, et. al. Bank Capital and Exposure to the Financial Crisis[J]. Journal of Economics and Business, 2012, 64(5): 377 – 392.

[9] Nguyen J. The Relationship Between Net Interest Margin and Noninterest Income Using a System Estimation Approach[J]. Journal of Banking &Finance, 2012(36): 2429 – 2437.

[10] De Young R, Roland P. Product Mix and Earnings Volatility at Commercial Banks: Evidence from a Degree of Total Leverage Model[J]. Journal of Financial Intermediation, 2001(10): 54 – 84.

[11] Stiroh K, Rumble A. The Dark Side of Diversification: The Case of US Financial Holding Companies[J]. Journal of Banking & Finance, 2006(30): 2131 – 2161.

[12]Lepetit L, Nys E. Bank Income Structure and Risk: An Empirical Analysisof European Banks[J]. Journal of Banking &Finance, 2008(32): 1452 – 1467.

[13]Hidayat W, Kakinaka M, Miyamoto H. Bank Risk and Non – interest Income Activities in the Indonesianbanking Industry[J]. Journal of Asian Economics, 2012(23): 335 – 343.

[14]张姗，林小琳. 我国上市商业银行资本缓冲的周期行为研究[J]. 财会月刊，2012(7): 17 – 21.

[15]柯孔林，冯宗宪，陈伟平. 银行资本缓冲的逆周期行为分析——来自中国上市银行的经验证据[J]. 经济理论与经济管理，2012(3): 71 – 79.

[16]黄宪，熊启跃. 银行资本缓冲、信贷行为与宏观经济波动——来自中国银行业的经验证据[J]. 国际金融研究，2013(1): 52 – 65.

[17]宋清华. 多元化能降低银行风险吗？——来自中国上市银行的经验证据[J]. 财经理论与实践，2016(5): 9 – 15.

[18]任哲，邵荣平. 收入结构、经营风险及多元化选择：解析 78 家商业银行[J]. 改革，2012(9): 64 – 70.

[19]刘孟飞，张晓岚，张超. 我国商业银行业务多元化、经营绩效与风险相关性研究[J]. 国际金融研究，2012(8): 59 – 69.

[20]彭建刚，王舒军，邹克. 制度变迁、多元化行为与经营绩效——基于中国银行业的实证研究[J]. 财经理论与实践，2016(5): 2 – 8.

[21]Jokipii, Terhi & Milne, Alistair. Bank Capital Buffer and Risk Adjustment Decisions[J]. Journal of Financial Stability, 2011(7): 165 – 178.

中国保险周期与经济周期测度及协动性研究

王雅婷　张玉春

摘要： 本文运用 HP 滤波方法对中国保险周期与经济周期进行测度，发现保险周期在总体上呈现顺周期特征，但保险业市场波动有其自身特点，波动频率和波动幅度与经济周期波动存在显著差异。这表明中国保险市场波动既受宏观经济环境的影响，也与保险业自身产业政策有关。此外，寿险与财险两大市场的波动性受宏观经济环境的影响并不相同，保险监管部门应始终监测并充分考虑分险种市场的不同波动特征，以提高逆周期监管有效性。

关键词： 保险周期；经济周期；协动性

一、引言

中国保险业顺周期性波动既是一个关系到保险业健康运行的现实问题，又是一个全新的重大理论问题。自 1980 年中国保险业恢复业务以

作者简介：王雅婷：首都经济贸易大学金融学院副教授。
张玉春：首都经济贸易大学统计学院副教授。

来，基于宏观经济高速增长基础上的保险业也得到长足发展，保险业波动与经济波动密切相关。如果能较准确地定量把握保险行业未来波动的方向、幅度和周期长度等特征，研究分析保险周期波动与经济周期波动的协动关系，对于提高政府管理部门的预见性与管理措施的有效性具有重要意义。

20 世纪 80 年代，国外就对保险业周期波动特征开始关注，如威尼斯（Venezian，1985）研究发现，美国财险业在 1954—1979 年，三年承保盈利之后总伴随着三年的损失，呈现出明显的规律性特征；除美国存在承保周期，后续研究表明其他发达国家（如法国、德国、瑞士、日本等）及亚洲新兴市场国家和地区（如新加坡、马来西亚、韩国、中国台湾等）也存在承保周期，周期长度分别为 5 年到 12 年不等的特征（Cummins，Outreville，1987；Lamm Tennant，Weiss，1997；Chen，Wong，Lee，1999；Leng，Meier，2006）。在承保周期测度方法上，常见的有频谱分析和 ARIMA 模型。频谱分析的优点是可以从相对较短的时间序列中估计周期，缺点是无法解释不同时间序列所获得的周期跨度相差很大的原因；ARIMA 模型既可以从长期数据中获得较为精确的周期估计，也可以对不同市场的时间序列数据检测出周期差异的显著性（吴洪，2011）。

国内对保险业周期的研究有“承保周期”和“保险周期”两个视角，前者关注的是保险业自身经营规律的周期性变化，而后者更关注经济宏观环境影响下的保险业周期波动现象（孙祁祥，2010）。关于“承保周期”的存在性验证主要集中于财险市场，如王波、史安娜（2006），张琳、朱园丽（2007）等研究认为，中国财险市场承保周期不明显，但机动车保险存在明显的承保周期，周期长度约 6 年；而李心愉、李杰（2010）运用 CF 滤波方法研究发现，中国财险市场存在着明显的周期波动，并指出经济增长和保险市场结构变化是影响保费收入增长的重要因素。相对于“承保周期”，国内关于“保险周期”的研究不多，最早可追溯到李谦（1996）对财险市场的研究，他从需求和供给角度对保险利润周期波动进行了理论分析；随后在孙祁祥（孙祁祥，2010）等人的研究中，系统分析了中国保险周期顺经济周期的特征及国际比较。

综上可知，现有文献对保险业周期波动的研究注重“承保周期”的存在性验证，并多以财险市场为研究对象，但对于中国保险业剔除长期趋势后的周期性波动与宏观经济周期波动的协动关系却鲜有触及，对寿险市场的波动性也缺乏研究。尽管中国保险市场30多年来发展迅速，但相对发达国家市场仍不成熟，其市场波动除受保险业自身经营规律的影响外，还在很大程度上受宏观经济波动的冲击。

本文选取较为常用的HP滤波方法，对中国保险周期与经济周期成分进行测定，并探究保险周期与经济周期的协动关系，分险种市场周期波动的特征等，这对于保险监管部门理性对待并防范保险业剧烈波动、制定有效的保险监管政策和合理的产业发展政策，促进保险业持续健康发展都具有重要意义。

二、中国保险周期与经济周期测定

（一）变量选取与数据说明

我们对经济周期的测度选取GDP为主要衡量指标，并进行指数化处理。数据选取1978—2015年的年度数据，数据来源于国家统计局网站。考虑到保费收入受宏观经济影响迅速且更为直接，本文选取保费收入作为测度保险周期的指标，并对保费收入进行指数化处理，以与GDP保持一致。此外，由于中国保险业务自1980年恢复，因此我们选取1980年以后的保费收入年度数据，数据分别来源于三个途径，1999年至今的数据来自中国保监会官方网站，1990年、1994—1998年数据来自《中国统计年鉴》，其余年份来自《中国金融年鉴》。

（二）保险周期与经济周期的阶段划分

为消除指标量纲差异和不规则变动，先计算各指标的定基指数，分别得到以 1978 年为 100 的 GDP 指数和以 1980 年为 100 的保费收入指数；然后采用 HP 滤波方法消除保险波动和经济波动的趋势成分，并分别取惩罚因子 $\lambda = 6.25$，$\lambda = 25$，$\lambda = 100$ 进行试算，依据标准差最小的原则，最终取 $\lambda = 100$ 计算得到保费收入和 GDP 指数的趋势成分；计算指标指数与趋势成分的相对差，并经简单移动平均消除不规则变动，得到保险周期和经济周期波动序列，结果见图 1。依据“峰—峰”法进行周期阶段划分，将 1978 年以来中国经济运行划分为四个阶段，含三个完整周期；保险业运行分为五个阶段，含四个完整周期，具体划分见表 1。与现有文献相比，本文对保险周期和经济周期的阶段划分明显要少，这是由于先采用平滑法消除序列波动中的不规则成分，而后再进行阶段划分的缘故，这样得到的周期不包含短周期。

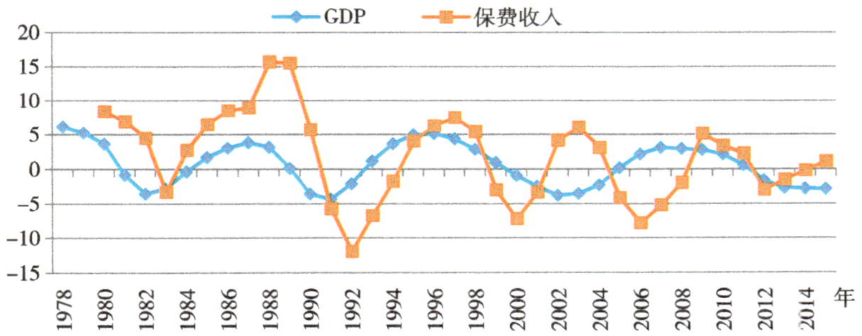

图 1　1978—2015 年中国保险周期与经济周期波动对比

注：纵轴数字为以百分数记的相对差移动平均数。

表 1　中国经济周期与保险周期阶段划分对比

阶段	经济周期划分	保险周期划分
1	1978—1987 年历时 10 年	1980—1988 年历时 9 年
2	1987—1996 年历时 9 年	1988—1997 年历时 9 年
3	1996—2007 年历时 11 年	1997—2003 年历时 6 年
4	2007—2015 年历时 8 年	2003—2009 年历时 6 年
5	—	2009—2015 年历时 6 年

直观上看，2000 年之前的保险周期呈明显的顺经济周期特征，其周期长度与经济周期较为一致，且滞后经济周期 1 年左右，但保险周期的波动幅度明显大于经济周期；2000 年之后，保险周期的波动频率和波动幅度出现了显著变化：一是周期波动更加频繁，使得保险周期的顺周期特征不再明显；二是周期波动幅度不断减小，说明保险行业稳定性有所提高，抗风险能力在不断加强。

（三）周期长度估算与验证

以 HP 滤波法得到的相对差序列为样本，采用二阶差分方程分别验证中国保险业和宏观经济波动的周期长度，估算过程如下：

首先，计算相对差序列的二阶差分序列 $X_t - 2X_{t-1} + X_{t-2}$，其中，X_t 表示第 t 期的相对差，并构建如下回归方程：

$$X_t - 2X_{t-1} + X_{t-2} = \beta_0 + \beta_1 X_{t-1}$$

然后，运用最小二乘法估计上述方程，整理得到相应的特征方程：

$$\lambda^2 - (2 + \beta_1)\lambda + 1 = 0$$

最后，计算该特征方程的根，依据波动频率 ω 估算周期程度 T。具体计算过程见表 2。

表 2　保险周期和经济周期长度的估算

指标	GDP	保费收入
估计方程	$X_t - 2X_{t-1} + X_{t-2} = 0.020 - 0.483X_{t-1}$ (0.07) (−5.77) $R^2 = 0.6028$　DW = 2.2308	$X_t - 2X_{t-1} + X_{t-2} = 2.45 - 0.936X_{t-1}$ (1.94) (−5.74) $R^2 = 0.6870$　DW = 2.31
特征方程	$\lambda^2 - 1.5267\lambda + 1 = 0$	$\lambda^2 - 1.064\lambda + 1 = 0$
$\lambda_{1,2}$（复数）	$0.7634 \pm 0.6460i$	$0.532 \pm 0.846i$
$\lambda_{1,2}$（极坐标）	0.9999(cos40.238° ± sin40.238°)	1.000(cos57.85° ± sin57.85°)
ω	40.238°	57.85°
$T = 360/\omega$	8.95	6.22

注：括号内数字表示回归系数的 T 值。

表 2 显示，两变量振幅均接近 1，表示其相对差序列为等幅波动；

两方程的判定系数均在 0.6 以上，表明保险增长和宏观经济波动均有显著周期性；此外，根据 T 值结果，可得保险周期与经济周期的平均长度分别为 6.22 年和 8.95 年，验证结果与前述“峰—峰”法对周期阶段的划分较为一致。

三、 保险周期与经济周期的协动性

（一） 变量选择及数据说明

为全面分析中国保险市场周期波动与宏观经济周期波动的协动性，我们除选取保费总收入指标外，还引入财险收入、寿险收入指标以衡量两大保险市场的波动；同时，还选取与保险业发展密切相关的其他宏观经济变量如城乡居民储蓄存款和失业率等。受数据统计口径影响，分险种保费收入数据自 1990 年以后开始，而宏观经济数据自 1980 年开始。宏观经济数据全部来源于国家统计局官方网站，分险种数据与前文保费总收入一样，分别来源于中国保监会官方网站（1999 年至今的数据）、《中国统计年鉴》（1990 年、1994—1998 年的数据）和《中国金融年鉴》（其余年份）。

（二） 保险市场的周期波动特征

保险市场的周期波动归根结底是由寿险市场与财险市场的周期波动组成，因此有必要研究分险种市场的周期波动性及持续性。表 3 显示，经 HP 滤波和移动平均法消除趋势及随机波动后，保险市场周期波动成分的标准差和自相关系数。

表 3　1990—2015 年主要保险变量的周期波动性与持续性

指标	标准差	自相关系数 ρ_k				
		1	2	3	4	5
保费总收入	0.048	0.536	-0.178	-0.591	-0.534	-0.115
财险收入	0.105	0.352	-0.105	-0.565	-0.362	-0.186
寿险收入	0.073	0.262	-0.312	-0.325	-0.038	-0.014

表3表明，分险种保费收入的周期波动幅度大于行业整体的波动幅度，其中财险标准差更大，表明财险收入波动更为剧烈，这一结论符合保险业发展规律。一般来说，寿险特别是养老险、健康险等属于长期保险项目，持续时间较长，且中途退保可能承担一定的经济损失，因此只要没有大的政治风波或经济动荡，该险种保费收入变动相对稳定；财险则通常为短期险，不续保并无经济损失，故其保费收入变动幅度较大，更多地受到产业政策、经济环境的即时影响。

从自相关系数结果看，分险种市场与整个市场一样，都具有一定的周期持续性，三个变量的1期滞后自相关系数均为正值，但持续性的程度不同。其中，保费总收入的持续性最强，其一阶自相关系数为0.536；财险收入次之，为0.352，而寿险收入持续性最弱，仅为0.262。这一结果与现有文献关于财险存在承保周期的结论较为吻合。此外，我们注意到各变量的周期特征比较明显，三个变量序列的自相关系数都在滞后3期时出现最大负值，表明各变量周期波动存在逆转特征，其长度大约为6年。

（三）保费总收入与宏观经济变量的周期协动性

表4给出总保费收入与相关变量周期波动成分的交叉相关系数。

表4　总保费收入周期波动与相关变量波动的协动性

期数	$-k$			同期	$+k$		
	3	2	1	0	1	2	3
GDP指数	0.168	0.401	0.467	0.272	-0.168	-0.279	-0.259
储蓄存款余额	-0.015	0.134	0.311	0.649	0.635	0.351	-0.087
城镇登记失业率	-0.604	-0.501	-0.203	0.088	-0.005	-0.204	-0.345

表4显示，保费总收入与主要宏观经济变量周期波动的协动性呈现如下特征：

第一，总保费收入波动滞后于总产出波动。通常认为，保险增长离不开经济发展，经济的发展扩大了社会对保险的需求。数据显示，总保费收入波动与 GDP 增长波动在 GDP 超前几期内均为正相关关系，且在 GDP 超前 1 期时值最大（最大值为 0.467），说明总保费收入相对于宏观总产出波动的滞后性，滞后期为 1 年。这一结论印证了前文保险周期与经济周期阶段划分的结论。

第二，总保费收入周期波动与居民储蓄波动呈较强正相关关系。以城乡居民人民币储蓄存款余额表示的居民储蓄波动与总保费收入波动的相关系数表明，总保费收入变动表现出与储蓄存款较强的正相关性，且储蓄存款余额波动滞后于总保费收入 1 年。在表 3 的三个宏观经济变量中，居民储蓄与保费收入的关系最强，反映了居民储蓄对保费收入波动的重要作用。

第三，总保费收入波动滞后于失业率波动。以城镇登记失业率表示的就业水平与总保费收入波动相关性分析结果表明，失业率与总保费收入波动呈负相关关系，其相关系数在考察期基本均为负数，且在失业率滞后 3 期的位置上达到负值最大，初步判断，总保费收入波动是滞后于失业率波动的，滞后时间约为 3 年。这一影响机制与居民储蓄对总保费收入的影响机制类似，是由于失业导致居民实际可支配收入和储蓄减少，从而导致保险消费减少。

（四）分险种市场与宏观经济周期的协动性

表 5 显示了分险种保费收入与主要宏观经济变量周期波动成分的交叉相关系数。

表 5　分险种保费收入周期波动与相关变量波动的协动性

险种	期数	$-k$			同期	$+k$		
		3	2	1	0	1	2	3
财险	GDP 指数	-0.085	0.007	0.086	0.110	0.159	0.208	0.233
	储蓄存款余额	-0.257	-0.344	0.149	0.560	0.472	0.104	-0.309
	城镇登记失业率	0.011	-0.536	-0.751	0.436	-0.035	-0.431	-0.522
寿险	GDP 指数	0.227	0.195	0.149	0.163	0.114	0.066	-0.001
	储蓄存款余额	-0.128	-0.164	-0.275	-0.262	0.461	0.388	0.373
	城镇登记失业率	-0.485	-0.549	-0.224	0.238	0.310	0.181	0.073

从表 5 可以看出，分险种保费收入波动与相关变量波动周期的协动性呈现如下特征：

第一，两大险种市场的保费收入波动与 GDP 关系较弱。数据显示，财险、寿险保费收入波动与 GDP 增长波动均呈微弱的正相关关系，但其相关系数数值较小，表明分险种保费收入波动与 GDP 波动的关系较弱。保险市场总保费收入与 GDP 相关性强。为何分险种市场与 GDP 关系弱？主要是由于样本长度相异造成的，总保费收入数据是从 1980 年算起，而分险种收入数据是从 1990 年开始计算，后期保险业自身产业政策影响了保险市场波动表现。实证结果呈现出保费收入波动在后期发生显著变化，恰恰说明后期分险种市场收入与 GDP 的关系减弱。

第二，财险保费收入波动与居民储蓄波动的相关性强度高于寿险。结果表明，财险保费收入、寿险保费收入周期波动均与储蓄存款呈正向的协动性，但财险保费收入的相关性更强；且两大险种周期波动与储蓄存款余额波动的同步性存在差异，财险保费收入波动与储蓄存款余额波动同步，而寿险收入波动领先于储蓄存款余额周期波动 1 年。这一结果验证了前文总保费收入与储蓄存款余额的协动关系的结论。

第三，财险及寿险保费收入与失业率周期波动均呈反向协动性。失业率波动与财险保费收入、寿险保费收入波动均呈负相关关系，分别在领先 1 期和领先 2 期处相关系数的数值达到最大（分别为 -0.751 与 -0.549），说明两大险种保费收入波动分别滞后于失业率波动 1 期（财险）和 2 期（寿险）。这一结果验证了前文总保费收入与失业率的协动关系的结论。

四、小结

（一）中国保险周期波动受宏观经济和行业自身政策的双重影响

分析表明，尽管保险周期与经济周期并不严格同步，但总体上呈现出保险业顺经济周期性的特征，保险周期波动滞后 GDP 波动约 1 年左右；同时，保险业市场波动有其自身特点，特别是自 2000 年开始，保险市场波动频率、波动幅度与经济周期出现显著差异，反映了保险业自身产业政策的显著影响。2000 年前后，中国酝酿加入世贸组织，2001 年成功入世，并公布了中国保险市场对外开放的时间表。国内很多保险公司开始在全国范围内设立分公司，大力开展业务推广措施，以准备应对外资保险公司进入中国市场的潜在压力；2005 年，根据入世承诺时间表，中国保险市场全面进入开放期，保险业自身产业政策变化对中国保险业波动有着直接影响，导致保险业的波动频率与经济周期出现差异。

（二） 分险种市场受宏观经济变量周期波动的影响并不一致

结果表明，无论从影响强度还是影响时滞上，寿险与财险市场受各个宏观经济变量（如 GDP、居民储蓄存款余额、CPI、失业率）的影响效应并不一致。例如，与寿险保费收入相比，财险保费收入与居民储蓄存款余额的相关性更高，且两者波动同步；再如，财险保费收入的波动滞后于失业率波动 1 期，而寿险则滞后失业率 2 期。鉴于分险种市场有不同的周期波动表现，保险监管部门无论采用何种逆周期监管工具，应始终监测与保险市场密切相关的宏观经济指标波动，并考虑分险种市场相对这些指标的不同波动特征，提高预测能力，较好地熨平保险业整体周期性波动。

参考文献

[1] Venezian E C. Ratemaking Methods and Profit Cycles in Property and Liability Insurance [J]. Journal of Risk and Insurance, 1985(52): 477 – 500.

[2] Cummins J D, Outreville J F. An International Analysis of Underwriting Cycles in Property – Casualty Insurance [J]. Journal of Risk and Insurance, 1987(54): 246 – 262.

[3] Lamm T J, Weiss M A. International Insurance Cycles: Rational Expectations/ Institutional Intervention [J]. Journal of Risk and Insurance, 1997, 64(3): 415 – 439.

[4] Chen R B, Wong K A, Lee H C. Underwriting Cycles in Asia [J]. Journal of Risk and Insurance, 1999(66): 29 – 47.

[5]Leng C C,Meier U B. Analysis of Multinational Underwriting Cycles in Property – Liability Insurance[J]. Journal of Risk Finance,2006,7(2):146 – 159.

[6]吴洪. 保险波动与经济波动:顺周期抑或逆周期[J]. 经济评论,2011(5):69 – 78.

[7]孙祁祥. 保险周期与经济周期:国际比较及其对中国的启示[C]. 北大赛瑟(CCISSR)论坛论文集,2010:26 – 30.

[8]王波,史安娜. 非寿险市场的承保周期研究及在中国的检验[J]. 上海金融,2006(7):37 – 40.

[9]张琳,朱园丽. 中国机动车辆保险承保周期存在性分析[J]. 中国经济评论,2007(2):66 – 70.

[10]李心愉,李杰,兰伟. 中国非寿险市场承保周期研究:基于滤波分析模型[C]. 北大赛瑟(CCISSR)论坛论文集,2009:212 – 221.

[11]李谦. 论财产保险利润周期[J]. 上海保险,1996(5):10 – 13.